INSPIRAÇÕES PARA UM NOVO TEMPO

INSPIRAÇÕES PARA UM NOVO TEMPO

2023

Pentagrama
publicações

Título original:

INSPIRAÇÕES PARA UM NOVO TEMPO

2023

Impresso no Brasil

Capa e Projeto gráfico: Mônica Jackson

Diagramação: Lumiar Design

Dados Internacionais de Catalogação na Publicação (CIP)
(Câmara Brasileira do Livro, SP, Brasil)

Inspirações para um novo tempo. -- 1. ed. --
Jarinu, SP : Pentagrama Publicações, 2023. --
(Renovação ; 5)

ISBN 978-65-86863-05-5

1. Autoconhecimento 2. Consciência
3. Espiritualidade 4. Gnosticismo
5. Rosacrucianismo - Discursos, ensaios,
conferências 6. Rosacrucianismo - Filosofia
7. Rosacrucianismo - História I. Série.

23-182020 CDD-299.932

Índices para catálogo sistemático:

1. Rosacrucianismo : Conferências : Gnosticismo :
Religião 299.932

Aline Graziele Benitez - Bibliotecária - CRB-1/3129

Rua Heitor Peioto, 588 - Cambuci - São Paulo - SP - 01543-020

www.pentagrama.org.br/

SUMÁRIO

INTRODUÇÃO

Estamos avançando a passos largos na era de Aquarius! O período em que vivemos traz uma aceleração das transformações sem precedentes na história. A humanidade encontra-se diante de desafios gigantescos gerados por essas mudanças, que tiveram origem, principalmente, na evolução de aparelhos eletrônicos e nos avanços tecnológicos, como a internet, no desenvolvimento da medicina e de todos os ramos científicos, além da exploração espacial; nas alterações climáticas, que estão gerando caos por secas, enchentes, furacões, aumento do nível do mar; e, mais especificamente, na recente pandemia, que transformou abruptamente a forma como pensamos e vivemos.

Sabemos que por trás dessas grandes mudanças encontra-se a mão e o plano da grande inteligência universal que, por meio de forças cósmicas e intercósmicas, guia e impulsiona a humanidade na direção dos seus próprios limites, buscando produzir uma grande transformação de seu estado de consciência e de seu estado de vida.

A causa comum dessas transformações está relacionada a um conjunto de radiações às quais a humanidade está sendo exposta. São ondas eletromagnéticas poderosas, que estão se erguendo no horizonte da vida como verdadeiros tsunamis, e que dessa forma estão modificando a estrutura da vida nos campos sutil e material com uma força sem precedentes. As radiações a que estamos expostos são as do Sol, da própria Terra e de outras constelações.

O que marca a mudança de um período cósmico para outro não é necessariamente uma série de desastres naturais ou mesmo de conflitos sangrentos ou um final apocalíptico. Não! Só viveremos um final apocalíptico dos tempos se a reação coletiva da humanidade ainda for totalmente baseada em egocentrismo puro, e se não houver suficiente anseio verdadeiro da alma por uma nova vida. E constatamos que isso não ocorre, nem deve ocorrer tão cedo, se ainda existir, como existe hoje, um mínimo de abertura e anseio por uma renovação de vida.

Pense na mudança entre a noite e o dia. Na completa escuridão da madrugada começam a surgir no horizonte os reflexos luminosos do sol nascente, despertando a vida em todas as formas para um novo dia, pelo aumento da radiação solar. Esse é mais ou menos o mesmo fenômeno que estamos vivendo: a transição de um período de menor radiação para um período de maior radiação solar, tanto do sol físico quanto do sol espiritual que irradia por trás dele.

Esse é o sentido de uma nova aurora em nosso cosmo, um novo período em que a humanidade toda é exposta a uma grande onda de radiações, como o raiar de um novo dia cósmico. Por trás do consistente aumento da atividade solar, encontra-se um processo de ressonância entre o Logos Solar e o Logos da Terra, ou seja, do núcleo de inteligência divina que habita o coração dessas duas esferas. Pois da mesma maneira que o microcosmo possui uma centelha divina em seu centro, todos os astros possuem um núcleo divino que direciona os grandes movimentos das mudanças cósmicas. A interação entre esses núcleos divinos é o real sentido da canção das esferas, pois eles aumentam ou diminuem a sua atividade conjunta, colaborando na manifestação de um mesmo plano de desenvolvimento, cada um realizando a sua parte, de forma similar aos músicos de uma orquestra.

O Logos Solar e o Logos da Terra estão em um processo interativo intenso para o aumento do fluxo de energia que se despeja sobre nosso planeta. Esse aumento de energia visa transformar toda a vida na Terra, e essa transformação da vida ocorre pela transformação do campo magnético do planeta. Assim como o ser humano, a Terra também possui seus centros de concentração de força, os seus chacras. O eixo da Terra equivale à coluna vertebral de uma pessoa, e aqueles vórtices de energia – formados ao longo da esfera terrestre, em harmonia com seu contínuo movimento de rotação – têm relação com a quantidade de energia que a Terra recebe do Sol.

Os 7 chacras da Terra se encontram ao longo do seu eixo, e se estendem sobre toda a superfície, formando os diferentes círculos de latitude: os dois polos, Norte e Sul, que correspondem às extremidades da coluna, equivalem aos chacras da pineal e o raiz; o equador, bem no meio, corresponde ao chacra do coração; os círculos polares, quase nas extremidades, correspondem aos chacras da fronte e do sacro; e os trópicos de Câncer e de Capricórnio estão relacionados aos chacras da laringe e do plexo solar. Os polos, correspondentes aos chacras da pineal e raiz, estão ligados ao supra-consciente – portanto, ao ser aural[1] – e ao inconsciente – portanto, a toda a herança cármica e sanguínea do ser humano.

O que ocorreria a um ser humano se esses dois chacras nas extremidades de sua coluna fossem expostos a uma grande onda

1. "Ao redor do campo de manifestação da personalidade, encontra-se o sétuplo ser aural, que possui um sistema próprio. É uma esfera de pontos magnéticos que pode ser comparada a um céu estrelado. Estes pontos representam os rastros de inúmeras vidas que foram se sucedendo dentro do microcosmo. Estes pontos vão atraindo forças externas e as transmitem à personalidade, e, sobretudo, ao santuário da cabeça. O ser aural também é chamado de 'eu superior'. É um ser irradiante e luminoso que se mantém em interação com a personalidade. Para o transfigurista, é o grande adversário no processo de renovação fundamental." Fonte: *Revista Pentagrama, ano 19, n. 2, 1997, disponível em: https://pentagrama.org.br/revistas/revista-ano-19-numero-2/ Acesso em: 28 de maio de 2023.*

de radiação? Com certeza todo o seu campo magnético ficaria alterado e ocorreriam fenômenos muito peculiares, ligados a esses dois centros energéticos. O primeiro deles seria um grande impulso em direção ao supra-consciente, ao aspecto superior e transcendente da vida, aos aspectos sutis e ocultos da vida. E o segundo seria o despertar de tudo que está guardado no inconsciente, reprimido pela moral burguesa e pelos costumes, como se alguém arrombasse o porão e dele saísse todo tipo de segredos e de coisas até então inconfessáveis.

O lado positivo dessa reação seria o impulso e a abertura para uma verdadeira espiritualidade e o desmascaramento em relação à nossa condição egocêntrica e mortal. O lado negativo dessa reação seria uma desorganização do campo mental, um mergulho em todo tipo de especulação ocultista e uma abertura para uma influência ainda maior do plano astral, da esfera refletora, bem como uma agitação sem precedentes, um crescente nervosismo, agressividade e reações instintivas como a dos animais mais ferozes.

Essa é a revolução intercósmica sobre a qual, no início da Escola, Jan van Rijckenborgh e Catharose de Petri alertaram tão claramente, e agora estamos vivendo o momento em que ela começa a se manifestar, com crescente intensidade. De um lado, vemos milhões de seres humanos despertarem para o novo, saindo de sua dormência ou conformismo interior, e buscando um objetivo maior para sua vida. A busca se multiplica, novos movimentos esotéricos surgem a cada dia, a ciência caminha a passos largos em direção ao transcendente, grande parcela da população já reconhece a contradição de se alimentar da carne de animais, há um movimento claro pela liberdade individual, a rejeição a todas as formas de preconceito, e o pensamento humano se abre para todas as correntes verdadeiramente esotéricas de boa fé. É inegável que milhões de seres humanos estão despertando e que isso está possibilitando à Fraternidade da Vida continuar o seu trabalho, levando toda a humanidade adiante, em direção a um verdadeiro irrompimento através dos limites de sua consciência e de sua vida.

Ao mesmo tempo, os conflitos políticos, religiosos e raciais e a radicalização de opiniões crescem assombrosamente. O nervosismo e a tensão aumentam além do limite suportável para incontáveis pessoas, e a quantidade de pseudoespiritualidade, seja pelo ocultismo, pelo curandeirismo, ou pela religiosidade fanática, atinge níveis sem precedentes. É nessa hora que precisamos ter muita clareza em relação a nós mesmos, para perceber como essa grande transformação nos afeta como indivíduos; e como grupo também é preciso ter maior clareza para não deixar que esse grande turbilhão afete ou comprometa a efetividade de nosso trabalho.

Por essa razão, mais do que nunca é preciso ter uma visão cristalina sobre quais são os fundamentos reais de trabalho, sobre o que é e o que não é uma escola espiritual. Pois se cada um de nós não tiver isso muito claro em sua consciência e em sua vida, corremos o risco de confundir as coisas, a misturar o que é verdadeiramente espiritual com a pseudoespiritualidade. Corremos o risco de, em nome da abertura e do espírito de acolhimento necessários na atualidade, resvalar em um falso humanitarismo ou tolerância excessiva, o que nos colocaria na rota da permissividade em relação a nós mesmos e aos outros, o que fatalmente comprometeria nosso trabalho como alunos e como grupo. Se todos nós tivermos isso bem claro diante da visão interior de nossa alma, então poderemos influir conscientemente no curso dos acontecimentos mundiais. E assim poderemos auxiliar a Grande Inteligência Divina, a Fraternidade da Vida, em seu contínuo esforço pela libertação e pela transformação do mundo e da humanidade.

Que possamos estar conscientes de nossa responsabilidade e da amplitude de nossa missão como alunos e como grupo; esse é o nosso mais íntimo e sincero desejo!

MONTANHA INICIÁTICA

Aparentemente, a transformação da humanidade é resultado de um longo caminho em que degraus se sucedem desde a idade da pedra até este momento, com as vantagens – e também as desvantagens – do estilo de vida atual. Mas tal mudança é resultado do processo coletivo de transformação da consciência. O estado de vida do grupo reflete a consciência individual, da mesma forma que o corpo humano é a soma de todas as células vivas. Se os indivíduos são conscientes ou não do papel que lhes cabe, o corpo grupal reflete a resultante das percepções individuais. Assim, o caminho das experiências é vivido tanto pelos indivíduos como pelo grupo.

Por esse raciocínio, fica claro que, ao se buscar um processo de iniciação, se está contribuindo para a iniciação da humanidade, pois essa reciprocidade se aplica também nos aspectos libertadores. E, como fazemos parte de um planeta, a mudança na humanidade contribui para o processo de elevação do planeta. E avançando em níveis cada vez maiores de abstração, a mudança planetária está associada à mudança no sistema solar e assim por diante.

Isso é importante para que se perceba que tudo o que fazemos em prol do nosso próprio desenvolvimento não deve ser visto apenas pelo lado pessoal. O universo não trabalha com tijolos separados, mas com todos unidos, formando uma grande e única construção. É a limitação de nossa percepção que impede que essa Opus Magnum seja percebida.

Os Rosacruzes Clássicos do século XVII já sabiam disso. Por isso deixaram esta significativa frase: "nequaquam vacuum", ou seja, "não há espaço vazio", que indica que a unicidade da vida divina está nos múltiplos domínios do cosmo que, embora estejam bem aqui ao nosso lado, são imperceptíveis e irreconhecíveis pelas nossas faculdades naturais. Assim, sabendo que há muito mais que rege a vida como um todo, não se pode prender apenas à realidade perceptível. Não basta observar apenas as mudanças externas; é preciso olhar também para o que realmente importa: a transformação espiritual. Considerando a força de transformação do micro para o macrocosmo, também se deve considerar o impulso de transformação que parte do macrocosmo em direção ao microcosmo, pois ambos são um só.

A Montanha Iniciática é um processo de transformação das faculdades de percepção, que cria em nós uma relação vivente com essa realidade universal, incontestável, porém, invisível aos nossos olhos. Embora não seja diretamente perceptível ou mensurável, como a luz do Sol, não se pode cair no erro de considerá-la inativa ou inerte. Toda força de vida vem desse cosmo invisível. É dele que parte a força de impulsão que leva cada ser humano a buscar incessantemente a transformação em todos os níveis da existência. O ser humano sente essa força oculta, reage a ela e quer comprová-la ou manifestá-la de modo tangível. Cada um a expressa de maneira própria: alguns, nos avanços da ciência; outros, na produção artística; outros, na melhoria das relações e processos sociais, e assim por diante.

Tudo isso acontece no desconhecimento de dois pontos importantes: primeiro, o ser humano comum não reconhece essa força de impulsão divina que o chama: apenas sente seus efeitos e a ela reage sem saber por quê; segundo, ele ignora a verdadeira essência espiritual humana que está em perfeita sintonia com esse chamado. Por ignorar esses impulsos, reage automaticamente, sem consciência de sua natureza e essência. Se os conhecesse, produziria não apenas os avanços da ciência, da expressão artística e das transformações sociais, mas também uma transformação verdadeiramente espiritual.

Por isso, em uma escola espiritual parte-se da compreensão da verdadeira essência e do papel que cabe ao ser humano, para entender a vida a partir de si mesmo. Somente assim é possível atuar positivamente na transformação da humanidade. E isso é feito não com os olhos na realidade tangível, mas orientados pela realidade espiritual que, inicialmente, apenas se intui existir. Isso já foi descrito antes na história: no início da era cristã, o autor do evangelho *Pistis Sophia* falou dessa força oculta e irresistível. Ele a apresenta como a força ou o chamado do Pleroma, que é essa grande construção universal desconhecida. A "metade oculta do mundo" dos rosacruzes clássicos, o pleroma dos gnósticos antigos e o Tao de Lao Tsé apontam para a mesma realidade.

Em seu tempo, Valentin[2] apresentou uma escada tríplice de iniciação: um degrau inicial apoiado na realidade material, um intermediário, e um superior apoiado na realidade puramente espiritual. A primeira é a fase hílica, a segunda é a psíquica e a terceira é a pneumática. Essas três fases se aplicam a cada ser humano. Atualmente, séculos depois de Valentin, a Escola Espiritual da Rosacruz Áurea apresenta também uma escada, cujos três degraus objetivam levar o aluno das ligações do mundo físico e suas demandas, ao mundo da alma, elevando os olhos acima da materialidade; e do mundo da alma ao mundo espiritual, quando adquirir suficiente experiência nos dois estados anteriores e se abrir à plenitude divina. São as radiações do mundo invisível que nos tocam e influenciam como individualidades, como hu-

2. Pensador cristão gnóstico do século II.

manidade, como grupo; o planeta, como membro da família solar, o Sistema Solar, como participante da família macrocósmica e assim por diante. Essas radiações são dinâmicas, pois o vivente edifício espiritual da realidade divina está em contínua transformação, e levam o ser humano, paulatinamente, de um degrau para o outro, desde que ele se abra a elas.

A longa ascensão na grande escada iniciática do universo é comparável à subida de uma montanha. E é por isso que a montanha está presente de maneira tão forte no inconsciente coletivo, como símbolo de uma transformação. A subida de uma montanha é semelhante a uma viagem mar adentro, em busca de terras desconhecidas e tidas como existentes. Quem decide singrar o mar da vida em busca da verdade, vasculha aqui e ali, nas mais diversas fontes e encontra uma infinidade de mapas e guias de viagem que parecem mais ou menos adequados à sua jornada. O navegante precisa conhecer as leis que regem o mar, o movimento das correntes marítimas, saber ler o movimento das ondas, com base em orientações e mapas confiáveis. Há muitas situações perigosas para as embarcações. Não é incomum o viajante se desorientar e não saber qual direção tomar. Apesar de ter recebido e acumulado muito conhecimento, falta prática ao navegante, que ele só adquire com a própria experiência. Idas e vindas, certezas e incertezas, coragem e medo, tudo isso faz parte da viagem em mar aberto ou na escalada de uma montanha íngreme.

É natural que quem empreende longas jornadas, exausto, queira parar para descansar, ou pense até mesmo em desistir, porque ainda não se firmou sobre os próprios pés. Está seguindo um "conhecimento de segunda mão", ou seja, ainda depende de livros, mapas e cartas, croquis de alpinismo, opiniões e conselhos para se conduzir. Quem está iniciando a senda espiritual necessita da ajuda daqueles que já caminharam um pedaço ou já chegaram ao destino; estes sempre oferecem suas mãos com contribuições indispensáveis e valiosas.

O buscador da verdade ainda está no "período de testes", validando aqui e acolá as respostas que recebe desse compêndio de conhecimento de segunda mão. É assim mesmo que as coisas caminham: é como se nossa bússola interior ainda estivesse sendo "calibrada". É por isso que, no início, por não termos certeza da direção, vamos experimentando múltiplos caminhos, cada qual com suas experiências e vivências próprias. Essa fase poderá ser breve ou se estender por anos, e até mesmo décadas ou vidas. Ninguém pode dizer quando essa fase de maturação está cumprida. O que importa é essa experimentação ser vivida, pois é ela que nos amadurece até encontrarmos a saída do labirinto da vida; o caminho das múltiplas experiências começa a nos transformar em seres que já não se deixam mais enganar. Esse é o ponto fundamental de toda busca espiritual, quando se percebe certa ressonância entre a nossa experiência pessoal e o que os grandes do espírito nos disseram: a fonte da sabedoria está em nosso interior.

As contribuições de fontes variadas, e que nos soam confiáveis, algumas mais e outras menos, de alguma forma reverberam em nosso íntimo, despertando um reconhecimento inexplicável, mas que nos toca profundamente; é como reconhecer na busca do outro o reflexo de nossa própria busca. Nesse estágio, em busca de respostas, é comum o buscador entregar-se às mais diversas experiências religiosas, filosóficas, místicas ou ocultistas. Ele o faz acreditando que aquilo foi praticado por outros pode se aplicar a ele também. O buscador só se liberta disso quando toma em suas mãos a bússola que lhe foi entregue quando o portal do caminho se abriu em seu coração. Trata-se de reconhecer no mais profundo de si a fonte dessa ressonância. Aos poucos ele começa a perceber que a panaceia que vem buscando no exterior está dentro dele mesmo; a compreender que a Verdade não está na multiplicidade de propostas exteriores, em algum movimento ou guru do longínquo Oriente. Lentamente, a bússola interna começa a se firmar; até então ele buscava fora porque ela oscilava em múltiplas direções e não sabia onde estava o norte magnético de seu pequeno mundo, seu microcosmo. Mas, à medida que o buscador vai caminhando, a percepção de onde está a verdade começa a se firmar, a bússola vai parando de girar e começa a apontar para onde estão as respostas individuais e coletivas: ela vai apontando para o centro de si mesmo, para o coração energético onde está a centelha espiritual que é una com tudo e todos. Ao perceber isso, se compreende que cada ser humano, a seu modo e em seu próprio caminho, busca exatamente essa mesma centelha. Não existem múltiplos nortes magnéticos, mas apenas um, pois Deus é uma esfera cujo centro está em todos os lugares e, portanto, em tudo e em todos.

A diferença é que a maior parte das bússolas está desregulada. As direções apontadas indicam longos caminhos a trilhar e que, no final, levam ao centro de si mesmo, ao Uno. E quem reconhece essa centelha da verdade em si mesmo pode se orientar pelo enorme labirinto exterior em que a vida se transformou, sem se deixar seduzir pelas ilusões no caminho. Esse contato com a verdade dentro de si é a constatação de que existe um conhecimento de primeira mão. Ao se orientar por essa bússola, o buscador pesa, mede e avalia cuidadosamente o que sua pesquisa lhe propõe, descartando muitas das propostas que somente pesavam em sua bagagem, passando a se concentrar na que vibra em consonância com seu anseio.

É somente nesse momento de clareza e orientação do que é real, que o caminho se revela a ele como algo possível, que pode verdadeiramente ser compreendido aos poucos, e realizado na medida de sua compreensão. A esse respeito, o pensador gnóstico moderno Jan van Rijckenborgh disse: "Só podemos empreender a via que corresponde a nosso destino, a via para a qual estamos maduros e que corresponde à nossa situação". Nessa maturidade trazida pela experiência, o candidato aos mistérios reconhece seus pares: só quando está pronto para reconhecer a verdade interior é que ele se liga a um movimento fidedigno, a uma escola espiritual na verdadeira acepção da palavra. Essa comunidade lhe apresenta, de forma estruturada, a essência da senda que é só dele, e que somente ele mesmo pode realizar, em total liberdade de consciência, sobre a base do puro anseio que aprendeu a reconhecer e a cultivar em seu íntimo.

Essa é a subida da montanha iniciática para os rosacruzes: uma vivência profunda e interior, que independe de qualquer autoridade exterior, mas advém da percepção e do contato cada vez mais estreito com a centelha do espírito que despertou e vibra em cada buscador. Nesse ponto, é como se o buscador olhasse para o mundo de cima, das alturas da montanha; respira um pouco de sua atmosfera mais rarefeita e se depara com a pureza das paisagens, com a luminosidade e a amplidão do espaço que a cerca. É comum desejar comunicar tudo isso aos que permanecem nos vales da vida, e não poupa esforços, mesmo que os ouvidos ainda não consigam ouvir. Algumas vezes sente essa transição como um momento de despedida, de adeus aos velhos e conhecidos caminhos. Isso pode entristecê-lo e causar certa apreensão, ou mesmo um sentimento de compaixão por incontáveis pessoas que não parecem prontas a acompanhá-lo. Esse é o velho estado de ser falando, e suas amarras sendo percebidas à medida que se afrouxam ou são desfeitas.

Pouco a pouco, o buscador aprende que o lento processo de amadurecimento pelo qual ele passa deve também ser o do próximo; que não se pode apressar o rio das experiências pessoais. Apenas se pode testemunhar, muitas vezes silenciosamente, o que está sendo descoberto, quando o que se percebe, ao subir a montanha iniciática, parece estar invisível para quem está ao seu lado. Conclui então que não existe uma única montanha iniciática; que ele mesmo é a montanha e por isso o que vê é invisível aos outros; que pode compartilhar a experiência, mas a paisagem que vê é a sua própria. Perceber essa paisagem é uma experiência profundamente pessoal: ao vê-la, sente como se respirasse uma atmosfera pura pela primeira vez.

Os valiosos ensinamentos com os quais ele entrou em contato e as ferramentas utilizadas anteriormente servem para impulsionar o buscador para o alto, mas são depositadas no chão, com reverência e agradecimento pela ajuda que deram; agora, trata-se de forjar novas ferramentas; a bússola, agora calibrada pela luz do espírito em si mesmo, mostra outros caminhos que nem imaginava existir. Ele reconhece em outros buscadores e buscadoras idêntico processo, e se alegram mutuamente por estarem amadurecidos para suas próprias sendas interiores.

A montanha nos chama, e dentro de nós sabemos que não há outro caminho senão o que leva para o alto. Com base na força do espírito nascente em cada um, a comunidade avança e se eleva. Seguimos o longo caminho da iniciação para a iluminação interior, para, mais tarde, finalmente alcançarmos a libertação. É assim que cumprimos nossa tarefa individual, coletiva e universal. O Universo está à nossa espera, desde que abramos a porta de acesso a ele. Está inteiro no mais profundo do ser e se revela a cada um, à medida que a montanha for sendo conquistada. A libertação está lá, onde sempre esteve, na montanha iniciática que somos nós mesmos.

Se soubermos o que acontece em nosso interior, saberemos o que acontece no interior de todos os seres; se tivermos paciência com nosso desenvolvimento individual, seremos pacientes com o longo desenvolvimento coletivo da humanidade; se tivermos certeza de estar subindo os degraus da transformação espiritual, saberemos que a humanidade, no seu longo ciclo de desenvolvimento, também o fará.

Abramo-nos, pois, à tarefa de escalar nossa própria montanha iniciática, como um grupo que sabe que o destino pode ser tomado em suas mãos, e, assim, coopera de maneira consciente para elevar o destino do mundo e da humanidade, rumo ao topo da montanha do espírito.

O AUTOCONHECIMENTO

Autoconhecimento é instrumento essencial no caminho do despertar de uma nova consciência e, como consequência, da transformação da vida. Sendo a base de todo o processo proposto pela Escola, é importante que se compreenda em profundidade o que ele significa e como se deve atuar para transformar a teoria em prática cotidiana, eliminando as dúvidas e as ilusões a seu respeito. Uma compreensão clara possibilita avançar, se esse for o anseio do buscador. Dessa forma, cabeça e coração podem se dirigir a esse objetivo e, gradativamente, unificarem-se numa compreensão cada vez mais clara e num anseio cada vez mais puro.

Mas o caminho interior não é mapeado: temos apenas indicações dele. Todo o ensinamento universal é constituído dessas indicações, embora o caminho de cada um seja diferente de qualquer outro. É como se entrássemos numa mata densa, tendo que atravessá-la contando com indicações deixadas por aqueles que avançaram antes de nós. No entanto, não há uma trilha definida, mas apenas alguns marcos indicando que o caminho passa por alguns pontos comuns a todos. Entre um ponto e outro, no entanto, os desafios são individuais. De fato, o caminho se faz a cada passo; e a cada passo dado, o caminho para o passo seguinte é iluminado, e não mais do que isso. E o que já foi trilhado desfaz-se atrás de nós à medida que caminhamos, pois não podemos voltar. Outra forma de dizer isso é: só temos o aqui e o agora, o momento presente. Na vida comum é possível, até certo ponto, estabelecer metas, fazer planos e buscar realizá-los. Mas com relação ao caminho de autodescoberta, só temos o presente.

E do que é constituído esse agora, esse presente? É constituído de tudo o que se passa em nossa consciência e que percebemos por meio dos sentidos e da memória. Ao olhar para fora, percebemos o que os nossos sentidos nos apresentam: uma realidade que é o somatório das nossas percepções de formas, cores, sons, sensações táteis, aromas e gostos. Ao fechar os olhos e olhar para dentro temos, por um lado, elementos muito parecidos com esses, pois guardamos a memória de eventos passados, de tudo o que ficou registrado de nossas percepções sensoriais anteriores. Podemos imaginar o vermelho porque vimos essa cor antes; podemos lembrar de um prato saboroso e quase sentir seu cheiro, talvez mesmo seu gosto. Por outro lado, também podemos criar, misturando os elementos que conhecemos: tendo visto uma cruz e uma rosa, por exemplo, é possível imaginar uma cruz com uma rosa no centro; imaginar cavalos com asas como as dos pássaros; fazer como os pintores e pintar combinações de formas e cores que não existem no mundo exterior. Mas, normalmente, não podemos imaginar cores que nunca vimos ou formas com mais de três dimensões.

Rememorar acontecimentos é também rememorar as sensações emocionais vividas. A memória humana não é apenas mental e não replica apenas o que os sentidos percebem; ela também é composta das emoções que acompanham cada percepção – de forma simplificada, memórias de prazer ou dor. Nosso padrão básico é procurar o prazer, indo de um desejo a outro, e nos esquivar da dor e do sofrimento.

Para vivenciar o discipulado, não é preciso ficar remoendo o passado, com todo o peso da memória, nem planejar o amanhã. Precisamos, sim, perceber nossa vida como ela é, na realidade de cada instante. E podemos começar aqui e agora. De fato, só podemos começar aqui e agora. O presente é a única coisa que existe, da mesma forma que nossa realidade mais profunda é nossa natureza espiritual e sua existência se dá no eterno presente.

Essa verdade foi tantas vezes repetida que se tornou letra morta. Fala-se constantemente de viver o presente; foram criados métodos de concentração para aumentar a consciência do presente, e o ego, ao entrar em contato com tudo isso, esforça-se e sofre tentando vivenciá-lo, sabendo que é impossível para ele. Ainda pior é não realizar trabalho interno algum, ou achar que alguma realização interior possa ocorrer sem esforço da consciência. Como disse o poeta Fernando Pessoa, existe um aprendizado, o "aprendizado de desaprender", o caminho interior de libertação dos empecilhos que nos impedem de ir além do ruído contínuo do eu. E é só por meio de um trabalho interno de autopercepção que podem ser desfeitas, pouco a pouco, as ilusões conceituais e emocionais que nos impedem de perceber a realidade do presente vivo.

O essencial desse trabalho já foi apresentado aos alunos que frequentam a Escola há alguns anos: prestar atenção às emoções, aos pensamentos e à atividade da vontade; verificar se estão de acordo com o caminho interior, mas sem autocondenação; descer às sombras do ser nesse processo, até iluminar tudo; afastar, assim, todo medo, temor, preocupação; e, finalmente, entregar-se à vontade do Absoluto em si, somente acessível no mais profundo do ser.[3]

Pode parecer ou muito simples ou, pelo contrário, impraticável. Na verdade, é algo que pode ser vivenciado a cada instante, mas exige de nós esforço da consciência. A capacidade para essa

3. Petri C.; Rijckenborgh J. van. *Rosa mystica*, verso 108.

autopercepção surge do fogo da inquietação, pois esse fogo esconde a luz interna, a capacidade de percepção do mundo interior. Esse fogo é o motor de todo o processo de autopercepção, pois para realizá-lo e persistir precisamos de energia, impulso interior, anseio.

Quando falamos de mundo interior, não estamos nos referindo a nada místico ou muito elevado. O mundo interior é constituído de toda a nossa realidade psíquica, cujos elementos centrais são os pensamentos, os sentimentos e as atividades da vontade. Enquanto vivemos totalmente voltados para objetivos egocêntricos, essas realidades se apresentam de tal forma que as percebemos como elementos que nos pertencem, como parte do que somos. Porém isso não é verdade: em primeiro lugar, porque toda essa atividade psíquica tem vida própria, está além de nosso controle consciente. Além disso, quando começamos a fazer uso da capacidade de autopercepção, começamos também a perceber como esses elementos são frágeis. Nossos pensamentos e ideias sobre as coisas mudam, não só ao longo dos anos, mas mesmo de um dia para outro. Nossas emoções são tão dispersas que dificilmente poderíamos nos definir por elas. Os desejos de ontem foram saciados, mas a insatisfação continua e novos desejos nos movem hoje. Da mesma forma, os impulsos volitivos que estão por trás de nossas ações são geralmente muito voláteis.

Guiados por necessidade interna, inquietados, somos dirigidos forçosamente a esse domínio interior. E o papel de uma escola iniciática é dar direcionamento a esse fogo interior, pois, à medida que nos aprofundamos na autopercepção, a identificação com esses processos interiores vai enfraquecendo, porque já não nos confundimos com eles. Isso não significa que deixamos de pensar ou sentir: pelo contrário, torna-se possível utilizar esses recursos de forma mais eficiente. Porém eles não nos definem mais. A consciência pura está além desses elementos, porque consegue percebê-los sem se identificar com eles. Os pensamentos circulam em nós, mas agora são reconhecidos como instrumentos da consciência, e não como a própria consciência.

Uma analogia que nos pode auxiliar é a de um filme, assistido numa tela de cinema. Quando estamos absorvidos pela história, é como se nos transformássemos em alguns personagens, sofrendo ou alegrando-nos com eles. Se no meio do filme nos dermos conta de que é apenas uma projeção de imagens, talvez o encanto se desfaça, e possamos nos livrar de emoções irracionais como medo e ansiedade, que podem ter sido despertadas pelo filme. Algo semelhante acontece quando, pouco a pouco, começamos a perceber, graças ao processo de autoconhecimento, que toda a existência é uma espécie de filme, e toda a realidade psíquica se constitui apenas de projeções na tela. Essa tela pode ser vista como nossa própria consciência, na qual as imagens mentais e emocionais são projetadas. E podemos avançar um pouco mais e questionar o "eu" que assumimos durante o filme, o papel ou os papéis que desempenhamos em nossa vida. Estamos tão profundamente identificados com esse personagem, com a noção habitual de identidade egocêntrica, que não percebemos que isso não tem substância; essa noção é uma ideia também: pensamentos acompanhados de carga emocional.

É uma falsa concepção de individualidade que aponta para uma realidade profunda, mas ainda envolta pelas ilusões construídas pelo pensamento concreto, que tudo separa e divide. Nesse caminho de descoberta interior, pouco a pouco surge uma consciência lúcida e clara, que sempre esteve presente, como o silêncio por trás do ruído. Essa consciência, livre das identificações com os processos psíquicos e da própria noção de um "eu" separado do todo, não é egocentralizada. Nessa condição, ela não tem propriamente um centro, pois ainda que perceba sua individualidade essencial, não a percebe como um elemento separado daquilo que é percebido. A consciência agora é como a tela pura do cinema, que reflete todas as imagens, mas não se confunde com elas. A consciência se purificou de todas as identificações, reduzindo-se a seus elementos fundamentais. Podemos também dizer que essa consciência pura está na condição de não ser. Ou que ela descobriu sua natureza vazia, apesar de esse vazio ser preenchido de luz, sabedoria e amor. O vaso vazio da nova consciência torna-se assim o recipiente do espírito. Na pureza do não ser, o ser real se manifesta.

Ao ter um vislumbre dessa realidade superior, a nova consciência, em expectativa, se prepara para o que na obra da Rosacruz Clássica denomina-se as núpcias alquímicas, ou seja, sua conexão com o espírito, "a esfera infinita, cujo centro está em toda parte e cuja circunferência não é limitada em parte alguma" – nas palavras atribuídas a Hermes Trismegisto.

A respeito dessa realidade sublime, Catharose de Petri diz:

> A consciência do novo ser humano é fundamentalmente sem eu, ainda que ela faça uso da quarta cavidade cerebral e através desse centro dirija o ser humano comum. Poder-se-ia definir essa nova consciência como uma consciência completamente desprovida de um centro. Por isso, tal consciência não pode ser egocêntrica e o egoísmo, tão bem conhecido por nós, deve ser totalmente estranho a essa consciência. Portanto, compreenda que, se falamos do estado sem eu do novo ser humano, não devemos encarar isso em sentido ético ou moral, mas em seu sentido fundamental. [...] A nova consciência não se limita por um foco. Pode-se defini-la como uma consciência que funciona em todo o microcosmo, ainda que se servindo naturalmente

de certos órgãos. Esse microcosmo não possui centro de consciência, ele é inteiramente centro de consciência, mediante a coletividade dos átomos de uma outra espécie, que exprime o Espírito do plano de Deus. Esse notável estado de ser é às vezes representado na linguagem sagrada como seres que possuem milhares de olhos, pela frente e por detrás. Se agora pudermos fazer uma imagem desse estado microcósmico, compreenderemos que é um estado ainda parcial. Pois nós distinguimos o microcosmo, o cosmo e o macrocosmo. No curso do desenvolvimento do novo ser humano, todo o parcial desaparece. O ser consciente microcósmico avança até a consciência cósmica e desta para o estado consciente macrocósmico. Podemos definir a consciência microcósmica como consciência alma e a consciência macrocósmica como consciência-Espírito ou alma-Espírito. Se me elevo na consciência microcósmica ou consciência-alma, ainda vivo como ser isolado nesse novo estado. Mas se meu microcosmo se eleva da consciência microcósmica para a consciência cósmica ou consciência-Espírito, então se encontrará em unidade com inumeráveis microcosmos, em uma consciência coletiva, a consciência da onipresença. Trata-se então de uma transformação absoluta, porque toda separação cessa. Não se pode mais falar de multiplicidade, mas exclusivamente de unidade. É mais magnífico ainda quando o cósmico se eleva no macrocósmico, na verdadeira manifestação universal divina. Então, toda diferenciação, toda a multiplicidade torna-se unidade, naquele que é o Absoluto, que é o Amor universal. [...] Aqueles entre nós que suportam com alegria esse processo de aproximação, recebem das radiações gnósticas uma corrente cheia de graça, que conduz o ser ao campo do absoluto repouso, ao verdadeiro silêncio sacerdotal, condição para o estado de paz, no qual pode se efetuar o grande e santo trabalho da construção do novo templo.[4]

Que possamos todos, em nosso trabalho interior de cada dia, assentar as bases do autoconhecimento, sobre as quais se ergue toda essa maravilhosa construção interior.

4. Petri C. *Sete vozes falam,* cap. XII.

O CICLO DA VIDA

Somos seres dependentes do ciclo do tempo. Todos os dias, ao acordar, nosso corpo traz o resultado do que fizemos nos últimos dias. Em geral, há um elo perceptível entre a forma como despertamos, a qualidade da noite que tivemos e como vivemos o dia anterior. Se o dia for tranquilo, podemos ser recompensados com uma noite serena, que nos prepara para o próximo dia que há de vir. Uma noite mal dormida não será capaz de recompor as energias para o dia seguinte, e a consequência é um dia arrastado, e por vezes pouco produtivo. O ciclo dia-noite-dia é implacável. A roda da vida não para. Os seus ciclos são intermináveis. A forma como sentimos o ciclo diário, como nos comportamos, explica em grande parte a qualidade da nossa vida. Cada momento da vida forma um conjunto. Pequenos momentos, pequenas decisões, criam uma realidade. É como se cada dia de vida formasse uma imagem, uma fotografia. E se encadeássemos cada fotografia, cada dia, formaríamos um filme que representa nossa vida.

Que valor tem a vida humana? Diríamos que a vida tem valor pela qualidade das experiências vividas. Embora todas as vidas sejam recheadas de experiências, o que as distingue é a capacidade de percebê-las e de retirar de cada uma a sua essência. E o principal instrumento de percepção e interpretação das experiências é a consciência.

No atual estágio de desenvolvimento da humanidade, durante a vida adulta todo ser humano possui, em potencial, uma consciência plena que lhe permite distinguir a realidade do mundo interno, a realidade do mundo externo e sua própria individualidade. Na infância, a percepção da individualidade surge ao redor dos seis anos. Nessa fase, a criança se percebe separada dos pais, o que não ocorria até então; essa é a razão pela qual a criança manifesta pela primeira vez o medo da morte. Ao perceber-se separada dos pais ou de outros entes queridos, dá-se conta de que pode perdê-los. A possibilidade de expressar a consciência se completa com a formação da individualidade, que começa a se manifestar na adolescência e se completa na vida adulta. Para a percepção plena de cada experiência, a presença de uma consciência completa é condição necessária, mas não suficiente. Para tanto, é preciso ser capaz de observar objetivamente cada experiência vivida. E esse observar nos capacita a definir, a cada momento, os rumos da própria vida.

O ser humano não foi criado para ser um barquinho levado para lá e para cá no mar dos acontecimentos; ele pode guiar conscientemente o leme de sua vida. A vida não é um evento aleatório, mas resultado dos impulsos que cada ser humano dá no rumo dos acontecimentos. Como trabalhadores que carregam pedras para uma construção, a humanidade constrói suas próprias condições de vida.

É fato que cada ser humano possui um ponto de partida distinto na vida material e emocional. Por causa disso, ou apesar disso, no final do dia a vida em sociedade é resultado da soma das trajetórias das individualidades. Uma casa não se constrói aleatoriamente; resulta da ação de braços e cabeças. Uma cidade não existe por obra do acaso, mas é a soma de decisões que modificaram o meio ambiente e o transformaram.

Se cada ser humano é responsável pela forma como vivemos em sociedade, por que nem sempre nos reconhecemos como agentes desse emaranhado social? A resposta não é simples. Apesar de termos atingido a consciência individualizada, que nos permite um estado de percepção bem apurado, ainda somos carentes de um dos principais atributos da alma humana renascida: a consciência da onipresença.

Imagine que antes de pronunciar uma palavra, de produzir um pensamento ou uma ação, fôssemos capazes de antecipar a reação que causaríamos. Na falta desse atributo, buscamos estabelecer acordos, que quase sempre se mostram frágeis e insustentáveis, pois decorrem da percepção parcial da realidade. Se muitos seres humanos tivessem a percepção do todo, que é um dos atributos superiores da alma humana, seria possível alinhar os objetivos sociais com grande facilidade. Não só os objetivos humanos, mas também as necessidades de todos os reinos naturais.

A consciência da onipresença é o estado de percepção da unidade com tudo e todos, um estado que não é apenas uma hipótese teórica, mas o único estado necessário para a vida em harmonia. A verdadeira unidade da vida é uma conquista de todos, para todos. Sendo essa a grande tarefa humana, é natural que haja frustração com a ordem social, pois percebemos que ainda não assumimos a responsabilidade de uns para com os outros e com todos os reinos da vida. No entanto, sem ainda termos atingido a vida una, somos por ela impulsionados nos diferentes ciclos de vida.

O nosso campo de trabalho é a vida diária, para ser vivida de forma desperta, utilizando plenamente nosso potencial espiritual. Sob essa perspectiva, os ciclos do tempo constituem instrumentos que nos permitem profundos aprendizados sobre nós mesmos e sobre cada forma de vida, aprendizados que podem nos levar ao uno, à unidade. A cada novo dia temos a oportunidade de aprender a viver de forma atenta, desperta. Estar desperto significa viver cada experiência como algo novo. O oposto de estar desperto é viver anestesiado, em um ciclo vicioso do pensar, sentir e agir. Estar desperto significa não viver a partir de projeções do passado, do dia anterior; mas viver em uma espiral de percepção de cada experiência. Cada dia oferece uma gama de experiências cuja meta é a unidade. É por isso que uma experiência não vivenciada plenamente é repetida quantas vezes forem necessárias para que o aprendizado se realize.

Vivenciar uma experiência é reconhecer a sua finalidade, o que nos capacita a aprofundar o autoconhecimento a respeito dos hábitos de viver do passado, dos condicionamentos e das expectativas sobre o futuro, hábitos que constituem as grandes prisões humanas. Quando reconhecemos nossas prisões podemos nos libertar delas, se quisermos. Os ciclos do tempo são os grandes aliados neste processo. Se não aproveitarmos o dia e formos surpreendidos pela noite, ainda assim o sono nos oferece nova oportunidade, como uma morte que antecede a vida. É como se todo dia nascêssemos e todo dia morrêssemos. E esse ciclo é a grande oportunidade para o verdadeiro despertar.

O sono se assemelha à morte do corpo, pois enquanto estamos adormecidos nossa consciência deixa de ser concêntrica e se desloca. Os veículos sutis de nossa personalidade se deslocam do corpo físico, de forma que o corpo perde, em parte, a capacidade de expressão, que só será retomada com o despertar, pelo reagrupamento dos veículos sutis que não estavam concêntricos durante o sono. Durante a noite recolhemos e reconhecemos as experiências do dia; durante a noite, um ciclo se encerra. As experiências vivenciadas durante o sono – principalmente os sonhos – são incompletas, pois são realizadas apenas com parte da personalidade. Quando os veículos sutis retornam ao corpo pela manhã, eles não conseguem trazer à consciência de vigília uma ideia precisa das experiências vivenciadas nas esferas sutis. É como a antiga brincadeira do "telefone sem fio", em que uma criança fala uma frase ao ouvido de outra, e essa mensagem deve ser passada à criança seguinte, até o final da fila. Em geral essa brincadeira termina com gargalhadas, pois a mensagem final não tem relação alguma com a frase inicial.

O mesmo ocorre com os sonhos. Durante o sono o corpo físico funciona como uma âncora, e o barco que navega ao redor da âncora equivale aos veículos sutis que vão colher experiências nos campos sutis. A corrente que liga a âncora ao barco produz uma íntima conexão entre as experiências de vigília e as experiências do sono. Por isso é um engano atribuir aos sonhos experiências espirituais. De fato, com raríssimas exceções, as experiências durante o sono são apenas reflexos do que vivemos durante o dia. É como se houvesse uma continuidade, uma unidade.

Voltando à questão proposta anteriormente, se nós, seres humanos, somos os únicos responsáveis pela forma como vivemos em sociedade, por que não nos reconhecemos como polos ativos nesse emaranhado social? Temos dificuldade para nos reconhecer como responsáveis pelas circunstâncias que nos cercam porque essa vida é ainda fragmentada, e não a expressão de uma unidade. Essa unidade só poderá ser atingida pela modificação de um bom número de indivíduos. Para que uma modificação se inicie na base da formação do próprio ser humano, é preciso uma reforma a partir de um princípio unificador. O espírito de unidade representa a ideia, o projeto do vir a ser humano. É a semente da consciência da onipresença que permite ao ser humano fundir o indivíduo com o todo, o que representa a transcendência.

A possibilidade da transcendência, expressa em poesias, músicas e outras manifestações artísticas, é percebida como algo belo e elevado, mas, para ser manifestada, uma barreira precisa ser vencida em cada ser humano. Essa barreira, muitas vezes confundida com uma fronteira, é a bem conhecida autocentralização. Enquanto mantivermos nossa individualidade conectada a uma identidade autocentralizada, não saberemos como atingir a transcendência. A falta de clareza sobre como agir é sinal de que a nossa individualidade está identificada com a autocentralização, como se fossem uma coisa só.

Cada ser humano é detentor de uma individualidade, porém, nem todos percebem que a vida autocentralizada não é a única forma de vida. A natureza nos dá vários exemplos de uma vida individualizada, porém una. Vistas de perto, vemos que as árvores são distintas entre si; porém à distância, as árvores formam uma floresta, um tapete em que mal se percebe os diferentes tons de verde.

Agora é possível resumir o problema central da onda de vida humana. Trata-se do problema de identidade, da identificação com a autocentralização, pois esta nos isola e nos dá a sensação de que somos incapazes de intervir na vida, e acabamos por concluir, de forma errônea, que não podemos contribuir para o desenvolvimento da vida humana e dos demais reinos. Por esse prisma, a vida em sociedade será sempre caótica, pois não somos compreendidos nem compreendemos os demais. Vemo-nos sempre como vítimas dos acontecimentos, sem possibilidade de ação.

Ir além e transcender a manifestação autocentralizada é a necessidade urgente de cada um de nós. Transcender significa conectar a individualidade humana à sua verdadeira identidade, ao princípio uno, que nos capacita a entrar em unidade com tudo. A partir desta conexão nasce a consciência da onipresença, que precisa ser ampliada e vivenciada no tempo, como uma crescente ligação entre tempo e eternidade. É o que simbolicamente os rosacruzes definiram como unir a rosa à cruz. É desta maneira que o tempo e as fragmentações dia-noite-dia ou vida-morte-vida deixam de fazer sentido, e o ser humano pode avançar como um ser completo e maduro rumo à vida una.

Nosso mais profundo anseio é que possamos reconhecer o fluxo da vida una, que brota em nosso coração, ilumina nosso saber e nos dá força para agir.

MORTE NÃO EXISTE

Há textos que não se dirigem à compreensão comum, mas à razão superior e intuitiva da nova consciência, mediante a qual podemos extrair conclusões importantíssimas sobre o que denominamos de morte e vida.

Afirma-se que o processo da criação se manifesta em três círculos concêntricos, a partir da força de ideação universal: "No primeiro [...], cria o Espírito invisível onipresente. Pensar criativamente é uma capacidade inesgotável. Essa capacidade está ligada à 'água-luz', uma matéria-energia que, por sua vez, surgiu da fonte do pensamento".[5] Aqui é feita referência à manifestação do Absoluto no Universo. Do ponto não manifestado, mediante seu pensamento criador, surge a fonte da matéria universal, a Mater, a água-luz. Trata-se da formação do primeiro círculo, de um campo de energia que se expande e se movimenta como que em uma respiração.

Esse primeiro círculo é chamado de Pai-Mãe, o círculo primordial que sempre existiu e sempre existirá. "O pensamento é o Pai, e a água-luz, a Mãe [...] O Pai é o espírito virginal, invisível. Ele está rodeado pela água-luz, cuja fonte é ele mesmo. Nela, ele se reflete [...]".[6] Desse encontro entre o pensamento criador e a água-luz surgem os atributos primários inerentes ao Pai: vida eterna, verdade e imutabilidade.

Após essa atividade de criação no primeiro círculo, o Pai torna a se espelhar na Mãe, e nele surge então o segundo círculo de criação, o círculo do Filho, Cristo. O Filho também é um cria-

5. Dietzfelbinger, K. *O livro secreto de João*, p. 19.
6. Ibidem.

dor, e mediante os atributos primários que recebeu do Pai, cria um terceiro círculo, circundado pelos dois primeiros.

Desse processo surge a atividade do espírito e toda a criação, e a humanidade inicia seu processo de desenvolvimento nesse terceiro círculo. Portanto tudo que foi criado encontra-se contido nesses três círculos, e tudo que está manifestado no terceiro círculo está circundado pelos outros dois e sob suas linhas de força. Assim, compreendemos que toda a criação universal, com suas miríades de formas e expressões, galáxias e sistemas solares, corpos celestes e reinos naturais, provém dos atributos inerentes do Pai, manifestando-se como vida eterna, verdade e imutabilidade.

E essa natureza eterna, real e imutável de tudo o que existe também se encontra nas palavras de Hermes a Tat:

> O Pai quis que o mundo fosse vivo enquanto se mantivesse sua coesão; por isso ele é necessariamente Deus. Como poderia ser possível, meu filho, existir em Deus, nele, que é a imagem do universo e a plenitude da vida, algo como a morte? Nunca houve, não há nem jamais haverá no mundo algo que esteja morto. Pois morte é corrupção, e corrupção é aniquilamento. Como se poderia crer que uma parte de algo incorruptível estivesse submetida à corrupção ou que algo de Deus pudesse ser aniquilado? [...]Os seres viventes não morrem, porém, seus corpos, sendo compostos, dissolvem-se. Essa dissolução não é morte, porém sim a dissolução de um composto. Essa dissolução não tenciona aniquilamento, antes uma nova gênese, uma renovação. Pois, qual é a força vital atuante? Não é movimento? O que é imóvel neste mundo? Nada, meu filho! [...]Tudo é imortal: a matéria, a vida, o alento, a alma, o espírito, o intelecto, o instinto, que em conjunto compõem o ser vivente. Cada ser vivente é, nesse sentido, imortal. Todavia, o mais imortal é o homem, pois é capaz de receber Deus e com Ele tornar-se uno.[7]

E ainda:

7. Rijckenborgh, J. van. *A arquignosis egípcia*, tomo IV, p. 111.

> Não sejas tão insensato – diz Hermes enfaticamente a Tat – a ponto de aceitar que algo como a morte pudesse existir. Tudo é vida, um oceano vivente de átomos. Cada corpo é, portanto, vida. E cada vida também possui, portanto, consciência. Cada consciência possui uma força ilimitada e, por conseguinte, divina, pois o átomo é vida. E vida apenas pode explicar-se pela fonte primordial. Visto que vosso estado corpóreo, vosso estado de personalidade, é formado por átomos, o fundamento de vosso ser é, portanto, Deus. Deus manifestado na carne.[8]

Mediante a luz dessa nova compreensão, pode-se constatar que aquilo que compõe a vida que conhecemos não morre. Do mais concreto ao mais sutil, o que chamamos de morte é, na realidade, um processo de transformação. Certamente a morte de entes queridos traz sofrimento, pela dolorosa perda de sua presença em nosso campo de percepção. E a perspectiva de nossa própria morte também traz sofrimento e incerteza em relação ao futuro, sofrimento por deixar tudo o que temos: família, amigos, posses, nosso eu, nossa vida. Incerteza diante de perguntas, tais como: o que acontecerá comigo? Para onde vou? O que resta de mim?

Esse sofrimento é real e provém de nossa incapacidade de perceber a manifestação da vida em todas as suas dimensões, da vida que anima os veículos de nossa alma, de nossos pensamentos, sentimentos e desejos, enfim, de todo nosso ser; nossa percepção é muito parcial e limitada. Porém, no que chamamos de morte, e que tanto nos atemoriza, encontra-se um grande aprendizado. Pois a vida é um eterno movimento, e a consciência que amadurece e se liberta de condicionamentos e apegos banha-se em sua luz e descobre que tudo, absolutamente tudo, vive e sempre continuará vivendo. Em determinado momento psicológi-

8. Ibidem, pp. 17-18.

co, como o clarão de uma nova compreensão, aceitamos esse fato, reconhecendo-o como uma verdade incontestável. Vemos nos ciclos da natureza como tudo se transforma, como a morte de um fruto permite que sua semente germine, como tudo se agrega e se desagrega, e como a vida sempre ressurge diante de nossos olhos. Porém, em outros momentos, em virtude dos duros golpes da vida, nossa consciência se obscurece novamente, e atemorizamo-nos diante dessas transformações constantes tão próximas de nós.

Por essa razão, o autoconhecimento deve ser a base fundamental para todo aquele que almeja trilhar a senda de libertação da consciência, uma vez que ele é a chave para a nova compreensão da alma, que nos permite enxergar a vida em todas as suas dimensões. E o autoconhecimento provém da força da centelha do espírito, do núcleo de fogo de nosso microcosmo, do qual também emana a energia que gera e sustenta a vida, do qual pulsa toda a vida manifestada.

A energia que brota dessa centelha é a própria vida indivisível de Deus. Sem essa energia, a matéria não poderia ser agregada, nem os corpos formados. Quanto mais nos aprofundamos nela, mais evidente se torna que em Deus vivemos, que Nele nos movemos e Nele temos o nosso ser. Descobrimos que nossa consciência surge desse núcleo de fogo do microcosmo, como um polo espelhado desse poder criador, e que nossa consciência tem sua origem nesse Ser imortal.

Porém, em nosso atual estado de consciência, ainda não possuímos uma percepção objetiva, e assim nos enredamos, completa e continuamente, em nossas próprias criações. Esse autoaprisionamento, que se traduz em uma consciência imatura e desprovida de real autonomia, leva o conjunto dos veículos da personalidade a um processo de desagregação após certo período de experiências. Esse processo garante que os corpos não se cristalizem além de um determinado limite, cristalização que impede o desenvolvimento da consciência. Visto dessa forma, podemos afirmar que não há morte nos processos de desagregação, pois os átomos que compõem os corpos continuam vivos e jamais perecem. E a energia de consciência que os agregou jamais se extinguirá. O que ocorre, de fato, é que os veículos da personalidade, compostos de infinitos elementos, decompõem-se novamente, para uma renovação.

É esse processo de desagregação que leva os quatro corpos da personalidade humana à sua separação e posterior volatilização. Esses fenômenos são acompanhados do importante resgate de toda a memória, a fim de que as experiências vividas sejam revistas e gravadas no firmamento aural. E, após certo período, não havendo mais um veículo no qual a consciência possa se espelhar, todo o microcosmo entra em estado de adormecimento, até que surja uma nova vida, assegurando-lhe nova oportunidade de manifestação. Esse é o "sorvo do esquecimento", o desvanecimento da identidade e da memória individual, associadas à vida que passou.

E aqui se encontra algo fundamental: o objetivo central da escola espiritual é propiciar ao aluno um processo de desencarne totalmente diferente do descrito até aqui. O discipulado, conscientemente aplicado e vivenciado, com base no autoconhecimento e no esforço constante da endura, propicia ao aluno a oportunidade de viver sua vida de maneira totalmente diferente, e isso lhe permite grandes possibilidades ao deixar seu veículo material. O aluno na senda interior pode vivenciar suas experiências acumuladas a partir de uma nova força, capaz de reestruturar cada uma delas, resgatando, em vida, todo o seu carma, mediante a transformação de sua consciência. Esse resgate cármico libera a consciência de seu pesado lastro e propicia cada vez mais autoconhecimento e discernimento, preparando o ser para a elevação vibratória tão almejada no caminho espiritual. Nesse contexto, as possibilidades de prosseguimento na senda, após o desencarne, apresentam um desdobramento completamente diferente.

No momento do desencarne há quatro possibilidades presentes para uma consciência que trilha o caminho espiritual. Na primeira possibilidade, a consciência se apresenta ainda muito identificada aos seus condicionamentos e egocentrismo. Ela ainda não desenvolveu as condições de pureza e autonomia necessárias para refletir a luz do espírito. Nesse caso, após o desencarne, ocorrerá uma dissolução lenta e gradual de todos os corpos sutis, durante a qual as experiências da vida material são novamente vivenciadas, até o completo desvanecimento do eu-consciência. Um novo reencarne ocorrerá após o necessário período de repouso e assimilação total das experiências vividas, e a necessária preparação do microcosmo para um novo mergulho na matéria. Porém, os anseios mais profundos, registrados de forma indelével, continuarão a guiar o caminho de vida dos futuros habitantes dessa casa microcósmica. E se em meio a esses anseios estiver presente a "voz" da centelha do espírito, certamente se manifestará nessa vida a continuidade da jornada espiritual iniciada em vidas anteriores. Para assegurar tal continuidade, a própria Fraternidade da Vida trabalha para que o processo de volatilização da personalidade ocorra da maneira mais favorável possível.

Na segunda possibilidade, o anseio por seguir o caminho é de tal forma significativo que a luz estabelece uma ligação com o campo mais íntimo de orientação da consciência. Essa ligação será como uma bússola que sempre conduzirá essa alma pelos caminhos da unificação alma-espírito. Dessa forma, o processo vivenciado no post-mortem pode ser muito mais consciente, e a pessoa que faleceu é acolhida em um campo astral especial, que lhe possibilita a continuidade da transformação estrutural. E, com a transformação estrutural em andamento, a consciência pode se libertar da reencarnação involuntária na matéria densa.

Na terceira possibilidade, a consciência atinge maior espaço de reflexão da luz em seu espelho. De forma nítida, abre-se uma clareira de acesso à luz, pois a consciência empreendeu purificação suficiente para prosseguir em seu caminho de transfiguração. Pela chave vibratória de seu ser, ela é então atraída para um campo etérico puro, sob os cuidados da Fraternidade da Vida, onde desperta aos poucos de seu sono, para enfim cooperar conscientemente no caminho da unificação da alma-espírito. Aqui já não se pode mais falar de um reencarne na matéria, tal como o concebemos.

E na quarta possibilidade, o processo da transfiguração está tão avançado que o microcosmo é atraído diretamente para regiões ainda mais elevadas e de novas dimensões. Esse é o campo da ressurreição onde atua diretamente a Fraternidade da Vida.

O trabalho das verdadeiras escolas espirituais consiste em alçar os microcosmos da roda da reencarnação, da prisão do espaço e tempo, por meio de uma profunda transformação de cada consciência-alma. Aquele que transcende essa fronteira alcança o espaço infinito do onipresente e eterno agora.

Esperamos que este texto tenha trazido luz a este tema, às vezes ainda tão sombrio para muitos de nós. E que possamos ver toda a trajetória de nossa vida a partir da grande jornada da centelha divina em busca de sua reintegração com o grande Uno, o Absoluto, qual uma gota que retorna ao grande oceano. Que muito em breve todos possamos alcançar essa condição.

O ESTADO DE CONSCIÊNCIA QUE TRANSCENDE A MORTE

A compreensão espiritual do processo da morte, emanada do ensinamento universal, traz perspectivas e concepções diversas das que comumente se tem em nossa sociedade. Diariamente dormimos após um dia de atividades; o sono é o fim do ciclo diário, quando se entra numa vida semiconsciente ou inconsciente que pode ser comparada a uma pequena morte. Assim, o que chamamos de morte é somente o fim de um ciclo maior, que é a vida humana.

Vida e morte, morte e vida, são um ciclo quase interminável de mergulhos na dimensão do espaço-tempo, de construção e dissolução, até que se possa transpor o estado de consciência aprisionado a esta dimensão e ingressar na eternidade.

Dessa perspectiva, a morte fundamentalmente não existe. Na natureza nada morre, tudo passa por diversos estágios de transformação e desagregação. O microcosmo e nossa consciência ou alma subsistem após a morte do corpo físico e é grande a possibilidade de o microcosmo do aluno poder libertar-se da roda da reencarnação, transcendendo a dimensão do espaço-tempo pelo desenvolvimento de uma nova alma conectada à centelha do espírito.

E qual é o estado de consciência e de vida que transcende o estado mortal? Como ocorre esse processo de desenvolvimento? Como é possível alcançar essa consciência? No livro *Os sete raios do espírito*, lê-se: "Eis porque é tão importante que você compreenda que essa é a verdadeira tarefa da vida de cada ser humano, portanto, também a sua tarefa, para que possa cooperar ativamente nesse processo e permitir que ele ocorra em seu ser".[9]

Só com a nossa cooperação essa grande e sagrada força-luz provinda da centelha pode irradiar em todo o nosso ser, purificando-o; assim é vivificada nossa verdadeira alma imortal. Nesse estado de ser, a eternidade nos chama: seu chamado ressoa sem cessar para todos, a fim de que se cumpra o grandioso plano de desenvolvimento que se encontra na base da criação.

> Na linguagem do Ensinamento Universal, [...] a consciência também é chamada de alma. Por isso, é dito que o processo que leva à Nova Vida depende do casamento, ou seja, da união entre o Espírito e a Alma. [...] [Esse] casamento simbólico [...] pode gerar um novo ser a partir da transformação do velho ser, como ocorre, por exemplo, com a clássica metamorfose da lagarta em borboleta. Eis porque essa transformação é chamada de uma mudança de figura, ou também de transfiguração. É um processo maravilhoso, que pode ocorrer em cada aspecto de todo o seu ser. Ele poderá transformar a energia que flui em você e o funcionamento de seus corpos sutis. Ele também poderá transformar o seu organismo através de um metabolismo totalmente diferente. Mas, para que esse processo maravilhoso possa ocorrer existe uma condição prévia absoluta: a de que a unificação do Espírito com a Alma realmente ocorra em seu coração energético, pois, esta transformação é o pilar fundamental para tudo aquilo que deverá ocorrer em sua consciência e em sua vida real.[10]

Para poder viver esse processo com seriedade, devemos nos aprofundar cuidadosamente nessa questão e o veremos claramente – com os olhos do coração, pois a grande obra deve começar no coração. Nele deve despertar o amor à senda, nele a centelha do espírito deve conectar-se ao núcleo de nossa cons-

9. *Os sete raios do espírito,* p. 7.

10. Ibidem.

ciência e assim, dizendo de forma poética, o botão de rosa abre suas pétalas à luz do sol do espírito.

> O coração humano não é apenas um órgão de carne e de sangue; é também o núcleo [da consciência humana e de nossos corpos energéticos sutis]. Por isso dizemos que nele circulam energias que ardem como verdadeiras flamas. Em seu coração ardem sete flamas chamadas de 'O Candelabro do Coração'. Cada uma dessas flamas precisa ser transformada em um Novo Fogo, cuja fonte é a Centelha do Espírito, o coração de seu microcosmo [o Ser Absoluto]. [...] Surgirá então o triângulo de uma Nova Alma, formada por uma nova identidade, consciência e manifestação, [ou seja, pelos santuários do coração, da cabeça e da vida renovados] a partir do Ser Absoluto. É esse triângulo de uma Nova Alma que transformará toda a vida, por meio da mudança fundamental das quatro faculdades criadoras do ser humano: pensamento, desejo, percepção e forma. [...] É a partir dessa transformação da alma tríplice que uma mudança estrutural, portanto corpórea, pode e deve ocorrer. Com o novo arquétipo tríplice ardendo no ser humano como uma nova e verdadeira força do pensamento, os centros energéticos do corpo astral, também conhecidos como chacras serão modificados. Eles serão preenchidos pela mesma força que passou a circular no coração, na cabeça e na vida, gerando um novo veículo astral, modificando e transfigurando totalmente o corpo etérico pela nova força que circular em seus meridianos, conectados aos chacras do corpo astral. Quando esse processo houver avançado suficientemente, o próprio corpo físico reagirá, e, durante o tempo que lhe couber em sua existência temporal, portará em si também a imagem dessa Nova Vida, pela sintonização de seu sistema endócrino ao impulso do Ser Absoluto, do UNO, no núcleo de seu coração.[11]

Como deve ter ficado claro no texto acima, é preciso passar por profunda autorrevolução, pela demolição do egocentrismo, colocando novamente o núcleo do Ser Absoluto – a centelha do

11. Ibidem, pp. 6-12.

espírito – no centro de nosso ser e de nossa vida. Para que esse processo comece a se desenvolver em nós, é preciso dedicar a totalidade do nosso ser à centelha do espírito em perfeita rendição, profundo interesse e intenso anelo. Na verdade, o interesse e a persistência dos alunos permitem que o seu relacionamento com a centelha do espírito se desdobre, como uma rosa que se abre aos poucos. A centelha divina traz em si o potencial de inovação, a chance de reescrever a história de nossa vida e, assim, resolver as questões que tanto nos incomodam: a falta de compreensão mútua, do amor verdadeiro e da paz.

Mas por que um assunto de tamanha relevância tem estado oculto para grande parte da humanidade? Na verdade, esse assunto nunca esteve oculto, mas invisível aos olhos da percepção humana natural. E por quê? Porque a percepção da existência da centelha divina em nosso ser não funciona de forma mecânica ou automática. Tal percepção não depende de quanto conhecimento acumulamos, ou mesmo de quão sofisticadas e complexas nossa vida e nossa consciência tenham se tornado. E, mesmo para aqueles que já se colocaram a caminho na senda interior, ela não é fruto apenas de quantos livros foram lidos ou há quantos anos se está no discipulado.

Além do dirigir nossa atenção a essa centelha, a conexão ativa com a centelha divina depende da interação da nossa percepção da realidade e do real conhecimento de nós mesmos. Essa é a razão pela qual a Escola coloca tanta ênfase no papel da consciência. Nossa consciência somente poderá ser um real instrumento nesse trabalho se estiver totalmente voltada para a centelha. Isso quer dizer, se nossa consciência já tiver abandonado os fatores obstaculizantes mais grosseiros, como a utilização de substâncias e práticas que apenas alteram seu estado natural; e se a mantivermos atenta e serena, longe das agitações emocionais ou de pensamentos repetitivos, os quais impedem que vejamos a realidade e a nós mesmos.

Na interação diária entre o conhecimento de nós mesmos e da realidade ao nosso redor, a centelha divina é percebida, em um primeiro momento, como uma inquietude, uma angústia. A centelha do espírito sempre revela à consciência as contradições do corpo, as contradições do eu. Ou seja, as contradições entre o eu real e o eu ilusório.

Quando o aluno na senda interior se esforça para avançar além dessas contradições, pode começar uma nova fase de relacionamento com a centelha divina, uma fase de novas experiências. Quando, apesar do reconhecimento de uma divisão interna entre o eu real e o eu ilusório, ele avança em busca da compreensão do porquê dessa divisão, ganha impulso uma nova força que o auxilia a abrir novos caminhos de percepção. Nessa etapa a centelha divina ilumina e revela a divisão interna, mas também o alimenta, dando-lhe nova vitalidade para avançar.

Esse momento de interação pode se tornar dramático se o aluno não revelar coragem para avançar, a partir dessa nova força. Pois aqui começa a fase do enfrentamento de si mesmo, como fator essencial para conquistar a liberdade. A iluminação e a nova vitalidade recebidas nos permitem conquistar autonomia em relação a nós mesmos e, depois, em relação a todas as circunstâncias de nossa vida. Autonomia em relação a nós mesmos significa, no primeiro momento, liberdade em relação aos aspectos mais grosseiros presentes em nós, como comportamentos condicionados pelas nossas intenções mais profundas. Autonomia em relação aos acontecimentos significa um grande e novo poder: a liberdade para construir a própria vida a partir das experiências diárias, ou seja, construir seu futuro independente do passado. Essa é a origem do livre-arbítrio: a construção do futuro a partir do presente.

E qual é o futuro desejado para toda a vida humana? Reconhecer que nenhum ser humano é um ser isolado, mas sim um ser universal que está conectado a tudo e a todos. A centelha divina é, por fim, esse ponto dessa conexão. Pois ela é o aspecto transcendental no ser humano que permite essa conexão universal, sem que se perca a própria individualidade.

O símbolo da Rosacruz revela essa possibilidade: a centelha ativa (simbolizada pela rosa), conectada à individualidade humana (a cruz). Ou seja, a centelha divina é o resultado da interação e também produz interação, em um movimento contínuo.

A forma como nos relacionamos com a centelha divina depende da pureza e da maturidade de nossa consciência. Podemos percebê-la como uma inquietude, como luz, alimento e como ponto de conexão universal. À medida que vencemos nosso egocentrismo, a centelha divina pode revelar mais de seus múltiplos aspectos à nossa consciência.

Uma escola espiritual que vai além das estruturas visíveis, que pode divulgar a mensagem da centelha divina com toda sua força, é composta por seres humanos que se transformam diariamente. O maior impacto de uma escola de mistérios está na capacidade de transformar o ser humano, para que ele transforme o mundo.

Que possamos cada vez mais descobrir o maravilhoso mistério da força universal presente em cada um de nós e, assim, sermos parte da unidade com o todo. Nesse dia reconheceremos de todo nosso coração, de toda nossa alma, que a vida una existe sim, pois ela é! E então poderemos reconhecer a realidade de uma das exortações mais conhecidas no cristianismo que diz: "Tragada foi a morte na vitória! Ó morte, onde está o teu aguilhão? Ó morte, onde está a tua vitória?"[12]

Que possamos reconhecer o verdadeiro objetivo da vida humana, que possamos vencer toda divisão, toda ilusão e toda cegueira a respeito da vida. Que sejamos enfim um só coração!

12. Bíblia. *1 Coríntios*. 15:54-55.

LIBERDADE, IGUALDADE, FRATERNIDADE

Considerada por muitos como o primeiro indicativo do alvorecer da era de Aquarius, a Revolução Francesa (1789) foi um marco fundamental na história da humanidade, porque inaugurou um processo que levou à universalização dos direitos sociais e das liberdades individuais a partir da Declaração dos Direitos do Homem e do Cidadão, que anunciava serem todos os homens iguais. O lema da Revolução Francesa – Liberdade, Igualdade e Fraternidade – ecoa desde então. Esses ideais foram progressivamente influenciando boa parte da humanidade, levando-a a realizar verdadeiras revoluções políticas, sociais, culturais e comportamentais, como a luta pela democracia, contra o racismo e pela emancipação feminina, a luta pela liberdade de orientação sexual e de crença, e a luta contra todas as formas de discriminação e preconceito. Tais lutas têm promovido grande transformação na mentalidade e nas leis de inúmeros países, mas ao observarmos o cenário mundial, e a nossa própria condição pessoal, vemos que ainda é preciso grande desenvolvimento coletivo e individual para chegarmos a patamares mais elevados desses ideais.

A consciência humana está num processo de desenvolvimento que começou nos primórdios do surgimento do *homo sapiens*, evoluindo pouco a pouco da consciência grupal para a consciência individuada, egocêntrica e primitiva, aquela que se identifica consigo e com seu núcleo familiar mais íntimo, e quer tudo para si e para os seus, excluindo os demais. Nesse plano de desenvolvimento, a consciência vai ampliando sua identidade para círculos cada vez mais amplos, até chegar à consciência universal – não como retorno à consciência grupal, mas como avanço rumo à consciência de unidade que não nega a individualidade. Esse desenvolvimento vai passando da consciência egocêntrica primitiva para a consciência tribal, depois étnica ou regional, depois global ou planetária, e por fim para a consciência cósmica ou universal.

É crescente o número de pessoas que começam a despertar para a ideia de que estamos todos conectados – desde o menor átomo até os bilhões de galáxias –, que todos somos iguais, que precisamos ser livres para desenvolver nosso potencial humano e que precisamos nos aceitar uns aos outros em amor. Mas ainda há um longo caminho a seguir. Será que os ideais de liberdade, igualdade e fraternidade são apenas um sonho? Muitas pessoas colaboram nesse desenvolvimento da consciência: pensadores, filósofos, artistas, ecologistas, pacifistas, humanistas, enfim, pessoas de visão ampla que amam a humanidade e lutam para que ela se eleve para um patamar superior de consciência e de vida. Mas esse desejado desenvolvimento ocorre de maneira muito lenta, devido às barreiras impostas pelo egocentrismo fundamental que ainda domina a consciência individual, bem como a coletiva.

Em nossa Escola Espiritual, propomos a transformação da consciência – que nos capacita a atingir os fundamentos de liberdade, igualdade e fraternidade – por um caminho que não tem como base o esforço da própria consciência-eu, seu refinamento ou melhoria, mas a conexão do ser humano com seu núcleo espiritual, a centelha do espírito. Com base nessa conexão, uma nova energia – a luz de sua centelha – começa a brilhar na consciência e o aluno pode empreender de forma muito mais rápida e segura o caminho para a consciência universal. Na Escola, esses três princípios são vislumbrados em sua espiral superior, como a tríade unidade, liberdade e amor. Em um processo iniciático, esses princípios se conectam e ganham vida: é preciso que haja liberdade para trabalhar em unidade e assim alcançar o amor.

O que nos impede de conquistar a liberdade? O que nos aprisiona? É a camisa de força de nossa consciência egocêntrica! A consciência é o motor que movimenta nosso ser e faz com que sejamos e vivamos em concordância. A consciência egocêntrica nos leva a uma vida de ansiedade, preocupações, sofrimento, raiva e muitos outros sentimentos e pensamentos que desejaríamos não ter. Ela foi formada ao longo do desenvolvimento de todos os reinos até chegar ao humano, e tem em sua base a autopreservação, a separatividade e os apegos. Esses aspectos formaram em nós uma couraça protetora, tal como uma armadura de ferro muito rígida e pesada, que nos protege de todos os ataques, reais ou imaginários, que surgem em nossa mente: a vida é dura; temos medo e insegurança; precisamos nos proteger ou fugir do perigo e de pessoas hostis; precisamos nos mostrar fortes e proteger tudo o que temos; estamos em constante autoafirmação. Sim, essa armadura é muito importante, pois nos dá segurança. Carregamos essa pesadíssima armadura há tanto tempo que nem sentimos mais que ela existe. Caminhamos e nos movimentamos com dificuldade; padecemos de grande solidão; nos vemos separados das pessoas, não compreendemos os outros, nem somos compreendidos. Dentro dessa armadura o núcleo de nossa consciência agoniza por falta de espaço e de ar, qual um pássaro aprisionado.

Num dado momento, nos damos conta do peso insuportável de nosso egocentrismo e começamos a ansiar por mais leveza, mais espaço, mais liberdade, por uma vida com mais sentido. E então, após uma longa busca cheia de desilusões, à procura de uma saída do labirinto formado pelo nosso próprio eu, encontramos uma escola espiritual. A Escola propõe, como base de trabalho interior, não a busca pelo aprimoramento de nossa consciência-eu, mas a conexão com a centelha do espírito, que se manifesta à nossa consciência como uma inquietação, uma força interior que nos desassossega, o anseio por uma vida superior, livre do egocentrismo e da separatividade, livre de todo drama humano desencadeado por nossa consciência egocêntrica e limitada.

Essa inquietação é a força propulsora de nossa busca interior por libertação, conduzindo-nos por meio do processo do autoconhecimento, da purificação e da real transformação interior. Assim, nos libertamos da prisão fundamental do egocentrismo e formamos em nosso ser uma nova alma; nossa vontade funde-se com a vontade universal, e desse modo entramos no fluxo da eternidade. Isso representa o encontro com nossa real natureza, com a essência de nosso ser. Nesse encontro, já não precisamos nos guiar pelas normas exteriores, pois agimos a partir da liberdade mais fundamental de nosso ser, que descobre que sua individualidade essencial é una com o todo. A gota está no oceano, mas o oceano também está na gota. Assim alcançamos o repouso da alma, a profunda paz.

A igualdade, por sua vez, tem como espiral superior a unidade. Como pode ser atingida? Em nossa Escola, os alunos seguem juntos o caminho interior, como que em um barco que singra as águas revoltas do mar da vida. Todos somos tripulantes, em verdadeira unidade de alma, em fraternal ligação; precisamos remar todos em sintonia, isto é, precisamos colaborar uns com os outros para alcançar nosso destino, a eternidade. Nesse caminho nasce a compreensão de que cada ser humano é portador de uma centelha do espírito, que cada ser humano é um deus em potencial, um ser eterno e espiritual, e estamos todos, cada um à sua maneira e condição, trilhando o caminho de desenvolvimento rumo ao Absoluto. Com base nessa centelha, somos todos iguais, somos todos irmãos.

Nessa jornada, o egocentrismo e a separatividade vão declinando em nossa consciência e começamos a compreender que existe uma unidade fundamental em todo o Universo. Nasce em nós o anseio por uma verdadeira unidade, a unidade de uma comunidade de almas que anseia pela integração absoluta com o espírito. O espírito está presente em todos os átomos, em todos os seres, no cosmo e no macrocosmo. Tudo é espírito, luz e vida. Somos todos iguais, unos em espírito. Vivendo verdadeiramente dessa única fonte de luz, entramos diretamente na unidade do espírito, no absoluto.

Alcançados os primeiros patamares de liberdade, igualdade e unidade, começa a brilhar em nós o anseio por fraternidade e, por sua espiral superior, o Amor. Fraternidade significa amizade, benevolência, compaixão, amor, zelo por todos. Caminhamos juntos, como irmãos, apesar de haver diferenças individuais às vezes profundas em nossas visões sobre as coisas e em nosso estado de ser. Porém, além dessas diferenças, vemos a centelha do espírito que cada um carrega em seu ser. Assim se manifesta uma benevolência, uma atitude sem crítica e sem luta, sem competição – pois somos todos os primeiros, assim diz Cristo. Manifesta-se compaixão pela triste condição humana de que todos padecem, e o fruto da compaixão se manifesta como amor e zelo por todos. É a vivência real do amor a Deus acima de tudo, isto é, amor à centelha do espírito em nós, e amor ao próximo como a si mesmo. Desse amor nasce a profunda necessidade de servir, de ser uma luz, um auxílio e uma bênção para cada ser humano e para toda a humanidade em nossa caminhada diária.

Z.W. Leene, um dos fundadores da Rosacruz Áurea, escreveu a seu irmão mais jovem, Jan Leene (Jan van Rijckenborgh), as seguintes palavras que se aplicam a todos nós, alunos e alunas que se esforçam no caminho:

> Busque em seu coração a fonte de seus sofrimentos e feche essa fonte a cada minuto do dia. Não faça ou diga algo sem pensar para não criar motivos para novas tristezas. Pense que o mais forte é sempre aquele que vence a si mesmo. Recuse o isolamento, pois seu local de trabalho é o mundo e a humanidade, e as almas daqueles que se isolam tornam-se estéreis e vaidosas. Se você perceber que está começando a colher os frutos de sua batalha interior, não fique parado. Olhe ao seu redor e ofereça-os àqueles que estão famintos e sedentos de seus frutos, porque cada fruto que foi ganho e oferecido após uma dura luta, multiplica-se muitas vezes e lhe será oferecido de volta em abundância, em muitas formas diferentes. Não se preocupe com o resultado de uma batalha interior, porque você certamente a vencerá se estiver na Sua Luz e se puder esquecer de si mesmo. Pense que o amor, realizado completamente, é a arma mais poderosa do mundo. Portanto, não fique sentado à beira do caminho. Não desanime nem perca o ânimo. Aprenda que você precisa vencer e conquistar a si mesmo, antes que possa ser livre. Essa é uma luta que você precisa lutar e vencer diariamente. Seu caminho deve ser uma Luz e uma bênção para todo o mundo.

A VERDADE

Se existe a verdade – a realidade espiritual última, além de todos os véus da ilusão – e se a almejamos encontrar, deve existir um caminho que conduz da nossa condição atual até ela. E já foi dito que o caminho para a verdade somente se torna visível quando o peregrino se põe a caminhar. O ensinamento universal também afirma que a verdade só se transforma na sua verdade se você a alcançar por seus próprios esforços.

A análise objetiva das convicções e pontos de vista dos seres humanos mostra que há um largo espectro de supostas "verdades" muito diferentes e conflitantes entre si. Alguns estão certos de que existe vida eterna após a morte; outros acreditam que existe alma e outros que só existe a matéria.

Há algo que diferencia o ser humano de todas as outras criaturas vivas da Terra: somente o ser humano pode descobrir o que está por trás do que vivifica a tudo e a ele mesmo, e conscientemente se reunir com o Absoluto que sempre caminhou ao seu lado. Somente o ser humano pode reconhecer e se conectar com Ele.

O caminho de união com o Absoluto encontra-se oculto em cada um de nós, independentemente da visão de mundo e do conhecimento que se possua. Somente o voltar para o centro de si mesmo, e encontrar essa passagem para o único caminho, confirma o que os mestres e iniciados de todos os tempos indicam e descrevem. Muitos deles alertaram: a verdade está muito próxima e, no entanto, vocês a procuram nos lugares mais remotos. É como se fôssemos o peixe que passa a vida inteira procurando pela água de cujas propriedades maravilhosas ouviu falar, sem perceber que já se encontra nela, e que sua vida depende inteiramente dela.

Ainda que o caminho só se revele àquele que o percorre, vamos refletir um pouco sobre essa jornada. Imagine que você está partindo para a viagem mais importante de sua vida, a fim de encontrar a verdade, que é também o seu verdadeiro ser, sua verdadeira essência. Primeiro, você terá que abandonar tudo o que é próprio de sua identificação, ou seja, tudo o que você sabe, tudo o que você confia, tudo o que você pensa, tudo o que você é ou acredita ser. Desse modo, completamente desnudo, indefeso, como se estivesse exilado de sua existência anterior, de sua vida pessoal – que você conhece tão bem e que lhe traz certa sensação de segurança – você deve partir para uma jornada desconhecida. A impressão causada por este momento, desprovido de qualquer ajuda, apoio ou ponto de referência, é desconcertante para todo ser humano.

Em situações como essa, na grande maioria das vezes voltamos para o nosso mundo estável e bem organizado dos valores que controlamos e adotamos. Mas se a consciência está amadurecida para o caminho, uma voz interior orienta: "Comece a procurar pela verdade sem nenhuma conclusão, sem qualquer pretensão e livre de qualquer crença sobre ela. Só assim você se tornará um verdadeiro buscador. Um olhar tendencioso é cego e não permite que se enxergue a verdade. Um coração cheio de conclusões e ideias prontas está morto". Se você alcança uma condição mínima de liberdade em relação às suas convicções, suas crenças, seus sentimentos e seus pensamentos preestabelecidos, então você também atinge o cerne do problema, o qual todo ser humano que busca a libertação deve confrontar.

Nesse ponto da jornada você terá que atravessar três portais. E conforme você os atravessa, abre-se o caminho para a verdade e a liberdade. O primeiro dos portais tem a inscrição: "Escravidão dos desejos". No segundo está escrito: "Ilusão da existência pessoal". E no terceiro, que dá acesso à eterna liberdade, lemos: "Anseio de vida e existência". Todos os buscadores conscientes têm que atravessar esses portais e, para isso, precisam das chaves que os abrem.

O trabalho das escolas iniciáticas é justamente oferecer essas chaves para que o próprio ser humano abra os portais e siga adiante em seu caminho. Essa é a única forma de ajuda possível para a humanidade profundamente aprisionada em suas ilusões autocriadas. Trata-se de acessar um conhecimento direto, um insight que cada ser humano deve vivenciar por si mesmo, se quiser se libertar da prisão de sua consciência.

Quando realmente começamos a questionar a natureza da vida, quando queremos entender nossas motivações e intenções mais profundas, então aproximamo-nos do primeiro portal, o portal da escravidão dos desejos. Dessa forma, podemos começar a perceber que nossos atos não são livres, mas sim motivados pela escravidão do autoaprisionamento. A mente está ligada a quase tudo. Essa ligação tem um aspecto negativo, de atração, que nos aproxima de uma determinada meta, e um positivo, que afasta ou repele, na intenção de escapar de uma situação indesejada. Em ambos os casos existe um laço, uma ligação mental com a situação ou algo específico. Quando a mente quer alguma coisa, ela se liga ao objeto do desejo, atraindo-o ou repelindo-o. Tudo decorre do fato de que a atenção está focada exatamente nessas coisas, de uma forma ou de outra. Todos os pensamentos estão sempre circulando em torno das coisas desejadas ou indesejadas, e é por isso que ficamos mental e astralmente ligados a elas.

Toda ansiedade, desejo, aversão ou simpatia são estados estabelecidos e conectados à mente. E é a mente que se conecta a esses estados, mantendo o que a sua vontade estimulou: os desejos. Dessa forma, nossos desejos são determinados por nossa própria decisão, ou por aquilo que nos ensinaram. Por natureza, a mente humana é muito conservadora, pois em todos os momentos trabalha para manter o que já conseguiu, e não renunciar a isso. Cada mudança causa um movimento, ao qual a mente resiste. E assim, o ego acaba lutando contra a realidade da mudança permanente da vida e isso sempre traz algum tipo de sofrimento. Todo apego causa sofrimento, porque eventualmente perdemos aquilo a que nos apegamos. No entanto, todo o Universo está em um grande processo de transformação, no qual é impossível deter o movimento. A única constante no Universo é a mudança. Todas as formas manifestadas de matéria e energia se transformam constantemente; nada é permanente.

Portanto, a única solução para ultrapassar esse primeiro portal é o completo consentimento e aceitação da força perene que move o Universo, e a concordância total com a perpétua mudança, sem lhe opor resistências. O apego às coisas, materiais ou não, contradiz o princípio universal da transformação. Quando você quer algo, é porque acredita que este algo lhe faz falta. Se você silenciar seus desejos e se tornar um lago silencioso, então, de repente, para sua surpresa, você sentirá que já possui tudo o que realmente necessita. A única coisa que você precisa fazer é fluir com o Universo, em harmonia com a manifestação da vida. Em uma mente calma e aberta como um espelho, a verdade pode se refletir, possibilitando a compreensão de que o surgimento e o desaparecimento das coisas são parte da ordem natural.

O segundo portal, o da ilusão da existência pessoal, torna o ser humano consciente do que sustenta seu sofrimento: a ilusão da separação, o engano de que ele é um ser separado do todo. A causa de todas as suas preocupações é a ilusão do ego. O problema de cada ser humano é estar ligado a si mesmo pelo ego, e o ego percebe a si mesmo como um ser separado das pessoas ao seu redor. Quando o ser pensa em si mesmo como uma entidade autônoma, provida de vontade própria, pode apenas passar de um erro para outro, lutando com todo o Universo que o circunda. Partindo desse falso pressuposto, o ser humano vive em cegueira e na ilusão desse autoengano. Ele percebe formas e eventos por meio dos sentidos e fragmenta essa realidade, classificando e tirando conclusões sobre tudo e todos, acreditando que o que seu cérebro cria é verdadeiro.

Por isso, precisamos começar a nos perceber em unidade com tudo o mais no cosmo. Essa ruptura espacial, entre dentro e fora, é também uma ruptura temporal, entre passado e futuro, que nos impede de vivenciar a totalidade do eterno presente. Por isso precisamos abandonar o hábito de projetar falsas esperanças no futuro e de criar sonhos a serem perseguidos durante toda a vida. Precisamos, sim, viver a vida em si, a cada instante; ou seja, estar presente, sempre, onde quer que estejamos.

A questão é retornar ao estado de consciência original, da consciência pura, absoluta, perfeita, que é a verdade acima da existência e da não existência. Aceite o que está diante de você sem tentar mudar nada. Perceba o fluxo natural das coisas e aja de acordo com ele, sem interrompê-lo. Toda tentativa de mudar o que "é" só produz resistência e provoca o caos. O que você deve mudar são todos os movimentos de sua consciência que o levam a ligar-se a uma imagem ilusória autocriada. Você deve mudar o que em você "não é".

Se a verdade é para o ser humano como a água é para os peixes, por que falamos de caminho? É porque não basta aceitar essa evidência para que tudo automaticamente se realize. Ver a realidade é o primeiro passo, pois não se trata apenas de perceber a verdade, mas de derrubar os muros que construímos ao redor dela. E depois, devemos iniciar uma atividade de consciência que possa expressar as possibilidades da verdade. Uma coisa é perceber a água; outra, é compreender como ela carrega em si, de forma invisível, todas as possibilidades de vida. E outra, ainda mais profunda, é fazer vibrar em nós mesmos todas essas possibilidades, sendo a gota e o oceano ao mesmo tempo.

Existe o sol espiritual, que sempre continua brilhando. Há também nuvens: nossa ilusão da existência pessoal. Essas nuvens estão carregadas com o reflexo de nossa inteligência e individualismo. Às vezes muito densas, elas podem ser repletas de malícia e maldade, como nuvens de trovoadas, que provocam inundações ou granizo. No entanto, elas também podem assumir formas suaves, iluminadas pelos raios do sol que as perpassam. A personalidade então pode tornar-se mais serena e receptiva. Mas tais nuvens não são autônomas! Nuvens atmosféricas são feitas de bilhões de gotículas de água e cristais de gelo; inicialmente minúsculas, essas gotas são agrupadas em torno de partículas microscópicas. Para formar uma nuvem deve haver um ponto de condensação em torno do qual as gotas de água são reunidas. Essas partículas são nossos pensamentos, conceitos e imaginação, que se acumulam como poeira na atmosfera de nosso microcosmo.

Quando você limpa essa "poeira", as nuvens da ilusão já não podem mais se formar. Se uma pessoa carrega pedras nas mãos pensando que são diamantes, você não vai convencê-la a se livrar delas. Você só pode lhe dizer: "Reflita e olhe mais uma vez para o que você carrega nas mãos". Se ela percebe que não são diamantes, sem nenhum esforço se livra das pedras: basta deixar que caiam das mãos. Mas se assim mesmo ela quiser continuar a carregá-las, vai precisar de muito esforço e determinação.

Você não pode manter um fardo desses por muito tempo. Um verdadeiro buscador vê que isso é inútil e sem sentido, e ele mesmo o abandona, pois compreende que só quando está de mãos vazias pode usá-las para receber o verdadeiro tesouro. Por essa razão, a passagem pelo terceiro portal, o do anseio pela vida e existência, é a mais difícil para o ser humano, porque toca em um dos aspectos mais básicos e instintivos de qualquer criatura: o desejo de permanecer vivo!

O desejo de existir pode ser comparado a uma chama. O corpo é o material combustível. A chama do eu, o processo da vida, é sustentado por si mesmo – torna-se uma centelha de ignição, alastra-se para um novo material, torna-o também combustível para si mesmo e o transforma em uma chama.

O caminho para descobrir a realidade – a verdadeira realidade – e libertar-se da roda da vida e da morte, é extinguir as forças propulsoras da vida, nas quais ardem os desejos e todos os tipos de polarizações. Pois a polaridade inerente aos desejos condiciona o funcionamento automático da consciência e da vida. Temos como herança o que foi projetado por aqueles que nos antecederam. Somos os criadores de tudo o que nos rodeia e nos aparta do Criador. Por essa razão, podemos dizer que não há outro criador senão nós mesmos, a quem possamos responsabilizar pelas mazelas de nossa vida.

Muito tem sido dito sobre o abandono do ego. No entanto, isso não pode ser feito assim, sem mais nem menos, pois seria como apagar a luz da própria consciência e permanecer em plena escuridão. Você não consegue abandonar a escuridão quando está fechado num quarto escuro. A solução é que se faça luz nesse ambiente. A escuridão em que vivemos é por falta de luz. Por essa razão, precisamos de uma nova e poderosa luz, a luz de uma nova consciência. Não há como mudar a escuridão, mas é possível permitir que a luz se manifeste. Mergulhar em si mesmo, voltar-se para o centro, de acordo com um verdadeiro caminho espiritual, é como a luz que dissipa as trevas. Quando se torna luz, o egocentrismo – que é a escuridão em nossa consciência – desaparece. Qualquer um que queira abandoná-lo de maneira forçada e desprovida da luz de um verdadeiro autoconhecimento apenas dificulta ainda mais as coisas. Por que iríamos querer fazer isso?

O que precisamos fazer, como dito no ensinamento universal, é utilizar a luz da consciência que possuímos até que ela nos conduza a uma nova etapa na busca da espiritualidade e da verdade. Mergulhar em si mesmo e voltar-se para o imo de nosso verdadeiro ser é encontrar-se no meio, no centro real e onipresente de todas as coisas. Esse é significado original e verdadeiro do ato de meditar: encontrar-se a cada instante, em todos os momentos da vida diária, nesse centro absoluto, em um estado que vai muito além do que as palavras podem significar. Permanecer nesse centro é estabelecer uma ligação espiritual extraordinária com todo o universo que nos rodeia: objetos, plantas, animais e pessoas, em um estado absolutamente contemplativo, sem julgamento, definição ou rótulos. Significa sentir o seu ser mais profundo, sem dizer uma palavra sequer.

A partir desse ponto, é possível viver na essência do verdadeiro amor, que se manifesta como um estado de ser e não como um sentimento. Palavras já não se fazem necessárias: basta o silêncio, esse silêncio entendido como uma ligação espiritual que vai além das palavras. Na sua forma mais pura, esse vínculo se torna uma unidade, uma conexão e, portanto, não há diferença entre sujeito e objeto. Essa é a compreensão da unidade absoluta do Universo. Quando essa realidade pura e sem mácula está bem na nossa frente, seguramos diamantes em nossas mãos e percebemos que existe um lugar que não pode ser nomeado, no qual a vida e a morte não mais se manifestam; onde não há nascimento nem morte. Esse lugar encontra-se em cada um de nós; é um lugar além da vida e da morte.

Despertar para essa realidade, para esse espaço, é a grande iluminação, a grande libertação, a grande revelação da verdade!

A ROSACRUZ ÁUREA E O ESOTERISMO

Quando alguém se torna aluno ou aluna da Rosacruz Áurea, uma pergunta honesta que normalmente surge é: levando em conta as manifestações da espiritualidade no mundo, como se situa essa escola a que me liguei? Este capítulo apresenta de forma resumida como a Escola se situa na longa marcha do desenvolvimento espiritual da humanidade.

A primeira questão é por que a denominamos de Escola Espiritual. A razão é que, como qualquer escola, ela quer divulgar os ensinamentos da transformação da consciência e da vida. E é escola espiritual porque a base de seus ensinamentos é o Espírito.

Toda escola de mistérios, dentre as quais a Rosacruz Áurea, atua com base no conhecimento do que é a constituição espiritual do ser humano. A expressão "constituição espiritual" faz contraponto com outro ângulo de visão que é a "constituição anímica" do ser humano. Assim, existem escolas anímicas e escolas espirituais. Essa distinção é fundamental para que se perceba se aquilo que se encontra nesta Escola é o que realmente se busca.

A visão anímica percebe o ser humano no contexto do desenvolvimento e dos fenômenos da vida natural. A visão espiritual apresenta o ser humano e as possibilidades de vida que se encontram acima do contexto da vida natural. A visão anímica considera o ser humano em suas quatro vestes da consciência – corpos físico, etérico, astral e mental – e tudo o que acontece na viagem cíclica entre o nascer e o morrer nas esferas planetárias correspondentes aos quatro corpos, ou seja, nas esferas química, etérica, astral e mental do planeta, palco do repetitivo ciclo reencarnatório. Já a visão espiritual da vida humana leva em conta as dimensões que permanecem ocultas devido às limitações da consciência, que restringem a percepção da vida a apenas aqueles quatro corpos, seja do ser humano – o microcosmo –, seja do planeta Terra – o cosmo. Nessa perspectiva – que é o objeto de ensino da Escola Espiritual –, distinguem-se os corpos que ainda estão em desenvolvimento: são os corpos espirituais que se relacionam com estratos do planeta que também estão fechados à percepção da maior parte dos buscadores do campo anímico. Esses corpos espirituais, sejam os do ser humano, sejam os do planeta, estão relacionados com forças intangíveis e imperceptíveis mesmo aos médiuns mais sensíveis e treinados na leitura dos campos etérico, astral e mental.

Ao longo da história, não foram poucos os que perceberam que há uma vida superior em potencial em todos nós, que permanece oculta, esperando ser descoberta. Todos eles constituem uma única e grande corrente de sabedoria ou, como diziam os gnósticos antigos, uma corrente da Sophia, a sabedoria divina encarnada no tempo e no espaço.

Um desses seres foi Hermes, o deus Thot egípcio, que se tornou símbolo da tradição espiritual egípcia, a grande coluna que sustenta todo o pensamento espiritual ocidental. O Corpus Hermeticum se expressou nos séculos 2 e 3 de nossa era como uma renovação da linguagem mítica da antiga sabedoria iniciática egípcia. Com sua visão ampla, esses textos rompem a limitação das palavras; suas frases concisas apontam para o ilimitado. Uma delas indica exatamente essa dupla condição humana: "O que está embaixo é como o que está em cima, o que está em cima é como o que está embaixo". Essa frase nos mostra a unicidade da criação, seja no plano macrocósmico ou cósmico e, portanto, pode ser aplicada também a nós, no plano microcósmico.

Da Grécia antiga – um manancial de forças espirituais – vieram princípios basilares na consolidação do pensamento espiritual ocidental. A cosmogonia de Platão diz que toda a criação começa com o intangível "Um", e se expande até as esferas mais densas: exatamente o Uno a que a Escola se refere, e está no centro do seu símbolo. Platão afirmava que não há escuridão, mas ausência de luz, e que o mal é apenas a medida da distância que nos separa do divino. Hoje, séculos depois, dizemos que nós mesmos construímos as barreiras que nos separam do Amor divino, e que nossa consciência deve se transformar para que a transitoriedade e sua problemática sejam dissolvidas na eternidade.

Tanto a sabedoria egípcia quanto o platonismo vieram compor a base do cristianismo. A frase de Hermes, que conecta o que está embaixo com o que está em cima, dialoga perfeitamente com a frase de Mateus, de que "o que você ligar na terra terá sido ligado nos céus; o que desligar na terra terá sido desligado nos céus". É por isso que no passado os rosacruzes clássicos falavam da "metade oculta e desconhecida do mundo", apontando para essas realidades que estão por ser descobertas. Essa metade oculta pode ser entendida tanto no contexto mais amplo, cósmico, como na nossa realidade individual. Essa é a chave que deve ser utilizada para compreender e aplicar, em sentido pessoal, a tarefa que os rosacruzes clássicos deixaram: o ser humano deve chegar a saber porque é chamado "microcosmo".

Assim, as bases espirituais egípcia, grega e da contemporânea Escola da Rosacruz Áurea são, em essência, apenas expressões de uma única e mesma verdade. Essa sabedoria é uma das expressões da mão divina que conduz a vida humana, mas que não se limita a essas manifestações no campo espiritual. A vida humana sempre foi sustentada pelo desvelo e cuidado divinos, mesmo nos momentos mais tensos e desafiadores, como os que estamos vivendo agora.

Hoje a vida parece estar por um fio. Depois de acumular muitas experiências existenciais, o ser humano é levado a um nível de questionamento que, em determinado momento, ele começa a intuir que deve existir essa dupla realidade. Um olhar pela história mostra que esse amadurecimento coletivo não tem como causa apenas uma situação isolada. Esse amadurecimento é fruto de uma longa sequência de situações que levam a psique coletiva a ser bombardeada por crises sucessivas, entremeadas por curtos períodos de descanso. O resultado é a transformação no nível de questionamento existencial das pessoas.

Iniciada na segunda metade do século XVIII, por exemplo, a Revolução Industrial passou a transformar a sociedade e as relações entre pessoas e grupos. O ser humano era explorado e escravizado, a razão se sobrepunha ao sentimento e tudo se justificava pelo ganho. Grande era o sofrimento daqueles que trabalhavam até 20 horas por dia, inclusive crianças. Por outro lado, os países colonizadores recebiam grande influência das colônias, especialmente as do Oriente Médio e Extremo Oriente. O encontro entre culturas diferentes, as milenares do Oriente e as em ebulição do Ocidente, produzia ondas de choques que se espalhavam pela sociedade. Conceitos totalmente desconhecidos e ignorados pela visão racionalista e positivista, como vidas passadas e reencarnação, alma e espírito, comunicação com o reino dos mortos e muitos outros, pouco a pouco começaram a se fazer presentes na psique coletiva, agindo como catalisadores de novas percepções e ideias.

Em pouco tempo ocorreram grandes perdas humanas: revoluções, como a francesa e a inglesa, a Primeira Grande Guerra Mundial, o surto da gripe espanhola e outros eventos ceifaram a vida de dezenas, talvez centenas de milhões de pessoas. Surgiu uma legião de pais que perderam filhos, filhos que ficaram órfãos, viúvas e viúvos, todos ansiosos por saber onde e como estavam seus entes queridos. Foi nesse caldeirão de tensões psíquicas, criadas pelo contato com a finitude da vida, que começaram a surgir investigações ocidentais sobre o lado oculto da vida. Essas investigações aconteciam no plano anímico natural, balizadas pelas angústias das perdas de entes amados. Surgia no Ocidente a pesquisa no campo da realidade oculta aos olhos: o campo da vida etérica e astral. Mesmer apresentou o conceito de magnetismo animal, que logo deu origem à doutrina de Kardec. Pequenas chamas de interesse pelo oculto começavam a se mostrar aqui e ali. A solução que milhões buscavam parecia estar disponível nas sessões de comunicação com o além-túmulo, prometendo conforto para os que queriam o encontro com entes queridos, separados por eventos trágicos. Essa busca era alimentada pelas informações que vinham das culturas milenares orientais. E assim dois grandes vetores de forças opostas se digladiavam: por um lado o racionalismo, por outro a busca pelo oculto. Esse encontro de interesses mesclava a inocência do ocidental com relação ao oculto, a legitimidade da busca esotérica e uma certa visão utilitarista desta, por meio da exploração da vida no post-mortem guiada por interesses pessoais ou até mesmo financeiros.

Nesse clima, na virada do século XX surgiram três grandes intervenções que constituíram balizas para quem buscava seriamente o sentido da vida. Foram três grandes colunas espirituais que marcaram profundamente a cisão que acontecia entre o duro racionalismo e o misticismo raso. Mme. Blavatsky, Rudolf Steiner e Max Heindel, em locais diferentes e com linguagens próprias, apontaram para o mesmo objetivo: a união do coração e da cabeça, apoiada em uma ação renovadora. Na sociedade ocidental estavam sendo criados os três primeiros degraus para a visão espiritual do ser humano. Seja a partir da cosmovisão oriental – a de Mme. Blavatsky –, seja por meio da visão voltada ao homem ocidental – de Rudolf Steiner e Max Heindel –, esses três colaboradores da Fraternidade da Vida definiram, cada um a seu modo, mas em perfeita sintonia, o que seriam as bases de um verdadeiro esforço libertador: ciência e mística deveriam andar de mãos dadas e ajudar-se mutuamente, elevando-se em um esforço complementar de transformar a própria vida. A esses pioneiros juntaram-se outros grandes, como Alice Bailey, Carl Gustav Jung e muitos outros que, em conjunto, lançaram os pilares de uma verdadeira revolução espiritual ocidental para o século XX.

Foi nessa esteira de acontecimentos que praticamente há 100 anos atrás surgiu a Escola Espiritual da Rosacruz Áurea. Ciente do papel que lhe cabe hoje como fraternidade gnóstica contemporânea, ao longo desse tempo ela vem cumprindo o papel de traduzir para o momento atual e futuro os conceitos basilares da compreensão do que é o ser humano, tal como preconizado por Hermes, Platão, Cristo e tantos outros. Aquilo que serviu de ponto de apoio para os primeiros degraus da escada da iniciação – a compreensão da vida humana segundo o plano anímico – foi rapidamente deixado para trás e o grupo de alunos foi e vem sendo instigado a descobrir dentro de si, e não fora, sua constituição espiritual mais profunda.

É por isso que nesta Escola Espiritual não se encontra o que serviu de ponto de partida para a tomada de consciência anímica – falar do reino dos mortos, dos detalhes da roda de *samsara*, das forças mágicas naturais e tudo o que a isso se relaciona. Reconhece-se que tudo isso existe e que, para muitos, é o que interessa na busca espiritual. Mas o trabalho da Escola Espiritual da Rosacruz Áurea não guarda relação com essas questões, nem com o que leva à visão utilitarista da busca oculta: não são preconizados exercícios que fortaleçam o ego ou que permitam influenciar pessoas; não se busca o que normalmente é conhecido como espiritualidade, como a premonição, clarividência, clariaudiência, manuseio inconsequente de forças etéricas; em resumo, nada que torne o aluno supostamente mais poderoso, intuitivo em relação à corriqueira e rasa visão da espiritualidade.

Por isso, na Escola Espiritual da Rosacruz Áurea não existem mestres, nem tutores ou guias em quem depositar esperanças. O verdadeiro mestre está no interior de cada um; é o espírito que dá origem à dicotomia e nos transforma em esfinges com os pés enterrados na matéria e os olhos que fitam o infinito. É com esse mestre interior que se desvendam os três grandes mistérios que devem ser respondidos por todo ser humano: quem sou? De onde vim? Para onde vou? O preço que se deve pagar para alcançar tudo isso é caro: é a entrega de todos os apegos, até mesmo daqueles que nos ligam à salvação e nos serviram de combustível para o início da busca; é nosso sangue que deve ser purificado para que a força da centelha do espírito possa circular em nosso corpo e, assim, nos levar à metamorfose.

Se você é um aluno ou aluna, essa é a Escola à qual você se ligou: um ponto de encontro das forças do espírito universal com a realidade do tempo e do espaço. Quando esse encontro acontece, forma-se um foco, parte do que chamamos de campo de força, uma realidade suprassensorial formada pelos vários focos dos encontros pessoais que ocorrem em cada aluno, em cada aluna, cuja consciência se liga à sua própria centelha do espírito.

VIDA É MOVIMENTO

A busca pelo incognoscível é imanente ao ser humano e a todas as criaturas. É por isso que em tudo o que sonha, cria e realiza, o ser humano busca conhecer a si mesmo, sua origem, sua missão e como realizá-la.

O que acontece com a Terra é determinado pelo seu lugar na grande dinâmica cósmica, que está em constante movimento; a orientação e a velocidade das influências às quais o planeta Terra está submetido alternam-se de segundo a segundo. A Terra se movimenta em relação ao Sol em uma elipse e produz as estações do ano; rotaciona em volta do próprio eixo e produz o dia e a noite. Existe um outro movimento que faz seu eixo oscilar, similar ao de um pião que, ao ser girado, começa a perder força e pende para o lado ao mesmo tempo em que gira. Esse movimento faz o eixo da Terra apontar para determinada constelação do zodíaco, marcando a sucessão das eras. Essa imagem define o surgimento de uma era apenas do ponto de vista mecânico gravitacional; desse ponto de vista, cada era dura em torno de 2.160 anos e, para percorrer todas as eras, transcorrem 25.920 anos. Como as eras se sobrepõem umas às outras, não se pode determinar exatamente quando uma termina e outra começa, assim como a luz de um novo dia não surge apenas e exatamente no momento em que o sol desponta no horizonte.

Em relação à humanidade, o fator que influencia o grau de sobreposição entre as eras depende de como ela reage: se resistindo ou se, com compreensão, agindo e se abrindo às possibilidades de renovação que tais eras anunciam. Nada nem ninguém escapa às influências provenientes das forças e energias que movimentam todo o Universo, e cada galáxia, cada astro, cada planeta e cada indivíduo reage a esses impulsos cósmicos de diferentes maneiras.

Dentro dessas eras existem também outros períodos menores que influenciam toda a vida planetária, bem como a humanidade. Tome-se um relógio mecânico, analógico, com ponteiros de horas, minutos e segundos. Eles se movimentam constantemente em diferentes velocidades, e cada velocidade provoca em nós um tipo de reação.

Nossa consciência atua ao mesmo tempo em 3 velocidades ou por um impulso fundamental tríplice que rege suas reações e ações em ciclos de diferentes velocidades, como se fossem horas, minutos e segundos. Por exemplo, o preparo para nossa profissionalização numa determinada área é regido pelo ponteiro que marca as horas e, assim, nossas ações, mesmo contínuas, demoram certo tempo para produzir o resultado. Imagine também que o curso de formação teórica, as especializações e as experiências práticas sejam regidos pelo ponteiro dos minutos e, assim, precisam de uma ação mais dinâmica, e devem produzir efeitos mais rapidamente. Por sua vez, o despertar pela manhã, a primeira refeição, o vestir-se e o deslocamento até trabalho são regidos pelo ponteiro dos segundos: as ações e reações precisam ser imediatas.

No relógio mecânico desse exemplo, uma falha no mecanismo do ponteiro dos segundos ainda permite que os outros ponteiros continuem girando sem prejuízo de sua velocidade. Mas na nossa vida, todos esses ponteiros precisam girar constantemente, pois qualquer alteração em um deles afeta o todo; e um relógio parado não tem utilidade. Nossa vida, assim como a vida da humanidade como um todo, também tem um propósito e não pode parar. Vida é movimento. Em cada momento nossa consciência atua nas três velocidades; mas existem períodos em que ela é regida principalmente por um dos movimentos e é necessário que se ocupe dele. O mesmo ocorre com a humanidade: há transformações ocorrendo em diferentes velocidades, em que movimentos menores e mais rápidos estão em conexão com transformações inicialmente não perceptíveis.

No capítulo anterior, foi visto que a humanidade do fim do século XVIII apostou nos séculos seguintes como um período de grandes realizações e conquistas. As duras experiências de duas guerras mundiais e, entre elas uma grave crise econômica, impulsionaram a humanidade a grandes conquistas, grandes perdas e grandes questionamentos. Nos anos 60 do século XX, a humanidade começou a manifestar fortes reações para a renovação: tudo foi questionado de forma rápida, surpreendente e de maneira irreversível.

Esses são exemplos visíveis de reação aos poderosos impulsos provenientes da era de Aquarius, que já surgia e lançava seus raios sobre o mundo e a humanidade. Algo novo pairava no ar, um impulso pela busca de novos valores, de renovação, de igualdade, liberdade e fraternidade. São conhecidas muitas dessas reações e suas consequências, cujos registros chegaram a nós por meio de fatos e pessoas, muitas das quais ainda se encontram entre nós e que conviveram com esses momentos marcantes, anunciando a chegada de uma nova era, a era de Aquarius. Nesse período, aumentou o interesse por aspectos relacionados ao esoterismo oriental, que até então era mais conhecido dentro dos círculos esotéricos.

Já em 1935, a Escola da Rosacruz Áurea, por meio de um de seus fundadores, Z. W. Leene, dirigia as seguintes palavras aos alunos para tratar da aproximação e do significado da era de Aquarius:

> A era de Aquarius é um período de extensão, de liberdade e de iluminação. Que ardor provocam estas palavras, 'Era de Aquarius', naquele que conhece seu verdadeiro significado! Muitos, e principalmente aqueles que estão voltados para o lado espiritual da vida, dirigem seus pensamentos para o objetivo da era de Aquarius, para o ideal ao qual aspiram há muito tempo. Ninguém escapa à influência de Aquarius. Como o fermento impregna o pão, a força de irradiação de Aquarius trabalha sobre toda a humanidade. Ela é uma bênção para aqueles que se abrem a seus efeitos positivos, de tal modo que eles perseveram... para atingir a verdadeira vida espiritual.[13]

Leene também alertava para os efeitos prejudiciais à realização espiritual que poderiam advir para aqueles que reagissem negativamente a essa influência e à atividade cósmica decorrente das forças de Aquarius. Esses efeitos positivos e negativos das forças de Aquarius foram amplamente verificados nos anos 1960. Nessa época, a Escola Espiritual procurou preparar seus alunos para as consequências dos impulsos que já se faziam sentir sobre o mundo e a humanidade. Nos anos de 1963 a 1967, Jan van Rijckenborgh e Catharose de Petri realizaram na Europa e no Brasil cinco conferências denominadas Conferências de Renovação de Aquarius. Tais conferências são um marco fundamental no trabalho espiritual não só para os rosacruzes, mas também para todos aqueles que mantêm a cabeça e o coração abertos para acolher os impulsos de Aquarius.

Nesse período foram muitas as reações positivas, com intensa movimentação em todo o mundo promovendo, por um lado, a quebra dos padrões cristalizados de comportamento na socieda-

13. Leene, Z. W. "O fermento da era de Aquarius" in *Revista Pentagrama*, ano 9, nº 3, 1997.

de e, por outro, buscando a elevação da consciência por meio de iniciativas, como a busca de ideais mais elevados, intensificando os sentimentos de solidariedade, entendimento, harmonia, respeito e confiança; a recusa de falsos valores; a busca da liberdade, da paz e do amor em contraposição à guerra; a negação do consumismo e do racismo; a ampliação da prática e divulgação do vegetarianismo, contra o sacrifício dos animais.

Intensas reações negativas também se apresentaram em grande parte dos jovens, cujos efeitos ainda se arrastam até nossos dias: o uso de drogas e outras substâncias químicas, na busca de percepção apoiada em alteração forçada da consciência, por meio de plantas e seus subprodutos ou substâncias químicas concentradas; reações apenas no nível anímico, buscando manter a consciência autoconservadora por uma readaptação cultural, reacomodando a vida às novas configurações, sem nenhuma transformação essencial; negação da religião e apego a inúmeras práticas e exercícios, forçando o contato com energias e substratos planetários sem uma efetiva transformação interior, encobrindo o velho estado de consciência com um verniz esotérico.

É verdade que esses movimentos marcaram uma época, tornaram-se símbolos da não violência e da luta contra as armas, influenciando o modo de agir das novas gerações de forma irreversível. Mas também é verdade que, em essência, quase nada mudou, porque se idealizou um mundo em que a humanidade seria uma grande família, vivendo em paz, sem que se empreendessem as profundas e necessárias mudanças interiores. A realidade não foi vista de frente. A força aquariana continua agindo de maneira crescente, mas os efeitos do movimento acabaram sendo abafados e seus desdobramentos significativamente reduzidos ao longo do tempo.

Em síntese, Aquarius traz desmascaramento e desperta o anseio por sabedoria. "Aquarius é o Espírito, que torna tudo transparente e revela à humanidade quem ela realmente é, onde está e qual será seu desenvolvimento". Aquarius só acontecerá quando nos transformarmos interiormente.

Como essa transformação deve acontecer? O impulso do espírito não deixa nada se cristalizar completamente. Esse impulso primordial se desdobra em sete raios e cada um desses raios também é sétuplo. São sete as reações principais, podendo se distinguir sete tipos humanos ou sete possibilidades de reações. Considerando o desdobramento de cada um dos raios, distinguem-se 49 raios, 49 tipos de reações e 49 tipos humanos. Tudo é abarcado pelo espírito e tudo é impulsionado pelo espírito. A verdade está no espírito; ela está em tudo e a tudo envolve. A liberdade do espírito está na centelha do espírito presente na base do ser autoconsciente.

Existem sete escolas, sete maneiras pelas quais se pode conhecer a verdade. Por mais que uma escola espiritual se esforce em orientar seus alunos, sempre existe um espaço particular que o próprio aluno deve preencher com a verdade. Cada escola verdadeira, a Rosacruz Áurea inclusive, desenvolve um sistema que visa tocar o buscador, oferecer orientações que o ajudem a entrar em contato consciente com a centelha do espírito, e um conjunto de linhas de força – que na Rosacruz Áurea é chamado de corpo vivo – que o apoia a empreender o processo de purificação e preparação.

Todos sentimos necessidade da mudança, mas essa mudança vai depender da entrega ao amor, que nos transforma verdadeiramente. Só assim a era de Aquarius será uma realidade.

A entrega total a esse amor elimina qualquer diferença entre a manifestação das escolas iniciáticas do Ocidente e do Oriente, de todos os tempos, pois qualquer manifestação verdadeiramente espiritual possui o mesmo objetivo, ainda que atue com raios diferentes e grupos humanos diferentes, sempre respeitando as características culturais e individuais de seu povo.

Essa consciência em elevação, que recebe e percebe os impulsos da centelha do espírito em si, em qualquer lugar e em qualquer tempo, busca sua emancipação, rompendo gradativamente as cadeias do apego e da autoconservação. Inúmeros são os descaminhos e desvios possíveis, visto que a consciência egocêntrica também tenta conquistar para si valores espirituais nos mais diversos grupos organizados. De forma individual, e mesmo dentro das verdadeiras escolas espirituais, podem ocorrer desvios no desenvolvimento quando não se está disposto aos desapegos. Cada um de nós tem resistências a desconstruir, mas desvios podem ser temporários e rapidamente corrigidos. Todavia, se os apegos estão muito arraigados, eles obstaculizam o progresso do aluno se as tensões que se desenvolvem não puderem ser contornadas. Essa é a razão pela qual nossa Escola propõe um método progressivo, em que as resistências internas são paulatinamente percebidas e neutralizadas.

O próximo capítulo trata da preparação e da purificação inicial, e dos desafios e exigências que se apresentam à consciência.

COMO TRABALHAR COM AS FORÇAS UNIVERSAIS

Compreender a realidade é fundamental para o início de qualquer processo de mudança e transformação. Os capítulos anteriores trataram das dimensões anímica e espiritual e como se deve trabalhar nessas dimensões: elas são uma só, mas precisam ser bem compreendidas. A correta compreensão evita que determinadas amarras possam vitimar uma ou até mais de uma geração de buscadores. Também se tratou de compreender a dimensão universal da vida e como todos os seres são células desse corpo universal e reagem às forças universais.

E como se pode trabalhar com as forças universais e compreender a ideia nelas contida? Em primeiro lugar, é preciso enfatizar que os seres humanos autoconscientes só podem trabalhar com as forças universais a partir de si próprios. A base para isso é o princípio universal imanente. O capítulo anterior mostrou as reações que ocorreram nos anos de 1960; para muitos, trata-se de uma época imprecisa, perdida nas brumas do tempo e que quase nada significa. Para outros, ainda são uma realidade, pois viveram esse período e foram protagonistas dos acontecimentos. Em ambos os casos, é preciso compreender que aquelas reações e mudanças não ultrapassaram o plano anímico. Isto é, as mudanças ocorreram apenas na forma exterior, sem que essencialmente algo tenha mudado: continuou-se sendo e vivendo como a geração anterior. Nas universidades, quando se fala, por exemplo, em tecnologia de ruptura, faz-se referência ao avanço técnico que muda radicalmente a forma como se faz as coisas; a tecnologia de comunicação é um exemplo. Mas o conteúdo da comunicação não se alterou e, se queremos fazer alterações nesse conteúdo, vemos que os desafios são de natureza diferente e requerem uma transformação essencial do ser humano.

O estado de consciência que a Escola Espiritual quer ajudar seus alunos a alcançar é de tal natureza que muda a consciência e a vida a partir da essência espiritual. Se queremos realizar essa tarefa, é preciso uma ruptura com o engano que leva a considerar essencial e espiritual aquilo que, na verdade, é apenas reação anímica aos movimentos universais.

Constata-se que no campo da conceituação do transcendente e do que seja essencial e universal, é possível haver certa convergência com grande número de pessoas das mais diversas escolas. No da conceituação da presença imanente e do ser autoconsciente como protagonista do mundo, também é possível uma certa aproximação, embora aqui algumas diferenças já possam ser vistas. É no campo da prática que surgem os conflitos internos; é na manifestação que ficam evidentes as diferenças de objetivo e a natureza das linhas de força que norteiam o trabalho proposto.

A causa disso é que se busca submeter o espiritual ao anímico, quando, na verdade, é necessária a transmutação total da alma. Nesse caso, é correto dizer que é preciso o nascimento de uma nova alma para que o espiritual encontre um lugar onde atuar. O espiritual opera a partir do elemento fogo. É impulso para a manifestação do incognoscível e não pode se submeter aos aspectos anímicos de autoconservação.

O espécime humano que nasce atualmente pelo processo da gestação traz todas as capacidades desenvolvidas durante os milhões de anos de evolução, tanto no aspecto orgânico básico quanto nos aspectos sutis. Mas essa evolução não contorna ou ultrapassa um determinado limite. O desenvolvimento animico, da mesma forma, não ultrapassa um determinado limite a partir do qual é exigência do espírito o nascimento da nova alma para que a verdadeira alquimia se realize. Um exemplo pode esclarecer esse ponto: em todos os tempos buscou-se relacionar os aspectos de cura à espiritualidade, tanto no campo simbólico como no prático. Na atualidade, o aspecto prático é predominante, sendo cada vez mais difundido que os processos terapêuticos precisam trabalhar nos aspectos físico, anímico e espiritual. As resistências às terapias chamadas alternativas caem dia a dia e muitas práticas são adotadas nos centros médicos mais avançados, geridos por pessoas ligadas a instituições de cunho espiritual ou não. Não se duvida da eficácia relativa de muitas dessas práticas, da mesma forma que não é lúcido duvidar da eficácia relativa de todas as outras formas terapêuticas e da utilização de medicamentos. Em muitos casos são eficazes, em outros nem tanto e ainda vemos aqueles casos para os quais não há nenhum processo terapêutico conhecido que seja eficaz. Nessa situação opta-se pelo maior bem-estar possível do paciente. Mas tudo isso se desenvolve no plano anímico e não produz a transformação que buscamos realizar.

Outro exemplo é o do conceito de reencarnação. A Rosacruz Áurea entende o microcosmo como o ser da eternidade, que está aprisionado ao processo reencarnatório. No processo de vida e morte, tratado em capítulos anteriores, o microcosmo perdura e o que morre e nasce são os veículos de expressão da consciência, isto é, os quatro corpos da personalidade. Nós nos identificamos com os veículos de manifestação e por isso somos apegados a eles e, quando pensamos em reencarnação, acreditamos que nós mesmos reencarnamos. Mas esse processo tem como objetivo renovar a possibilidade para o microcosmo, que não morreu nesse processo. Então, a morte e a reencarnação não envolveram diretamente o microcosmo, mas apenas a personalidade. A personalidade nunca é a mesma e constitui o conjunto de veículos de expressão da consciência; toda atividade é realizada pela consciência, por meio da personalidade. Então, quando se fala das atividades da personalidade, não se pode perder de vista que, de fato, são atividades da consciência que utiliza seus veículos de expressão. Da mesma forma que na evolução da espécie, também fica registrado no microcosmo todo o processo de manifestação da consciência que, para tanto, já se utilizou milhares de vezes das personalidades que vêm e vão no processo reencarnatório. Esse ciclo se repetirá tanto quanto for necessário, mas o mecanismo em si mesmo não liberta o microcosmo dessa roda: apenas uma mudança de consciência pode fazê-lo. E enquanto não se perceber o princípio espiritual no microcosmo, isto é, enquanto a consciência não perceber que produz seu próprio aprisionamento, não pode se expressar plenamente a partir do princípio espiritual. E aqui está o limite do processo reencarnatório, pois se a consciência não perceber seu engano, sua ilusão, será sempre prisioneira de si mesma.

Qual é então o olhar da Escola sobre os bilhões de seres humanos que vivem em nosso planeta? Não há que se fazer uma separação dogmática entre ciência e espiritualidade, e negar que essas duas dimensões do conhecimento devem se apoiar mutuamente em todos os aspectos da vida natural. A Escola Espiritual contemporânea se esforça para mostrar que, em primeiro lugar, não nega o fato de que a dimensão anímica possa operar nesses dois níveis – ciência e espiritualidade – para tratar das questões inerentes à vida imediata e ao bem-estar emocional, psíquico e físico. Em segundo lugar, e isso é fundamental, enfatiza que o trabalho apenas no nível anímico não acessa a verdadeira dimensão espiritual, no sentido de fazer com que o espírito universal atue no homem e na vida, a partir de sua centelha imanente, que todos herdamos e que é a base da existência.

Outro aspecto importante é que, ao criar as condições para que o espírito universal atue plenamente, sua força regerá todo o ser, a vida, suas relações e até mesmo sua estrutura orgânica. Mas é necessário compreender essa distinção, aparentemente sutil – mas que faz toda a diferença – entre o que é anímico e o que é espiritual. Essa é a dificuldade inicial que se apresenta ao interessado e, se não for superada, pode impedi-lo de dar até mesmo o primeiro passo no caminho. A vida emana do princípio divino no microcosmo que é eterno. Nenhuma das experiências realizadas pela consciência será perdida e nenhuma deixa de ter consequências ou resultados.

O objetivo é que a consciência encontre os limites que não poderão ser transpostos, a não ser que ela mesma se transforme. Ela não pode confundir a transformação com reformas ou tentativas de melhorar a si mesma. A consciência precisa perceber que deve deixar falar nela o princípio espiritual eterno, o espírito. O espírito é original a cada instante e, por isso, não pode se manifestar numa consciência que pretende conservar a si mesma.

O eterno, a perfeição, já está no microcosmo e espera que a consciência se volte para ele e se transforme em seu veículo de expressão. A prática do processo proposto pela Escola Espiritual da Rosacruz Áurea vai gradativamente mostrando ao aluno seus enganos, ilusões e aprisionamentos. Esta escola e seus alunos têm como missão fundamental a efetiva realização do processo que leva à manifestação do homem-alma-espírito. Para tanto, sua manifestação orgânica dispõe de um corpo sétuplo.

A primeira espiral desse corpo sétuplo tem por objetivo acolher todos aqueles que se sentem atraídos pela sua proposta. Nesse campo de trabalho, onde vigem as regras gerais de convivência da nossa sociedade, sem necessidade de tabus ou valores próprios, são acolhidos todos sem distinção, em autonomia e autorresponsabilidade. É possível que a pessoa encontre nesse campo tudo de que precisa como sustentação para seu bem-estar. Pode acontecer também que se sinta impelida a ir adiante e, nesse caso, a Escola Espiritual pode recebê-la na segunda espiral do seu corpo sétuplo.

Na segunda espiral, essa pessoa terá maior força para o início efetivo da transformação da consciência ou para o nascimento de uma nova consciência. Essa espiral traz algumas exigências. A primeira é perceber que a alma está enferma. A segunda é compreender que a cura não pode vir de um processo anímico evolutivo automático ou cuidadosamente cultivado e que o remédio é o espírito, que só pode ser recebido se o aluno, ou aluna, se esforçar para alcançar a purificação e a compreensão. Mas a consciência ainda não sabe distinguir bem como fazer isso. Então vem ao seu encontro um fluxo de forças auxiliadoras e curadoras produzidas dentro do seu próprio laboratório alquímico, por meio da dinâmica do desejo de cura que agora arde na consciência. Apenas a consciência que se reconhece doente pode desejar a cura. Pela primeira vez o aluno, ou aluna, percebe que lá onde imaginava haver luz, na verdade, havia apenas sombras de um estado de consciência voltado para si mesmo. Pela primeira vez, vê que perante o espírito universal, todo o conhecimento, toda a humildade retórica, toda a pretensa sabedoria são, na verdade, ignorância em relação à vontade universal, presunção advinda da embriaguez narcísica e da loucura que faz com que, sendo cego, se tenha a pretensão de assoprar o olho alheio para retirar-lhe o cisco. Essa pobreza incontornável não pode ser vista e aceita pela consciência em autoconservação, mas pelo lampejo da luz do princípio universal que a própria consciência possibilitou que se refletisse nela. É uma experiência avassaladora para o egocentrismo e a autoconservação, que devem começar a ser abandonados pela consciência para que não ocorram efeitos colaterais. Aqui está o início de tudo, o assentamento das bases de um trabalho verdadeiramente espiritual.

No imo de seu ser, o buscador pode perceber um novo impulso, um sereno fluxo de força que flui de forma espontânea e que jamais provocará dano à consciência ou aos seus veículos de expressão. Não se trata de voltar ao ventre materno e nascer de novo ou desprezar toda a experiência acumulada ou mergulhar em um sentimento de inutilidade e rejeição. Trata-se de encontrar o tesouro espiritual que a pessoa sempre buscou: a manifestação do princípio espiritual na própria consciência, como experiência viva, e na clara percepção de que, desde o primeiro alento, foi esse princípio que a impulsionou e que não permitiu que ela deixasse de buscar.

É preciso agora que a pessoa em questão trabalhe para que o fogo purifique todo seu ser, trabalhe para que seus elementos alquímicos sejam limpos de todas as impurezas. Se essas impurezas não são retiradas, ocorrem explosões no laboratório, quando os elementos de sua consciência – que são destinados a se tornar o ouro do Espírito – forem depositados no fogo.

A Escola da Rosacruz Áurea possibilita que o aluno, ou aluna, produza essa purificação voluntária e assim possa realizar o processo do renascimento alquímico em total segurança. Mas se empreender a transmutação levando consigo apegos; se não quiser realizar a purificação dos elementos; se continuar na base de uma consciência em autoconservação, surgem efeitos colaterais e muitas dificuldades na continuação do processo de cura.

Que tenha sido possível compreender um pouco mais dos aspectos do trabalho da Rosacruz Moderna e que essa compreensão seja útil em seu caminho. Quem ainda não chegou até aqui, receba agora um convite da Fraternidade da Vida. Que todos possamos estar preparados para aceitá-lo.

IMPEDIMENTOS NO CAMINHO

Em qualquer área de atuação, quando precisamos realizar algo, sempre surgem dificuldades e desafios de natureza externa ou interna. Se insistirmos nos mesmos pensamentos, sentimentos e ações, os obstáculos podem permanecer; ou podem nos ensinar algo se estivermos dispostos a mudar nossa forma de ser e existir. Na busca espiritual não é diferente. Podem surgir empecilhos, obstáculos, dificuldades e adversidades que atrapalham ou impedem nosso progresso espiritual, fazendo-nos muitas vezes considerar a caminhada bem mais difícil do que realmente é, ou até mesmo irrealizável.

A maior parte desses empecilhos e dificuldades resulta da forma como ainda lidamos com o aspecto natural e o aspecto espiritual em nós: vivemos como se tivéssemos vidas separadas. Sob essa perspectiva, a vida comum e a vida divina travam incessante e insolúvel combate, provocado por forças que circulam em nosso campo de respiração, apresentando-se com as mais diversas formas, sob múltiplas facetas e oferecendo resistência ao nosso desenvolvimento no caminho gnóstico. Falta de foco nos compromissos, dificuldade de introspecção, ansiedade, preocupação, medo, incerteza, fraqueza, egocentrismo são exemplos desse permanente combate. Mostram-se como dificuldades externas que, na verdade, são reflexos de questões internas mal resolvidas, que merecem minucioso exame e atenção.

Como podemos lidar com elas? Haverá vitória sem combate? As dificuldades surgem porque a atividade de nossos pensamentos, sentimentos e ações está muitas vezes em desarmonia com o real objetivo de nossa vida; porque nosso discernimento é oscilante ou equivocado em decorrência de desejos e vontades sustentados por uma percepção egocêntrica de mundo.

Os empecilhos que se apresentam precisam ser conhecidos, trabalhados e vencidos. É fundamental encará-los de imediato, sem postergação, medos e dúvidas, e com a convicção de que serão vencidos. No entanto, um dos grandes desafios da senda é o seguinte: uma forte predisposição para encarar objetivamente o que somos e aceitar nossa realidade tal como ela é não é suficiente, se empreendemos tal combate a partir das velhas formas de conhecer, trabalhar e vencer desafios. Permanecendo os mesmos, permanecemos presos: presos no "feitiço do dia" que eternamente se repete, ou nas experiências que ciclicamente se apresentam sob formas variadas; permanecemos lutando a mesma luta até que algo em nós verdadeiramente se modifique.

Todo aquele que se liga ao corpo vivo, com base em um sincero desejo de transformação interior, recebe a possibilidade de, no devido tempo, estabelecer uma ligação de primeira mão com a sabedoria universal. Essa ligação é o ponto de apoio fundamental que nos permite deslocar a percepção autocentralizada para uma percepção objetiva da realidade e, portanto, para a transformação real de nossa consciência, uma percepção nova, fruto do desenvolvimento do corpo mental superior.

Conhecer, trabalhar e vencer os empecilhos da senda requer uma nova perspectiva, que se manifesta mediante novas faculdades desenvolvidas ao longo do discipulado verdadeiramente vivenciado. Existe sempre uma força natural pronta para cegar o peregrino que deseja avançar no caminho. Por isso é preciso conhecer, identificar cada obstáculo, estar consciente do caminho gnóstico a ser seguido e voltar-se para o interior, de onde virá a certeza da vitória.

Podemos mudar nosso destino! O tempo urge! É preciso começar já! Como?

Primeiro, tomando a iniciativa de reconhecer e aceitar a necessidade de começar a mudança: ninguém pode fazer isso por nós. Como diz o poeta:

> Comece perto, não dê o segundo ou terceiro passo; comece com o primeiro bem perto, o passo que você não quer dar. Comece com o chão que você conhece, o chão claro sob seus pés, sua própria maneira de começar a conversa. Comece com a sua própria pergunta, desista das perguntas dos outros, não os deixe sufocar algo simples. Para ouvir a voz de outra pessoa, siga sua própria voz; espere até que essa voz se torne um ouvido privado, que possa realmente ouvir o outro. Comece agora mesmo, dê um pequeno passo que você pode chamar de seu, não siga o heroísmo de outra pessoa, seja humilde e focado; comece de perto, não confunda esse outro com o seu. Comece bem perto, não dê o segundo ou terceiro passo, comece com a primeira coisa perto: o passo que você não quer dar.[14]

Nosso eu é muito engenhoso, principalmente quando se trata de sair da inércia. "Agora não...vou deixar para fazer isso mais tarde...quando eu estiver com tempo…". E assim, ficamos na inação. Por isso, para cada novo passo é exigida uma outra abordagem, porque sempre é possível escolher entre a fuga e a postergação. A todo momento é fundamental ter em vista que há uma força em nós que não está ligada ao tempo, força que pertence a outra esfera de vida. Contudo, tão logo se queira tocá-la e agarrá-la, ela desaparece. Percebemos certa inquietação provocada por uma voz que durante toda a vida sussurra ao fundo. É possível que já a tenhamos percebido vagamente, mas ainda não sabemos o que fazer para que essa voz se torne a nossa voz. Sim, de tempos em tempos surge alguma coisa que fica ressoando... E

14. David Whyte, "Start Close in".

aí procrastinamos, não queremos arriscar uma mudança fundamental, e procuramos deixar as coisas como estão.

Não deixemos nada para depois. Façamos já. É preciso coragem e determinação para não recuar diante dos obstáculos. Foque, realize, troque, mude, transforme, inove, crie! Quais são os passos?

O primeiro passo é buscar o silêncio do coração, para ouvir a voz do nosso verdadeiro ser, que promove uma abertura para a luz, e dirigir os pensamentos para este ser real, que deseja sair da luta da vida cotidiana. Com essas iniciativas, havendo seriedade, compreende-se que somente uma profunda reviravolta e a purificação de todo o sistema vital fazem nascer novas possibilidades. Pequenas modificações e remendos no comportamento nada resolvem. É preciso que um comportamento interior completamente diferente e regenerador determine uma nova consciência. O mental reflete sobre essa nova maneira de ver, transmite suas constatações ao coração de maneira sétupla e ataca o estado de alma. Os novos impulsos irradiam e circulam em todo o sistema microcósmico. Então, a alma é habitada por uma mescla de influências antigas e novas.

O processo não funciona por si só, não se desenvolve sem dificuldades e, principalmente, é preciso seguir conscientemente. Coloque seu potencial de observação para trabalhar, coloque-o em alerta! Converta a solução dúbia, parcialmente consciente, em acontecimentos claros e visíveis. Assuma a responsabilidade pelos acontecimentos, pela vida manifestada no seu entorno. Só assim haverá crescimento, só assim haverá real maturidade. A chave da vitória se inicia com o reconhecimento e a aceitação de nosso ser assim como somos. Essa aceitação precisa ser sem reservas, com todas as nossas dificuldades, com a problemática da vida que se apresenta.

O segundo passo pede uma análise objetiva de nossa realidade e o reconhecimento das projeções que ainda impulsionamos; pede a observação de nossas expectativas, desejos e vontade que impactam nossos pensamentos, sentimentos e ações; como nossas expectativas, desejos e vontade são capazes de criar o caos que nos cerca ou, como, se aquietados, dão espaço para a manifestação da serenidade.

O combate está aberto a quem deseja modificar sua realidade e se dispõe a encarar o Golias, citado no Velho Testamento: o gigante interior de nosso egocentrismo e de nossas intenções inconscientes. Aqueles que são provados na senda, em suas experiências, sabem como são cruciais esses momentos. Trata-se do momento da entrega: do tudo ou nada. Ao aceitarmos as limitações e intenções até então não reveladas, estaremos diante de nossa própria realidade, porque essa aceitação atinge as partes mais profundas do ser e nos leva aos recônditos do subconsciente.

Muitos preferem não tocar nesse assunto para não deixar exposta sua própria realidade. O fato é que quando essa realidade se mostra, sempre nos defendemos, colocando-nos como vítimas, usando aquelas máscaras que conhecemos muito bem: uma para os familiares, outra para o chefe no trabalho, outra para a Escola, e assim por diante. Com a aceitação sem reservas de nossa condição, avaliada por uma nova e neutra perspectiva, podemos seguir no caminho da libertação. Mas somente nos aceitar como somos não basta, não é suficiente. É preciso analisar com cuidado, reconhecer as mudanças como um anseio interior, travar a batalha, conscientemente, mesmo que doa, mesmo que sangre, porque com certeza Deus dá o fardo na medida das possibilidades de cada um carregá-lo, para que horizontes maiores sejam alcançados. Se nos esforçamos, a luz gnóstica nos faz ver, em meio à vida agitada, à nossa realidade, a melhor forma de lutar.

E como atingir essa nova realidade? Por meio da transição, da passagem, da transmutação, da mudança estrutural dos aspectos de nossa personalidade. Recentemente um aluno comentou que nosso semblante exterior reflete nossa realidade interior. É verdade: "o que está dentro é como o que está fora". Nada pode ser omitido no processo de mudança interior. Precisamos ser autênticos em tudo e entregar sem reservas o que precisa ser dissolvido. Do contrário, se houver uma entrega com reservas, esta acarretará danos à personalidade.

Sabemos das dificuldades iniciais, pois estamos presos ao apego que é parente do egocentrismo. O apego é o inimigo que se apresenta como um obstáculo gigantesco que precisa ser trabalhado. Mudar a realidade de nossa existência só é possível a partir do desejo de algo novo, da mudança interior, aqui e agora. E a necessidade dessa mudança já se apresenta, não só em nós mesmos, mas no mundo, na interação com as pessoas, no convívio com os nossos próximos, no dia a dia da luta pela sobrevivência. É nesse ambiente que se dá a tão necessária transformação. É preciso mudar nossa realidade partindo do que somos, do interior para o exterior. É um processo de análise interior, de transmutação.

Em nosso coração existe uma força que nos dá ânimo para buscar a verdadeira sintonia com esse algo da nova realidade em nós. No combate interior, a batalha se dá com a ajuda das forças que o aluno adquire em seu discipulado em uma escola gnóstica. A batalha é contra os fantasmas autocriados, contra os hábitos, os automatismos, contra os aspectos culturais aprendidos e tão invisíveis, contra o passado que ainda insiste em ser presente, contra o futuro parcial projetado com tanto esmero. A batalha é contra nós mesmos.

Vencida a batalha, por meio da força de fé interior, a nova consciência se apresenta como um toque de trombeta. As condições materiais do ser humano continuarão existindo, suas obrigações materiais serão cumpridas, seu tributo a César deve ser pago, mas o aluno de posse de outra realidade prossegue com sua batalha interior; agora com outra visão de mundo, acreditando na força da fé que ele adquiriu em sua jornada numa escola espiritual transfigurística. Libertar-nos de nós mesmos, assumindo quem somos, sem subterfúgios, com convicção, com a força da fé interior, sem nos deixar levar pelo desgaste do dia a dia. Só assim passaremos a ser o que verdadeiramente somos. Repetindo: pequenas modificações e remendos no comportamento não bastam. Nosso verdadeiro combate é com todas as influências enraizadas em nosso campo de respiração, onde estão registrados valores, forças e ligações resultantes das vidas de diversas manifestações de personalidades.

Começar de perto, ou seja, começar do nosso coração, porque nele está o Deus-em-nós, mais perto do que mãos e pés. Ousar olhar profundamente em nosso íntimo examinando se a vida que levamos está em conformidade com o que ouvimos do coração. Seguir a própria voz, a voz do coração: a voz da gnosis.

Que tenhamos disposição para dar cada um dos passos que não queremos dar. Lutar com foco e humildade! Cada luta vencida é uma pedra que tiramos do caminho. Lutar, sempre buscando a vitória interior sobre nós mesmos!

A PURIFICAÇÃO DO CORAÇÃO

Por diversas vezes o aluno é confrontado com a necessidade de reconhecer o tríplice aspecto da manifestação humana, ou seja, o ego tríplice formado pelos centros do sentir, do pensar e do agir. Esse assunto é de vital importância, pois sem a profunda percepção do sentir, do pensar e do agir, que são os principais vetores da vida humana, não é possível um avanço concreto na senda da autoiniciação. Além disso, o exame cuidadoso desse aspecto tríplice permite ao aluno ter algumas referências sobre o seu desenvolvimento ou estagnação.

Em geral, numa primeira camada de percepção, o autoconhecimento gabarita o aluno ao reconhecimento do seu tipo predominante. Em um exame rápido das suas reações, certamente ele se reconhece como o tipo coração, tipo cabeça ou tipo ação. Parte significativa da humanidade é mais sensível aos sentimentos, o chamado tipo coração; outra se caracteriza por maior racionalidade, o tipo cabeça; e outra mantém o foco de vida nas atitudes, portanto, do tipo ação. Perceber essas diferentes abordagens é muito importante, pois nos dá clareza a respeito do quadro geral da humanidade, e nos permite compreender alguns comportamentos marcantes. Esse reconhecimento, embora necessário, não é suficiente: não basta que nos reconheçamos como um tipo coração ou ação ou cabeça. Cada tipo é a expressão de uma manifestação de vida em constante desequilíbrio, em que um dos aspectos está em permanente destaque.

Esse desequilíbrio na estrutura humana é a causa de grandes conflitos e incompreensões. Quando o tipo coração fala, o tipo cabeça não o compreende; o mesmo acontece quando o tipo cabeça fala ao tipo coração; e o tipo ação torna-se impaciente com os outros dois. Uma estratégia possível para vencer esse conflito é o agrupamento natural de pessoas que possuem o mesmo tipo humano. De certo modo, ao longo da história se observa nesse processo um fator que contribuiu para o surgimento de uma ciência desconectada da arte, uma religião desconectada da ciência e assim por diante.

O símbolo da Escola expressa a necessidade da transformação humana. Nele, o triângulo é equilátero, em que todos os lados são iguais. Uma das pontas do triângulo está associada ao pensar, a outra ao sentir e a outra ao agir: a mensagem expressa nesse símbolo é a necessidade de buscar equilíbrio entre o pensar, o sentir e o agir. E esse equilíbrio não está de acordo com a nossa predisposição natural. Apesar da falta dessa predisposição, se uma parte dos indivíduos pudesse avançar na busca de um equilíbrio estável entre coração, cabeça e ação, a onda de vida humana sofreria forte impacto e, sem dúvida, a vida de todos seria melhor: haveria mais compreensão e aceitação, que se irradiaria para os demais, pois não haveria espaço para o permanente conflito entre os diferentes tipos humanos.

Mas de que forma é possível equilibrar a manifestação humana? Como deixar de ser um triângulo com um dos lados permanentemente maior que os outros? Um primeiro passo certamente todos nós já demos, ao perceber a desarmonia produzida pelo nosso tipo humano no dia a dia. O segundo passo é a grande transformação, oriunda da necessidade de equilíbrio entre o sentir, o pensar e o agir: o ego tríplice deve se transformar em uma unidade. E a construção dessa unidade é conduzida pelo princípio universal, a centelha do espírito, que se encontra no coração. Nessa base, o coração intermedeia a relação entre os impulsos sentimentais e a necessidade de racionalização; e os impulsos volitivos são amortecidos pela nova inteligência que surge da união da cabeça e do coração.

Porém, reconhecer o verdadeiro papel do coração como amálgama que liga o ego tríplice é tarefa árdua, pois o coração está tomado por toda a sorte de sentimentos e desejos autocentralizados. Para que o coração possa realizar essa tarefa de fusão, é preciso que um trabalho seja feito: a purificação do coração. Esse trabalho é tarefa exatamente igual para os três tipos humanos, tarefa que pode ser resumida em um esvaziar o coração da constante agitação dos sentimentos e dos incessantes torvelinhos dos desejos naturais. Esse esvaziamento é processual e se dá à medida que o autoconhecimento revela à consciência os condicionamentos do pensar, do sentir e do agir.

Para desmontar tais condicionamentos é fundamental desobstruir o coração, e permitir que ele se transforme em um santuário. Quando se conquista tal purificação do coração, mesmo que ainda em seu mais tenro início, nele irradia uma nova força, que o transforma em um santuário. A partir do santuário do coração, os demais centros de manifestação podem ser libertados dos condicionamentos, tornando-se, também, verdadeiros santuários.

Como explica Lao-Tse, se o coração permanentemente "não é", se ele permanece livre de todos os desejos e interesses egocêntricos, é possível contemplar o mistério da essência espiritual do Tao. Se o coração permanentemente "é", se ele se mantém cheio de desejos e interesses egocêntricos, só é possível ver formas limitadas, finitas. Quando a pureza do coração é conquistada, ele se torna um santuário que possui uma estrutura de linhas de força extremamente sutil e ao mesmo tempo complexa, com potencialidades e capacidades extraordinárias que vão sendo paulatinamente reveladas, assim como um botão que desabrocha em uma magnífica rosa. Portanto, em todo ser humano o coração pode se tornar verdadeiramente um templo, o templo interior.

Com o nosso pensamento e inteligência somos criadores de um mundo polarizado, pois o pensamento geralmente não estabelece ligações, não unifica a vida e seus elementos, mas o divide em polos opostos. Por esse motivo, projetamos ideias e conceitos sempre com uma visão separada de tudo e de todos. Já o coração é potencialmente um órgão de unidade: sua estrutura conecta tudo, tanto interiormente, ou seja, em cada célula de nosso ser, como exteriormente, com tudo e com todos. Por isso, quando deixamos o coração falar, nós nos "reunimos" como seres humanos.

A visão biológica do coração já indica quão extraordinário é esse órgão. Sem pretender expor aqui toda a sua complexidade, basta citar alguns aspectos de grande importância. A primazia do coração como o maestro da vida surge desde os primeiros dias de vida. Antes que o coração possa bater pela primeira vez, aproximadamente no 16º dia de gestação, ele já inicia um delicado movimento espiralado na forma de um tubo cardíaco, provocando uma pulsação rítmica do sangue. E esse movimento espiralado prossegue no músculo cardíaco adulto com uma função extraordinária: na parede do coração existem sete camadas de tecido muscular em forma de espiral. Ao contrair-se, o coração gira como em um movimento de torção (também as artérias fazem movimentos giratórios), fazendo a ponta do coração se mover em forma de lemniscata. A lemniscata é representada pelo número oito deitado; na geometria, ela é o símbolo do infinito, e na filosofia, é o símbolo da eternidade.

Por causa da anatomia do coração – especialmente pelos quatro ventrículos, pela sequência específica de suas contrações e pela forma espiralada dos músculos cardíacos – a corrente sanguínea se move em forma de lemniscata. Com esse movimento é gerado um campo magnético poderosíssimo, que entre outras coisas experimenta e decodifica outros campos magnéticos. O coração é, portanto, um órgão sensorial que percebe as energias que nele penetram.

Do ponto de vista orgânico, o sangue contém a essência de todos os órgãos e por meio da circulação sanguínea o coração é "informado" sobre a condição de cada um deles. A essência de todo o organismo é reunida no coração, formando um estado de ânimo predominante. Caso ocorra dano em qualquer um dos órgãos, essa informação é transmitida ao sangue. O coração sente isso e converte a informação em determinado estado de ânimo.

Todo o processo de desenvolvimento espiritual começa no coração. Ele é o portal entre a centelha do espírito e o sangue; é a porta abençoada através da qual a pura energia etérica divina, que provém da centelha divina, pode penetrar no sangue.

Do ponto de vista sutil, o coração possui sete câmaras etéricas que estão preparadas para receber e transmutar em todo o sistema humano a força da vida una, que conhecemos como os sete raios do espírito.

Dessa forma, o processo espiritual só pode começar pelo coração, pois nele está o mistério do acesso da mais elevada luz do espírito em nosso ser. Um aspecto fundamental do conhecimento universal é a presença de uma centelha espiritual em todo ser humano, que pode banhá-lo no mais puro éter divino, e assim lhe permite a íntima experiência da unidade com Deus.

No coração o ser humano pode vivenciar essa pura conexão. E a partir do coração essa nova força pode purificar o sangue, desde que o ser humano mantenha seu pensamento sintonizado com ela. Esses impulsos provindos do coração não se impõem, apenas inquietam o ser. Mas seu poder de transformação depende totalmente da qualidade da atmosfera que envolve o coração.

Para aquilatar o que significa a natureza e a potencialidade da atmosfera que envolve o coração, pensemos no Sol, no Sistema Solar e na lei hermética de "o que está em cima é como o que está embaixo". O Sol pode ser comparado à centelha do espírito (pois ele é uma imagem reflexo do sol espiritual, Vulcano). Na superfície do Sol, surgem os impulsos, as erupções solares, os tornados de plasma etc.; tudo ali se realiza a temperaturas que chegam a 5.500 graus Celsius. A coroa solar é a camada mais larga e externa da atmosfera solar, medindo aproximadamente 13.000.000 km a partir da fotosfera. Na coroa solar, a vibração é tão intensa que a temperatura chega a inimagináveis 1.000.000 de graus Celsius. Essa elevada temperatura provoca constante movimentação dos átomos que a compõem, produzindo o vento solar, um fluxo contínuo de partículas carregadas que influenciam a vida aqui na Terra. Assim, é dessa coroa que provém todo o poder de transformação do Sistema Solar.

Com base nessa analogia, compreende-se que a aura do coração se desenvolve como uma coroa solar. Quando, a partir da transformação da aura do coração, a centelha do espírito tem espaço de manifestação, é produzida uma força, também chamada de kundalini do coração. À medida que a força da centelha do espírito é liberada, seu raio de ação se torna cada vez maior. A rosa do coração se abre! A força da rosa, a força da kundalini do coração se expande e se projeta para a cabeça, e posteriormente para o santuário da vida. Essa força desperta um novo entendimento e uma nova percepção: o pensar e o ver com o coração, o discernir e o conhecer todas as coisas a partir desse núcleo central. E então o ser humano realiza a tarefa de harmonizar e purificar os três santuários; o triângulo humano se torna um triângulo de fogo, um trígono ígneo.

Que possamos verdadeiramente ver com os olhos do coração – ver e compreender – o grandioso plano de desenvolvimento que se encontra na base da criação universal.

INCERTEZA: UM DOS FUNDAMENTOS DA VIDA

Vivemos em um mundo de incertezas. Muitos dizem que a única certeza é estarmos sempre diante do inesperado, como se vivendo um grande momento de ruptura, em que o futuro não consegue mais ser explicado pela repetição do passado. É como viver a comprovação do "princípio da incerteza" de Heisenberg, que afirma não ser possível determinar a trajetória e a posição de uma partícula ao mesmo tempo. Na vida diária, ao mergulharmos nos detalhes de qualquer situação, perdemos um pouco a noção de seu contexto; e se simultaneamente quisermos ter uma visão do contexto, precisamos deixar de lado os detalhes e focalizar a visão no panorama maior em que tal situação está contida.

Pensemos na situação inusitada da pandemia pela qual passamos: a ciência tinha certeza de que uma nova pandemia surgiria, mas total incerteza sobre quando isso ocorreria. Tínhamos relativa certeza quanto às suas dimensões, mas muita incerteza a respeito de como seriam os próximos meses.

Tal incerteza fundamental não é algo novo, pois constitui um dos fundamentos da vida. Ao longo da história, grandes pensadores ocuparam-se dela em profundidade, bastando lembrar o famoso aforismo atribuído a Sócrates: "Só sei que nada sei". A incerteza é um dos pilares da vida, e está presente em tudo que fazemos, desde o resultado da decisão de atravessar ou não uma avenida movimentada, até o de mudar de emprego ou formar uma família.

Compreender, controlar e prever as incertezas (por mais paradoxal que pareça) tornou-se ciência, desde a previsão do tempo, aos institutos de pesquisa, às sofisticadas ferramentas do mercado financeiro e aos infinitos algoritmos que nos oferecem informações e produtos, antecipando-se aos nossos desejos.

Medir, controlar e antecipar. A vida moderna se diversificou, sofisticou e especializou. Os mecanismos de medição, controle e antecipação se proliferaram, e hoje nos cercam de todos os lados. A produção de novos conhecimentos cresce exponencialmente, e com eles seguem a complexidade e a velocidade da vida, cuja combinação acentua a incerteza diante de tudo; tudo é tão novo, tão veloz, tão instantâneo, que a soma do que sabemos explica cada vez menos o presente, e torna-se de pouco valor para prever o futuro: deparamo-nos constantemente com resultados inesperados.

Diante disso, como devemos compreender um caminho espiritual? Muitos se perguntam se diante dessa incerteza colossal da vida ainda faz sentido tentar trilhar um caminho de transformação interior. Isso não seria parecido à tentativa de acender uma candeia no meio de uma tempestade? Não seria mais lógico buscar um instante de felicidade, de paz ou harmonia no meio desse caos; de aproveitar o momento, ou mesmo abandonar-se ao sabor dos acontecimentos, já que não se pode controlá-los nem os prever? Muitos respondem afirmativamente a essas questões e, ou dão as costas à senda interior, ou adiam o momento de trilhá-la, na expectativa enganosa de que condições mais favoráveis surgirão no futuro. Outros, movidos por profundo anseio, não dão ouvidos àquelas questões e, com esforços redobrados, focalizam sua senda interior.

Em meados do século XX, os fundadores da Escola Espiritual da Rosacruz Áurea falaram de um tempo em que a humanidade viveria um grande processo de desmaterialização e de eterização da vida, e que esse processo teria consequências incalculáveis para a vida humana, transformando-a totalmente.[15]

Que base teriam utilizado para afirmar tal coisa? Teriam considerado algum modelo estatístico ou probabilístico de previsão do futuro? Teriam lido na memória da natureza? Teriam algum dom profético? Teriam feito apenas uma afirmação vaga o suficiente para posteriormente ser comprovada, mediante a escolha de fatos convenientes que a corroborassem, assim como fazem os oportunistas?

Se esse fosse o caso, deveríamos ter sérias dúvidas a respeito do caminho proposto, pois nesse caso a Escola Espiritual estaria baseada em especulações, que posteriormente se tornariam dogmas, que finalmente se consolidariam em um sistema de crenças, como ocorreu com as grandes religiões e sistemas doutrinários do passado. E hoje, juntamente com todas as convenções e tradições da cultura humana, essas construções conceituais estão ruindo, pois chegaram ao limite de suas certezas, à fronteira do grande e inamovível muro da incerteza fundamental da vida.

Porém, essa não é a base de nenhum aspecto do ensinamento da escola espiritual contemporânea; sua base é um outro tipo de ensinamento, o ensinamento universal. O ensinamento universal não é um conjunto de dogmas ou de sistemas doutrinários de diferentes povos e épocas. Ele se encontra documentado nesses sistemas, como a sombra projetada de um pássaro em voo; porém, sua essência – e fonte mais profunda – é bem outra.

O ensinamento universal é o compêndio da sabedoria de todas as consciências humanas que atingiram a iluminação, o compêndio do autoconhecimento que dá acesso ao verdadeiro conhecimento interior, ilimitado e não condicionado. Esse co-

15. Rijckenborgh, J. van. *Não há espaço vazio*, cap. 6.

nhecimento não é algo estático, como uma coleção de livros. A chave para esse conhecimento universal é o autoconhecimento, pois apenas aqueles que transformam a si mesmos possuem acesso a ele. Esse conhecimento é chamado de universal porque ele franqueia ao ser humano a visão interior do cosmo e do macrocosmo, por meio da chave do autoconhecimento de seu próprio microcosmo.

E, pelo princípio da equivalência e da similitude entre os arquétipos de todo o Universo – o que Hermes indicou quando afirmou que "assim como é em cima, também é embaixo, e assim como é no interior, também é no exterior" – quem possui a chave de seu microcosmo obtém profunda compreensão do macrocosmo[16].

Isso não significa que tal ser humano possa profetizar o futuro; significa que ele pode compreender as consequências reais das forças que circulam em sua própria consciência, trazendo para a vida concreta a compreensão da lei "estado de consciência é estado de vida". E, por compreender a si mesmo do imo de seu ser, ele compreende seus semelhantes; e quando sua consciência amadurece suficientemente, ele também compreende as grandes forças que governam a consciência coletiva da humanidade.

Porém, mesmo a consciência de um ser humano iluminado pelo autoconhecimento continua submetida ao princípio da incerteza, pois este é um dos princípios que governam a natureza. Ninguém está acima de suas leis, porquanto elas são a própria expressão da inteligência universal do Logos. Por isso, mesmo que um iniciado compreenda as forças ativas na consciência coletiva, mesmo que consiga calcular sua trajetória, ele não pode

16. Rijckenborg, J. van. *A gnosis original egípcia,* tomo I, cap. 2.

determinar com exatidão a sua posição, isto é, as exatas circunstâncias exteriores por meio das quais elas se manifestam.

É nesse contexto que devemos compreender o que os fundadores da nossa Escola Espiritual falaram a respeito de um processo de desmaterialização e eterização em um futuro próximo. A trajetória que nos trouxe até aqui está correta. Porém, a posição foi calculada com base no referencial disponível na época, e necessita ser melhor compreendida à luz dos fatos atuais.

As forças egocêntricas que atuam na psique coletiva da humanidade nos trouxeram até este momento, em que a velocidade e a complexidade crescentes da vida geram sucessivas crises, como a que nos encontramos, e exacerbam o princípio da incerteza. Quando as estruturas do que foi construído no passado já não conseguem se perpetuar no presente, e transformam o futuro em algo muito incerto, pode-se comparar tal fenômeno à desmaterialização, à demolição de um estado de vida cristalizado. E quando não mais se compreende o presente, e o futuro não mais se faz pela perpetuação dos mecanismos de controle e domínio do passado, abre-se a possibilidade de construir um novo futuro, pela visão interior que nos revela as forças que circulam em nossa consciência e na de nossos semelhantes: isso se compara à eterização, isto é, à percepção das forças sutis que podem determinar infinitas trajetórias, infinitos futuros possíveis.

Como alunos e alunas da Escola Espiritual, todos nós somos chamados a essa percepção interior que nasce do autoconhecimento e que deve crescer até o conhecimento universal. Essa percepção interior de uma nova consciência deve ser a base para a compreensão não apenas da trajetória e das circunstâncias de nossa vida e nosso caminho interior; ela também deve nos dar a capacidade de ver além de nós mesmos, e compreender as forças que se encontram subjacentes à dinâmica da vida, para que nesse contexto possamos enxergar o trabalho da inteligência universal, o trabalho da Fraternidade da Vida, e com ela cooperar. Pois, para essa inteligência, para a Escola Espiritual e para cada um de nós que dela faz parte, a grande incerteza que nos circunda não é um problema, tampouco uma crise, mas sim uma grande oportunidade.

A incerteza dos tempos em que vivemos significa que toda a cristalização da consciência humana – com seus condicionamentos, convenções, sistemas e estruturas – encontra-se profundamente abalada, e esse abalo gera espaço para algo novo. Para o carcereiro, a rachadura na parede da prisão é uma grande ameaça; para o prisioneiro, uma dádiva, pois através dela penetra a réstia de sol e se desvenda a realidade além de seus muros, convidando-o a demoli-los e ganhar a liberdade. É com esse olhar que devemos nos esforçar para compreender a trajetória e as circunstâncias, visualizando interiormente as novas forças que atuam no estado de consciência e que podem gerar um estado de vida totalmente novo.

Utilizando as belas imagens que nos foram legadas pela sabedoria universal e pela Escola Espiritual a respeito dos sete raios do espírito, pode-se dizer que o novo triângulo da alma permite a manifestação do novo quadrado da vida, o quadrado da nova vida. Como sabemos, os sete raios do espírito representam a imagem espelhada do próprio ser humano: os três centros da consciência – localizados no coração, na cabeça e na pelve – e os quatro veículos da personalidade. Eles também podem ser compreendidos como as sete luzes da consciência e da vida, representadas pelos sete chakras. Também podem ser associados às sete câmaras do coração etérico, ao candelabro de sete braços do santuário da cabeça, ou às sete forças criadoras que emanam do santuário da vida. Porém, a forma mais efetiva de utilizarmos essa poderosa imagem no contexto atual, visando compreender a trajetória e as circunstâncias da vida humana, é enxergá-los como as três forças que guiam a consciência – o triângulo da alma –, e as quatro forças que dirigem sua vida – o quadrado da construção.

De acordo com o que nos foi legado pelo ensinamento universal e pela Escola Espiritual, sabemos que, neste momento, tais forças possuem uma nova configuração, que reflete o período de grandes transformações que vivenciamos: vontade, inteligência e dedicação são as três novas forças já atuantes no triângulo da alma; amor, harmonia, sabedoria e ação são as quatro novas forças que entram agora em ação no quadrado da construção. Assim, neste momento, manifesta-se um novo triângulo da alma e um novo quadrado da construção como a possibilidade de uma nova trajetória para a humanidade, e circunstâncias de vida totalmente novas e desafiadoras. As novas configurações das forças atuantes têm desdobramentos muito importantes para as décadas e séculos que virão. Mas não há que se projetar qualquer cenário futuro, caso contrário se cairia na armadilha de acreditar em nossas próprias imagens mentais e suas inevitáveis especulações. E ainda que corretos em relação à trajetória prevista, estaremos incorretos em relação às circunstâncias correspondentes, e vice-versa. O único objetivo é compreender, a partir do que o autoconhecimento revelou a cada um de nós, como a incerteza trazida pela demolição das estruturas cristalizadas da vida humana pode abrir caminho – caso se reaja da única maneira correta – para uma nova consciência e uma nova vida, para todos os seres humanos que despertaram para a senda interior!

Que como grupo, nos seja permitido avançar na direção dessa totalmente Nova Vida!

O NOVO QUADRADO DA CONSTRUÇÃO

O capítulo anterior tratou do princípio da incerteza como chave para a compreensão do momento atual, e dos sete raios do espírito como as forças que atuam na consciência humana e em toda a vida manifestada. Como mencionado, vontade, inteligência e dedicação são as três novas forças atuantes no triângulo da alma; amor, harmonia, sabedoria e ação são as novas forças que agora entram em ação no novo quadrado da construção.

Por que se fala de um quadrado da construção? Pense em uma pirâmide: tudo começa na ponta superior, a partir da qual se pode desenhar todo o restante. Do topo partem linhas que desenham suas faces triangulares que descem até o chão, unindo-se em um grande quadrado que se apoia solidamente na superfície, como nas areias do deserto das clássicas pirâmides da antiguidade.

Como a árvore da vida – com suas raízes no céu e sua copa, folhas e frutos que tocam o chão – ou a casa *Sancti Spiritus*, movida por um único fio vindo do alto, em termos esotéricos uma pirâmide também se constrói do alto para baixo. É claro que os tijolos são erguidos um a um, de baixo para cima; porém, na mente do livre construtor, a imagem da pirâmide já existia. E toda a construção teve apenas o objetivo de chegar ao topo, à pedra do cimo, manifestando o ponto em seu cume do qual tudo partiu.

Assim também deve ser compreendido o quadrado da construção. Do cume emana a força da centelha do espírito como linhas de força que se espalham e preenchem todas as facetas de nosso ser, formando o triângulo de uma nova consciência pela renovação dos três centros – coração, cabeça e pelve. A partir desse triângulo surge o quadrado de uma nova vida, formado pelos quatro veículos transmutados da personalidade humana.

O novo quadrado da vida surge como consequência do toque do espírito e da transformação da alma, de cima para baixo: da realidade espiritual mais íntima e interior, até a realidade material e mais exterior. Porém, em sua vida diária, como um livre construtor, o aluno precisa erguer sua pirâmide de baixo para cima, pedra por pedra, fileira por fileira, formando, em primeiro lugar, o desenho do quadrado no solo de sua vida e, a partir dele, erguendo o triângulo de um novo estado de consciência, rumo à elevada meta da unificação final com o espírito.

Eis aqui o segredo da realização da senda: começar com o objetivo final diante do olhar da alma, a partir da imagem da elevada meta da vitória na luz, que cintila no toque do espírito. E trabalhar, a partir da realidade da vida concreta, adicionando sempre uma nova pedra na construção do novo ser em si. Esse é o segredo do livre construtor, o segredo do quadrado da construção, a fórmula alquímica da transmutação de Hermes, nas palavras da Tabula Smaragdina: começa-se do alto, a partir da visão interna da sabedoria do espírito, e mergulha-se na realidade, reconhecendo seus diferentes elementos. Desse autoconhecimento elevamo-nos da vida concreta ao alto, unindo os aparentes opostos e adquirindo a força una e original. Esse é o segredo para compreender o novo quadrado da construção que se manifesta agora para o mundo e para a humanidade.

Em sua nova configuração, cuja influência se desdobrará de maneira decisiva nas próximas décadas, esse quadrado da construção é formado por quatro dos sete raios do espírito: amor, harmonia, sabedoria e ação. Essas quatro forças representam as quatro bases, os quatro materiais de construção com os quais a humanidade deve aprender a trabalhar para começar a construir a era aquariana. Elas também configuram os quatro grandes desafios, as quatro grandes tarefas que devem ser compreendidas e cumpridas na escola prática da vida. Caberiam as perguntas: como forças tão sublimes, como amor, harmonia, sabedoria e ação podem ser desafios a serem vencidos com tamanho esforço? Esses raios do espírito, vertidos do cimo da pirâmide do campo da nova vida, não deveriam ser apenas forças luminosas e elevadas a impulsionar a humanidade à tão sonhada nova realidade de vida?

Enxergar a realidade dessa forma seria incorreto e pueril, pois a transformação real passa por caminhos mais concretos que tais devaneios. O desafio real consiste em discernir, transformar e unificar os polos opostos dessas quatro forças, separados pelo atual estado egocêntrico da consciência humana. Por causa desse estado, que a separa do Todo, a cada luz que incide na consciência humana, esta projeta imediatamente uma sombra, qual uma montanha que, iluminada pela luz do Sol, projeta imediatamente sua sombra. Na alegoria do Apocalipse de João, para cada um dos quatro anjos sobre os quatro cantos da cidade existe uma sombra equivalente, representada por quatro cavaleiros. Como consequência da dualidade de nosso estado de consciência atual, cada uma das quatro novas forças do novo quadrado da construção projeta uma sombra muito marcante na realidade da vida humana, sombras que precisam ser discernidas, transformadas e unificadas à sua correspondente fonte original de luz, aos seus respectivos raios do espírito.

Assim, os raios de luz do amor, harmonia, sabedoria e ação projetam as sombras do medo, conflito, ignorância e estagnação.

Tais sombras definem a vida humana até que sua consciência se renove, transmute e unifique essas sombras nos raios originais de luz.

Tratemos cada um desses desafios separadamente, para melhor compreender a real natureza de como se nos apresentam, começando pelo binômio de amor e medo. Pode parecer contraintuitivo que a sombra do amor seja o medo e não o ódio. Do ponto de vista da consciência egocêntrica, a maior força que a controla é o medo, desde o medo atávico da morte e da perda, ao medo do desconhecido. Quase todas as nossas reações são uma resposta ao medo. E o mecanismo que a consciência egocêntrica utiliza para lutar contra o medo é tentar controlar as situações que o causam – sejam materiais, emocionais ou mentais – para que permaneçam da forma que lhe pareça desejável e segura. O esforço para controlar as situações é o mesmo que apegar-se: e nossos apegos definem o que amamos. Portanto, o amor parcial da consciência egocêntrica é a expressão da luta contra o medo que a domina. Tal amor parcial baseado no apego é medo disfarçado em diferentes e infinitas gradações; em sua essência mais profunda, o que sentimos como amor egocêntrico, não passa de medo. Por essa razão, o Amor Real e Universal, que é a mais poderosa das forças que podem se manifestar na vida humana, na consciência egocêntrica projeta como sombra o medo, o qual se apresenta não apenas como ódio, mas como amor parcial, como um verniz que recobre a essência dos seus apegos.

O jogo de luz e sombras da harmonia e do conflito possui nuances diferentes. No mundo moderno, a busca da harmonia talvez seja uma das maiores aspirações daqueles afortunados que não precisam se preocupar apenas com o pão de cada dia. Para aqueles que se elevaram acima da luta diária pela subsistência, surge o vazio de uma existência sem sentido, o vazio do egocentrismo. E nesse vazio interior os conflitos internos não resolvidos vêm à tona, e assolam a consciência com sua presença.

A reação da maioria dos seres humanos é fugir desses conflitos em busca de uma suposta harmonia, buscando o equilíbrio dos diferentes aspectos da vida física, mental e, sobretudo, emocional. Mas esse equilíbrio frágil não é a verdadeira harmonia, mas sim a fuga do conflito que não foi sequer compreendido e muito menos transmutado. Assim, os conflitos internos permanecem: quando as circunstâncias mudam, o suposto equilíbrio desaparece e o conflito reaparece. A verdadeira harmonia jamais poderá ser atingida pela fuga dos conflitos internos; ela deverá surgir como resultado da vitória sobre eles, trilhando o caminho interior na força do espírito e na luz da nova consciência. Somente pela vitória sobre si mesmo poderá surgir a verdadeira harmonia.

O desafio colocado pela sabedoria e sua sombra projetada, a ignorância, encontra-se no campo da vida prática e não do conhecimento teórico. A sabedoria aquariana não é acúmulo de conhecimento, mas a aplicação do autoconhecimento na vida prática. A ignorância, no sentido real do ensinamento universal, não é falta de estudo ou desinformação, mas "saber e não fazer, é não saber". Por meio da rede mundial de informações, hoje a humanidade dispõe de acesso quase ilimitado a todo o conhecimento acumulado. Porém, quanto mais conhecimento se acumula, sem que seja simultaneamente utilizado para transformar a própria vida, mais pesado se torna o fardo a carregar.

Esse é um dos grandes desafios que precisamos atravessar coletivamente na era da informação: o de não naufragar no mar de informação e desinformação em que estamos inapelavelmente imersos. Para enfrentar esse desafio é preciso adquirir autoconhecimento; ao aplicar esse conhecimento único e revolucionário em nossa própria vida, tornamo-nos mestres de nós mesmos, tornamo-nos sábios no verdadeiro sentido da palavra. Na era aquariana, em que toda a informação do mundo está a um click de distância, o único conhecimento que nos liberta da ignorância fundamental de nosso estado de consciência egocêntrico é o autoconhecimento. A única sabedoria válida é a daquele que transformou a si mesmo pela aplicação do autoconhecimento.

E, finalmente, somos confrontados com o maior dos desafios que, em sua essência, é a colheita, o resultado de todo o restante e que nos coloca diante da ação renovadora, a magia gnóstica, ou então da mera repetição do passado, a estagnação do velho estado de consciência egocêntrico. Essa ação renovadora não é algo que se possa fazer ou deixar de fazer, mas sim o resultado de todas as nossas ações, que testificam uma nova atitude de vida, um totalmente novo estado de ser em que cada ação, cada ato, cada respiração, cada batida do coração é a prova insofismável de uma profunda transformação interior.

Assim, somos colocados diante do aspecto mais concreto do novo quadrado da construção. Tal qual a ampla e sólida base da pirâmide do discipulado, ele deve ser construído e erguido como alicerce para que a nova consciência em nós se eleve até sua plena união com o espírito. Teremos, então, realizado o segredo alquímico de Hermes, unindo a força que está embaixo àquela que está em cima, e assim nosso microcosmo receberá toda a glória do cosmo, pois teremos vencido toda a treva, toda a sombra, na força e na luz dos quatro raios que formam o novo quadrado da construção: vencendo o amor parcial do velho eu, na força do amor universal; vencendo o conflito fundamental do velho eu, na reconciliação da verdadeira harmonia; vencendo a ignorância do saber exterior do eu, na luz da sabedoria universal; e vencendo a estagnação da vida egocêntrica, pela magia gnóstica da ação renovadora!

Que assim seja!

O GRANDE DESPERTAR MUNDIAL

Vivemos um grande despertar! A convulsão mundial que atravessamos, catalisada pela pandemia que assolou o mundo no início de 2020, colocou-nos diante de um grande desmascaramento. Em meio à dor, morte, perda, fome e privação, em meio ao sofrimento de muitos, pode-se afirmar que, desses escombros, milhões de seres humanos estão emergindo para o despertar de uma nova consciência. A inutilidade da vida egocêntrica teve sua máscara violentamente arrancada, e sua verdadeira face jaz desnuda diante da consciência atônita de incontáveis.

A inércia dos hábitos luta desesperadamente para restabelecer a antiga ordem. Passado o ápice dessa grande crise, muitas pessoas voltaram praticamente ao mesmo estado em que foram encontradas: entorpecidas e inertes. Porém, é inegável que milhões estão despertando, e esses que despertam é que se dirigem às escolas espirituais. Em nossa Escola, talvez nunca tenhamos vivido um período de atividade tão intensa. Embora soe paradoxal, justamente no período mais restritivo de nossa história desde a Grande Guerra do século passado, em que não foi possível realizar nossas atividades habituais, o trabalho da Escola Espiritual floresceu e cresceu como nunca. Enquanto os templos físicos estavam fechados, ficou evidente a realidade do templo branco, o templo etérico onipresente, e nele trabalhamos mais intensamente do que em qualquer outra época.

Os mais antigos dentre nós lembram-se das grandes conferências em Ussat-les-Bains, no sul da França, quando a cada 5 anos celebrávamos a ocasião especial de reunir mais de mil alunos em uma tenda-templo. Por mais de um ano e meio, na tenda de nosso templo virtual no campo etérico, reunimos em nossos serviços – todas as semanas – mais de mil alunos e alunas. As salas de contato, então virtuais, nunca estiveram tão repletas de buscadores e pessoas interessadas, dando-nos a alegria de participar das palestras públicas e de outros eventos, aos milhares ao longo de um único mês. Centenas de novos alunos e alunas, vindos de inúmeras cidades do país e de todas as regiões, ingressaram na Escola nesse período e, pela primeira vez na história de nosso campo de trabalho, nosso grupo ultrapassou a marca de 2.000 integrantes.

Esses dados são apresentados para testemunhar que o grande despertar mundial, de que tantos nos falaram cheios de confiança e esperança, finalmente chegou. É a constatação de que, mesmo em meio ao caos, à incerteza, à insegurança, em meio ao desmoronamento e ao sofrimento, desponta o tão aguardado amanhecer de Aquarius.

Foi para esse momento que a Escola Espiritual foi erigida. Foi para esse momento que os pioneiros dedicaram a vida. Eles anunciaram, e hoje nós confirmamos: *Hora Est!* Sim, a hora do grande despertar chegou! E, nessa hora, diante da clareza do momento em que vivemos, afirmamos que a Escola Espiritual contemporânea está pronta para ele. Não é preciso mais falar de uma nova Escola, de uma Escola para o futuro, pois o futuro chegou e o novo já se manifestou. Um novo trabalho público está em pleno funcionamento; uma nova dinâmica na Escola externa e no trabalho da juventude já existem; novas possibilidades de trabalho na Escola interna e nos graus interiores também se tornam realidade. Mesmo as restrições das atividades presenciais não se tornaram um problema, pois a Escola Espiritual manteve-se estruturada para prosseguir seu trabalho com total dinamismo, diante de quaisquer circunstâncias, pois o centro de gravidade de seu trabalho não se encontra apenas nos Centros de Conferências e Núcleos, mas também no campo etérico, no templo branco, que sempre esteve ali, mas do qual ainda não se tinha plena consciência.

O templo branco é o santuário onipresente do corpo vivo da Escola Espiritual, desse corpo vivo que é um elo da corrente da Fraternidade Universal, desse trabalho que não conhece barreiras, e que vibra em uníssono no novo campo de vida, além da fronteira do tempo e do espaço. Por essa razão, à medida que as restrições foram sendo reduzidas, e as atividades presenciais sendo retomadas, não vivemos o retorno ao passado, mas ingressamos em um novo presente no qual vemos a coexistência harmoniosa do trabalho físico e do trabalho etérico, do trabalho presencial e do virtual, do templo de pedras e do templo branco em todos os aspectos da Escola.

Como uma criança que cresceu durante uma intensa febre, nós e toda a humanidade não cabemos mais em nossas velhas roupas. Tampouco será a lagarta que sairá do casulo, mas o seu novo ser metamorfoseado em borboleta.

O importante é compreendermos o contexto maior, o grande pano de fundo da revolução Aquariana que finalmente avançou o relógio do tempo interno da consciência humana, cujos ponteiros ígneos são os sete raios do espírito, que apontam que o novo triângulo da alma e o novo quadrado da construção são agora uma realidade. Como toda revolução de consciência, esses tempos cruciais também são marcados por grande incerteza, e talvez também por grande agitação e comoção. Mas, como vimos nos capítulos anteriores, se formos ao encontro desse novo tempo repletos de força, confiança e positividade, estaremos ligados à grande torrente das forças de Aquarius, a força do portador do cântaro da água viva do qual ela jorra em profusão.

Na força do novo triângulo da alma, impulsionados pela vontade absoluta do Todo, despertados pela inteligência criadora do espírito e sustentados pela dedicação inabalável da nova vida, vamos ao encontro da nova vida na vida diária, na força do novo quadrado da construção, em amor, harmonia, sabedoria e ação libertadora, vencendo em nós mesmos, e em prol de todos, as sombras do medo, do conflito, da ignorância e da estagnação.

A porta para o 7º aspecto somente será encontrada ao abrirmos o 1º aspecto do corpo vivo para o mundo inteiro. Uma nova espiral superior do trabalho somente pode ser aberta se nos dirigirmos, cheios de coragem, para o coração do mundo. Assim como nos sublimes mistérios da fraternidade precedente, o "perfeito" atravessava a porta mística rumo ao novo campo de vida no mesmo instante em que iniciava seu caminho rumo ao vale, começando sua obra pelo mundo e pela humanidade. E isso é válido também para nós, neste momento. O momento para demolirmos todas as barreiras que nos separam da Luz das Luzes em nós mesmos chegou; somente nessa unidade absoluta com a única luz em nosso ser podemos avançar e criar os novos tempos que se abrem para toda a humanidade.

Aos olhos da inteligência universal – a comunidade das almas imortais além dos limites do tempo e do espaço – todos os seres são tocados por essa única luz, alimentados por essa única fonte de amor, e vivem dessa única corrente das águas do rio da vida. Em sua força, somos uma escola, uma obra, um corpo – o corpo vivo. Em sua luz formamos um campo de luz que se espalha acima de todas as fronteiras, como os amplos céus claros, abertos e luminosos. Nesse campo de luz não existem sombras, diferenças ou divisões; nele as infinitas peças do quebra-cabeças da vida cósmica unem-se perfeitamente, revelando o cintilante amanhecer da nova consciência, como promessa para o mundo e a humanidade.

Se dermos o passo decisivo, demolindo em nosso ser os muros que ainda nos separam da luz, a própria luz virá ao nosso encontro; e cheios dessa luz, iremos ao encontro do mundo e de todos os seres humanos. Já não haverá mais paredes para demolir, não haverá mais fronteiras para defender, não haverá mais meias-verdades para discutir, não haverá mais amor parcial para manter, não haverá mais tempo para perder. As paredes do labirinto do velho "eu" terão sido demolidas até o chão, e nosso mundo interior terá se tornado um campo aberto sob o céu infinito, como um jardim das rosas, em que a rosa das rosas floresce em todos os corações.

Nesse momento, perceberemos a realidade e a unidade de toda a Vida. Estaremos integrados, unidos, com todos e com o Todo. Então, ó maior dos mistérios, perceberemos o segredo do Alfa e do Ômega. E no que pensávamos ser o fim do caminho, encontraremos, mais uma vez, o seu início: o verdadeiro caminho não é a autoliberação, mas o autossacrifício. E a maior das liberdades, a dos Bodhisattvas, é libertar-se para libertar a todos, porque unidade e liberdade, sem amor, não são nada. O amor universal é, ao mesmo tempo, a realização do mistério mais profundo e o cumprimento da lei suprema. E o que é válido para um é válido para todos.

Portanto, neste momento em que a Escola Espiritual atinge sua maturidade, o coroamento de seu trabalho não pode ser o de isolar-se atrás de grossas paredes, na tentativa de proteger seus tesouros, escondendo seus mistérios para um pequeno grupo de escolhidos. Muito ao contrário... Neste momento, devemos nos tornar real, total e hermeticamente abertos, como uma árvore robusta e frondosa que dá muitos frutos não para alguns, mas para todos os que deles necessitam. Semente, planta, árvore, galho, folha, flor, fruto e, novamente, semente... O Alfa e o Ômega se encontram no símbolo da eternidade, no símbolo do amor eterno.

Assim, a Escola Espiritual contemporânea abre-se ao mundo e a todos que a procuram, em todos os cantos do mundo, livre de muros, livre de barreiras, livre de fronteiras. E continuará a fazê-lo até que ofereça todos os seus frutos, até que seus frutos se tornem o alimento para todas as almas que têm fome do espírito; até que seus frutos mais uma vez se tornem sementes, manifestando o mistério da eternidade, quando a vida encontra a única vida, quando nossa vida se torna um testemunho vivo do único amor.

O tesouro espiritual que recebemos não nos pertence. Ele nos foi confiado por mãos amorosas para ser oferecido e multiplicado inúmeras vezes, como a boa semente sagrada de outrora. Oferecido como parte da luz, amor e vida unos e universais até que o mundo se torne o jardim original da Vida; oferecido até que toda a humanidade seja livre. Livres do eu, livres das sombras, alcemo-nos à Luz das Luzes, ao templo branco. Na Luz das Luzes, alcemos agora o trabalho da Escola Espiritual à sua sublime meta.

Encontremos assim o portador da água viva no coração do mundo. E, em sua força, trabalhemos unidos em prol da libertação do mundo e da humanidade!

RENOVAÇÃO

Estamos profundamente agradecidos por ter-nos sido possível manter e dinamizar nosso trabalho, especialmente desde o começo desse período tão desafiador que atravessamos, e pela retomada, em um ritmo gradual e consistente, das nossas atividades presenciais, integradas de maneira harmoniosa e positiva a todas as possibilidades que se abriram no trabalho virtual. Um novo trabalho nos aguarda neste novo período, e a ele devemos corresponder plenamente, cheios de consciência e energia. E diante dessas novas possibilidades e destes novos tempos, é fundamental que reflitamos sobre esse novo, sobre a essência mesma de toda a renovação a que constantemente nos propomos, como candidatos no processo de transformação interior a nós franqueado pela Escola Espiritual.

E, assim, perguntamos: No que consiste esse novo? Olhando com sobriedade para a realidade de nosso dia a dia, tão repetitiva e previsível, é justo questionar se, de fato, existe mesmo algo novo em tudo isso. Porém, toda a nossa busca espiritual se baseia na certeza interior de que esse novo existe, de que ele é a própria realidade subjacente em tudo e todos e por ele nos esforçamos constantemente em nossa senda.

E aqui chegamos a um clássico paradoxo formulado pelo ensinamento universal, quando afirma: "O que foi tornará a ser, o que foi feito se fará novamente; não há nada novo debaixo do sol".[17] E que, ao mesmo tempo, também diz: "Eis que faço novas todas as coisas. Tudo está feito. Eu sou o Alfa e o Ômega, o Princípio e o Fim. A quem tem sede, darei de graça da fonte da água da vida. O vencedor herdará estas coisas".[18]

17. Bíblia. *Eclesiastes* 1:9.
18. Bíblia. *Apocalipse* 21:5-7.

Essas palavras do ensinamento universal indicam que em todos os instantes e lugares, portanto também aqui e agora, podemos viver ou uma mera repetição do passado, ou nos encontrar na absoluta renovação do eterno presente. Dessa forma, a fronteira entre o que é velho e o que é novo não se encontra em lugar algum, em nenhum tempo. Essa fronteira não é algo que se manifestou no passado, nem se revelará em um futuro distante. Ela somente poderá se fazer presente e tornar-se visível mediante uma nova perspectiva, um novo olhar, por meio daquilo que denominamos de um novo estado de consciência.

O que caracteriza o velho estado de consciência, que chamamos de consciência-eu, é a previsibilidade de sua repetição; pois repetição é o mecanismo nuclear utilizado pela consciência egocêntrica para definir a si mesma. À repetição encontram-se ligadas a memória, a definição da identidade e a ilusão de continuidade. Em suma, a repetição é o mecanismo que dá forma ao ciclo da identificação, apego e controle que formam a consciência-eu. Tudo o que se repete, tudo o que é velho e conhecido define, consolida e fortalece a consciência-eu.

Tudo o que é verdadeiramente novo constitui uma ameaça para o velho estado de consciência e, por essa razão, é por ele rejeitado com veemência. Trata-se do grande dilema da consciência-eu: enquanto aparentemente busca pelo novo, sempre à caça de novidades, no fundo o que realmente procura são variações dos mesmos temas, como se fossem as infinitas combinações dos mesmos fragmentos de vidro colorido de um caleidoscópio. Para compreender isso melhor, não precisamos ir muito longe. Pensemos em nossas roupas, sapatos, livros, nos filmes que gostamos, nas músicas que ouvimos. Talvez ainda tenhamos a ilusão de que sempre buscamos algo novo; porém, os robôs de busca da internet já nos mapearam e sempre conseguem sugerir algo aparentemente novo, mas que não passa de uma recombinação dos fatores previsíveis de nossos comportamentos e preferências. Portanto, nesse plano de coisas, também podemos afirmar que realmente não há nada de novo sob o sol, e mesmo o trabalho de uma escola espiritual não passaria de algo relativamente limitado e previsível; e assim, falar de um novo ciclo e uma nova etapa seria algo tão velho quanto virar as folhas amarelecidas de um calendário, esperando que disso surgisse algo novo.

Diante desse estado de coisas, com razão o ensinamento universal designa esta ordem de existência, criada a partir de nosso estado de consciência egocêntrico, como uma roda: roda de *samsara*, roda da vida e da morte e roda da reencarnação. Tais rodas representam os ciclos fechados e repetitivos, criados pelos mecanismos de autoproteção e preservação da consciência-eu, uma consciência que busca apenas a si mesma, mediante as velhas imagens que a definem. Olhando para o mundo que criou para si mesma, tal consciência tem todo o direito de afirmar que não há nada de novo sob o sol. Porém, existe algo diferente dentro de nós, que nos instiga, inquieta e nos faz buscar além dessas infinitas rodas algo que somos incapazes de definir, mas que nos tornou buscadores do novo, do que é fundamentalmente diferente. Esse algo novo é o próprio espírito.

Porém, permita-nos desafiá-lo a ouvir a palavra espírito de uma maneira nova. Sim, pois se não formos cuidadosos, mesmo quando falamos do espírito e de sua centelha no imo de nosso ser, corremos o risco de criar apenas mais uma imagem que se incorporará à coleção de uma de nossas infinitas rodas e, a partir daí nada de realmente novo poderá surgir. Para nos ligarmos diretamente à realidade desse algo novo, à realidade do espírito, é preciso que utilizemos uma base diferente. Por isso, deixemos de lado toda a definição teórica sobre o espírito, e apenas percebamos sua presença; porém, não como em um êxtase místico, mágico ou ocultista, mas da única maneira possível, que é a percepção direta. Portanto, nada de uma ideia sublime, uma imagem elevada ou um conceito abstrato que nos acalme, tranquilize e nos faça dormir ainda mais profundamente, em mais um giro das velhas rodas repetitivas de nossa consciência egocêntrica. Não, pois tudo isso não passaria de mais um giro no velho caleidoscópio da consciência-eu. Trata-se aqui da percepção direta de uma inquietação fundamental, de uma inquietude que não conseguimos apaziguar, de uma sede que não conseguimos aplacar, de uma comoção interna que nada consegue serenar. Trata-se disso, desse impulso sempre presente que nos empurra além de nós mesmos e que gera esse incômodo constante que nos faz seguir adiante em nossa busca. Um impulso que nos inspira a desvendar o mistério da vida e que nos levará além, quando se tornar uma verdadeira força em nós, direcionando toda nossa vida à sua realização e à libertação de todos os que a buscam. Portanto, de uma maneira muito prática, e nada teórica, isso é o espírito, o próprio espírito é o que se encontra além do controle do eu, essa força irresistível que não pode ser nem compreendida, nem domada e muito menos controlada, e que recusa se ajustar ao que é velho e conhecido. Ela é o inesperado, o novo, a força que se aproxima de nós com estas palavras claras e desconcertantes quando diz: "Eis que faço novas todas as coisas". E, apesar de ainda existirem as velhas imagens autocriadas do eu, apesar de que tudo já esteja feito, essa irresistível força do novo, da inquietação do espírito, além do limite do tempo, também afirma: "A quem tem sede, darei de graça da fonte da água da vida. O vencedor herdará estas coisas".

Ao longo do caminho, muitos alunos e alunas, nos quais vibra essa santa inquietude, perguntam: "Até quando apenas sentirei esse ardente anseio, essa sede que me queima interiormente, sem que algo realmente se transforme, sem que possa vislumbrar essa nova realidade em meu ser?" Para esses ressoam as palavras da promessa do espírito em seu imo: "A quem tem essa sede interior pelo espírito, darei de graça da fonte da água da vida, que brotará de seu ser". E essa força irresistível também aponta a condição inescapável para tanto: "O vencedor, somente o vencedor, herdará estas coisas".

E aqui cabe a pergunta: Que vencedor herdará a fonte da água da vida em si? Que batalha precisa ser vencida? Com certeza sabemos a qual batalha a força da inquietude do espírito nos leva: trata-se da batalha interior da consciência contra seu estado de ânimo prevalente. Mas essa batalha interior não é uma luta desesperada, um lançar-se no vazio do inconsciente, ou um forçar-se horrendo contra suas próprias tendências ou hábitos. Tal reação não teria efeito real algum, pois não passaria de mais um giro no caleidoscópio da consciência-eu, cujo produto até poderia parecer algo novo a um primeiro olhar, mas uma análise aprofundada revelaria que seria apenas outra das infinitas recombinações dos mesmos elementos preexistentes: nada mais que uma nova versão do velho. A batalha interior a que se refere é o ponto focal na senda do candidato aos mistérios e pode ser sintetizada como um esforço constante de se manter voltado para essa santa inquietude, para a força irresistível da inquietação do espírito, e utilizá-la para ganhar o verdadeiro autoconhecimento.

A Escola Espiritual também define esse autoconhecimento pela palavra discernimento. Discernir significa ver interiormente, enxergar com os olhos da alma para diferenciar uma situação de outra, compreendendo sua verdadeira natureza. Aquele que aplica a força da inquietude fundamental do espírito, utilizando-a para discernir seu mundo interior, penetra a natureza oculta de sua prisão interior. Ele discerne, cada vez mais claramente, aquilo que o prende, aquilo a que ele mesmo se prende, aquilo que nele gera a repetição, e como ele mesmo busca tal repetição. A inquietação torna-se um insight, um clarão de visão interior. Porém, esse clarão de visão interior não ocorre de maneira automática; assim, o aluno jamais poderá adotar uma atitude mística e passiva, aguardando que um toque mágico o fará compreender suas mazelas.

O espírito pode ser comparado a um fogo, porém um fogo invisível do qual nossa consciência apenas percebe o calor, como uma força que a inquieta por todos os lados. A única ferramenta capaz de transformar o fogo invisível do espírito na luz de uma nova compreensão é a orientação de nossa própria consciência. Se insistimos em buscar tal luz com a orientação comum de nossa consciência-eu, somos como aquele que deseja enxergar o mundo por meio de um caleidoscópio: ele apenas enxerga infinitos reflexos de uma realidade distorcida, na qual suas imagens-pensamento se misturam com a realidade objetiva dos fatos, fazendo-o acreditar em suas ilusões e se aferrar ainda mais a elas.

Por isso a Escola Espiritual nos fala do espelho da alma. Tal símbolo indica que a consciência funciona como uma superfície de espelhamento e de percepção, e ela reflete perfeitamente a imagem daquilo a que se orienta. Por essa razão, o esforço do aluno na senda deve ser o de voltar sua consciência ao fogo invisível da inquietação do espírito. Ou, dito de uma maneira ainda mais direta, seu esforço sempre deve ser o de permanecer voltado para essa força em seu ser, que o inquieta e o transforma em um buscador da luz. Quando o espelho de sua consciência se volta para essa força, então ele a reflete, transformando o fogo invisível do espírito na luz da nova compreensão da alma, na luz do discernimento. E a luz desse discernimento mostrará a real natureza da sua prisão. E se ele persevera na batalha interior, então também descobre a força para demolir os muros dessa prisão.

E assim, uma grande transformação interior ocorre no aluno. Exteriormente, tudo o que existe sob o sol continua a existir, como sempre existiu; os ciclos externos da vida continuam a seguir seu curso. Porém, dentro do aluno, a força da inquietação do espírito faz novas todas as coisas; nela, ele vence a batalha interior e herda a fonte da água viva, na qual tudo é novo, sempre e para sempre. Essa é a real dimensão da renovação, do tornar-se novo. É a isso que nos referimos quando dizemos que estamos diante de um novo período e que um novo trabalho se descortina.

Unamo-nos agora na força que nos despertou para a grande busca interior. Elevemo-nos ao fogo do espírito em nós até que ele se torne uma poderosa luz. E, nessa luz, que possamos tornar novas todas as coisas. Que essa poderosa e irresistível renovação do espírito possa realizar-se para todos nós e que, nessa base, dirijamo-nos à obra da escola espiritual nestes novos tempos!

O CAMINHO PROPOSTO PELA ESCOLA ESPIRITUAL

Cada um de nós, a seu modo e no seu tempo, navegou ou está navegando no mar de conhecimentos em busca do sentido da vida. Nesse caminho, que vai da infância à maturidade, somos envoltos por infinitas situações e, a todo momento, percebemos múltiplas opções entre o que fazer ou o que não fazer. Surgem ideias que se alinham ou se combatem; percebemos em nós, e nos outros, conceitos que se complementam ou que se anulam. Assim, a vida nos leva a uma dinâmica sem fim, na sequência de acontecimentos alegres que se mesclam com a dor, o ganho e a perda, a alegria e o desespero; adversidades se mesclam com oportunidades, acontecimentos inesperados nos tornam alegres ou caímos na perplexidade da dor em nós ou em outros. Nossas reações aos acontecimentos vão de um extremo a outro.

Nessa dinâmica, lentamente vai surgindo a consciência de si mesmo. A autoafirmação se torna o pilar central da vida, mas também leva a um cansaço, a uma crise, quando essa mesma autoconsciência tenta sem sucesso romper seus próprios limites. Nesse processo, surge uma insatisfação, um anseio inexplicável que não pode ser saciado pelo que andamos pesquisando e aprendendo. Chamamos a esse momento de crise existencial e é nesse ponto que a pessoa se torna buscadora da verdade; ela não encontra nada que preencha satisfatoriamente seu vazio interior e busca algo que a preencha. Assim tem início o caminho da independência espiritual. Nesse ponto da vida, essa pessoa tem os dois pré-requisitos para impulsionar seu processo de transformação interior: a percepção de ser um eu – a autopercepção – e a imprescindível bagagem cármica do amadurecimento.

Em algum momento desse caminho encontramos uma escola espiritual, que se dedica a mostrar uma saída real dessa situação por um caminho prático, que não é apenas mais uma teoria do conhecimento esotérico. Nas etapas iniciais do instigante caminho da busca pela verdade, a escola espiritual traz a essa pessoa insatisfeita uma série de pontos de reflexão que servem de combustível para um mergulho em sua própria realidade. Essa reflexão é imprescindível, pois, como seres ocidentais, fortemente mentais, a credibilidade do processo de transformação depende de uma sólida base racional. O ponto mais importante de toda a busca espiritual é entender o que está na base desse processo, ou seja, qual a origem dessa insatisfação existencial, de onde ela surge e por que somos inquietados por ela.

Responder a essas questões é alcançar o autoconhecimento, que é o fundamento do trabalho da Escola. Qual a origem da insatisfação existencial? A própria estruturação da consciência-eu nos leva a responder essa questão pela ótica do próprio eu. Ou seja, sou eu mesmo que estou insatisfeito, sou eu mesmo que busco a espiritualidade e assim por diante. Mas nós, seres humanos, somos metade naturais e metade espirituais. A metade espiritual não está totalmente desperta e, portanto, não pode se expressar ativamente. A metade natural, onde se aloja o eu, é a sede da consciência ativa. Portanto, é claro que é ela que vai perceber esse questionamento e achar que este surge da própria consciência.

Mas a consciência natural não é a fonte dessa insatisfação existencial. Ela apenas a percebe e se apropria dela como se fosse sua. A origem da inquietação é a metade desconhecida e oculta do ser humano. É nessa metade que se encontra a centelha que dá origem à nossa vida. Ela está encapsulada pela autoconsciência que está nascendo e sendo amadurecida pelos golpes das experiências.

Quando a luz dessa centelha consegue atravessar a carapaça do ego e tocar a consciência humana natural, esta a percebe como um grande incômodo, como crise existencial. Ou seja, a centelha do espírito emite um chamado, um grito, e a consciência natural o percebe ao longe. Lentamente, essa consciência e sua manifestação exterior, que chamamos de ego, vão percebendo esse grito que se torna cada vez mais forte. Assim, nos transformamos em um ser inquieto, um buscador da verdade, um insatisfeito com a vida. Por isso, a pergunta mais fundamental que uma escola espiritual pode fazer àqueles que dela se aproximam é: você percebe essa força de inquietação?

O primeiro desafio da Escola para com seus alunos é ajudá-los a chegar a uma percepção clara dessa inquietação e dos elementos que giram a seu redor: sua origem e como trabalhar com isso na própria consciência. Então, nessa realidade multicolorida e complexa, surge um problema que precisa ser avaliado e solucionado: quem ou o que deve agir como mola propulsora para essa transformação? Essa é a tarefa do primeiro aspecto do caminho sétuplo de nossa Escola Espiritual: compreender claramente tudo isso. A Escola nos ajuda trazendo ensinamentos que são muito simples, mas exigem desprendimento das certezas e dogmas para serem compreendidos em sua plenitude.

Pode-se formular esse desafio da seguinte forma: quem deve realizar o processo de transformação espiritual é nossa consciência, essa que, neste momento, está lendo este texto, e não uma consciência que ainda deverá nascer ou desenvolver-se. Mas esta mesma consciência, que determina o estado de ser neste momento, não é livre, autônoma, nem está de posse de toda a sua potencialidade, pois, do ponto de vista espiritual, ainda deve passar por muitas transformações. Pare um momento e reflita sobre o seguinte: como você se define como ser humano? Percebe que para responder a essa pergunta são utilizados mecanismos conhecidos, como pensamentos, vontades, desejos, sentimentos, ações e reações? Não é isso que normalmente utilizamos para definir "eu sou assim"?

Este é o primeiro desafio que devemos superar e constitui a primeira tarefa que a Escola propõe a seus alunos: o primeiro dever de casa é reconhecer o aprisionamento da consciência às formas de expressão de suas forças criadoras. Sim, os três centros de nossa consciência – o coração, a cabeça e a pelve – são centros de criação. E as formas ou criações que se originam deles – sentimentos e desejos, pensamentos e vontade, ações e reações – embaralharam-se de tal forma com a própria consciência, que esta não consegue perceber a si mesma.

Ao se olhar no espelho, você percebe sua consciência ou a forma física que ela usa? O que você considera "eu sou isso" é o rosto conhecido que vê no espelho, e as formas usuais de expressão dos três centros de criação da alma humana, ou da consciência humana: pensar, sentir e agir, em sua dupla polaridade, positiva e negativa. Investigue o seguinte: sua consciência não é isso que você vê ou percebe. Como nossa consciência está apegada às suas formas de expressão, ela se tornou prisioneira dessas formas. Por isso, a consciência, que deveria ser espiritualmente autônoma, gira aprisionada em torno de suas criações, imaginando que ela, ou o próprio *self*, são tais criações ou formas de expressão.

Assim, voltando à questão da insatisfação existencial e da busca pelo sentido da vida, afirmamos que enquanto essa busca for realizada pelas forças criadoras de uma consciência aprisionada, os resultados continuarão mantendo os vínculos de aprisionamento no entorno dessa mesma consciência. Podemos protestar contra tudo isso; mas verifique se, apesar de tudo que você vem fazendo, sua vida se transformou de fato. E para nos auxiliar, entra aqui a orientação da Escola: é preciso recriar o espaço de autonomia da consciência. Para que isso aconteça, a consciência deve começar a se perceber e a observar a ação de suas forças criadoras de expressão, nos três centros do coração, cabeça e pelve.

Esse prestar atenção é muito desafiador, pois esses três centros não atuam em equilíbrio. Eles querem intervir nessa observação. É por isso que os antigos hindus falavam da não-ação que, na verdade, implica em muita ação. A não-ação dos três centros de criação requer extrema e grande atividade da própria consciência. E isso é muito, muito desafiador.

Como começar a fazer isso? Prestar atenção não é forçar-se a pensar ou querer, sentir ou desejar, reagir ou agir de maneira diferente, pois isso nada mais é do que manter o *status quo*, imaginando que estamos alterando o jogo de forças internas e nos transformando, o que não é verdade. A não-ação que requer muita ação é descobrir como nos apegamos às nossas forças de criação. Quando fazemos isso, começamos a criar um espaço de manifestação autônomo da consciência que, paulatinamente, pode começar a desfazer sua dependência dos mecanismos de suas três forças criadoras. Dito de outra maneira, a consciência principia a se desligar dessas três forças. É isso que a Escola chama de autoconhecimento. Essa é a primeira tarefa que todo aluno, ou aluna, recebe quando é acolhido ou acolhida no primeiro aspecto.

Mas você se perguntará: de onde vem a força para realizar tudo isso? Tenho capacidade para chegar a esse autoconhecimento? Que caminhos desconhecidos dentro de mim terei que percorrer até chegar a essa meta? O objetivo da Escola não é desmontar todas as nossas certezas e nos deixar em um vácuo do qual não achamos nenhuma saída. Não! Ela nos diz: a inquietação que nos leva à busca espiritual é a força que permite realizar esse processo. Você reconhece, em seu interior, essa força de impulsão que o leva a buscar? Você reconhece a necessidade de achar resposta às perguntas fundamentais que o fustigam, talvez desde a infância: quem sou, de onde vim, para onde vou?

Se você reconhece essa força interior, afirmamos, com certeza e segurança, que todos os elementos necessários para percorrer de maneira efetiva o caminho da iniciação espiritual já estão em você! Essa força interior não vem de seus centros de consciência, mas da centelha do espírito que está dentro de você e de todos nós. É essa partícula de Deus em nós que nos colocou e nos coloca no inquietante estado de busca existencial e também é ela que nos conduz do princípio até a realização superior. Essa centelha é "o Cristo em nós". Quando entendemos isso, compreendemos também de maneira transcendente, e não na mística rasa, a misteriosa frase dos evangelhos: "Sem mim, nada podeis".

Se começamos a grande tarefa da transformação da consciência sem esse imprescindível ponto de apoio, saímos do nada e chegamos a lugar nenhum. Esse é o ponto de apoio para mover o mundo interior. Ao receber essa tarefa, podemos considerá-la muito acima de nossas capacidades. Isso é esperado e está mesmo descrito em todos os mitos e narrativas heroicas da história: a recusa ao chamado. Mas o campo da Escola Espiritual existe para auxiliar os que desejam realizar essa tarefa.

Por isso, não fuja de seu destino; seja você o herói ou a heroína que desvenda o grande mistério da vida, o mistério de si mesmo, de si mesma. Realize sua jornada heroica para retornar ao mundo como alguém que se transformou, para auxiliar a todos que buscam e desejam realizar essa mesma jornada de transformação interior. Não renegue o chamado! Realize em você essa jornada de heroísmo espiritual!

A ESCOLA TRÍPLICE DA LIBERTAÇÃO

Em todos os tempos, o ser humano foi confrontado com a possibilidade de um caminho tríplice de transformação da sua consciência, um caminho que vai da conquista da nova alma, passa pela alma-espírito até chegar ao novo ser. Esse caminho foi simbolizado no cristianismo pelos estados de ser: João, Jesus e Cristo. Cada fase desse caminho possui um campo de trabalho correspondente; e a forma como o candidato se relaciona com cada um desses campos depende dele próprio, do seu esforço na transformação de sua consciência.

Uma escola espiritual fidedigna precisa dispor de três campos ativos para todos os seus alunos. Como campos energéticos, atmosferas de trabalho, os campos não se distinguem por espaços físicos, embora eles existam para distintos tipos de trabalho. Este capítulo trata de apresentar essas três dimensões de transformação da consciência, e como atua uma escola de mistérios tríplice, citando trechos da literatura.

> Será que já existiu uma escola universal para a educação dos homens, uma escola universal de Sabedoria? E qual seria, pois, seu segredo? Fazem-se estas perguntas há séculos, e imaginam-se toda sorte de coisas. Esta escola de Sabedoria, se é que existiu, era obra dos homens? Era ela uma combinação de vivacidade intelectual e sagacidade ou o resultado da experiência? Ou era apenas o empenho bem-intencionado de espíritos nobres? Contudo, quem pode verdadeiramente responder a estas perguntas? Existe uma escola universal de Sabedoria que possui uma cátedra celeste no mais profundo do Espírito, de onde emana todo o conhecimento. Esta escola de Sabedoria possui: um aspecto exterior, um aspecto interior, um aspecto interior mais profundo. Estes aspectos [...] estão interligados, e somente quem conhece o exterior, o interior e o interior mais profundo é capaz de dar uma resposta às perguntas formuladas acima,

pois somente ele tem o conhecimento do todo. Todavia, para os que tinham o conhecimento do todo, ainda não era hora de falar sobre isso. O que está depositado no mais profundo desta escola, como força, aparece, como efeito, no interior, e como forma ou hieróglifo, no exterior. Assim, portanto, esta escola de Sabedoria possui: um átrio, um templo e um santuário. Em cada época, somente os que se encontram no santuário mais profundo percorrem com o olhar o templo até o átrio; mas o santuário mais profundo permanece fechado aos que se encontram no átrio e no templo. Poucas pessoas, em cada época, passam do interior ao interior mais profundo; a maior parte permanece no átrio, e todas as modificações e perturbações que ocorrem nesta escola apenas dizem respeito ao átrio; o templo e o santuário permanecem sempre imutáveis. Somente a forma está sujeita às leis do tempo e às suas variações; o Espírito, no interior mais profundo, permanece imutável e eterno. É possível cometer sacrilégios, degradar e profanar o átrio, mas de maneira alguma o templo interior e o santuário interior mais profundo. Quando a desordem reina no átrio, o Espírito retira-se do templo interior, e a forma, desprovida de Espírito, cai em ruína. Caso algum temerário se arriscasse a profanar o templo, a verdade retirar-se-ia para o interior mais profundo, e o templo desapareceria da vista do sacrílego, assim como dos homens de carne. No exterior, no átrio, na forma, no hieróglifo, está a letra; no interior, a compreensão da letra; no interior mais profundo, o Espírito, que ilumina a compreensão e vivifica a letra. Os três santuários interpenetram-se: o exterior penetra o interior; o interior penetra o interior mais profundo – o Átrio, o Santo e o Santo dos Santos. Três mundos, dos quais cada um tem sua visão particular, seus objetos particulares, um espírito particular e um sol particular que o ilumina: a luz do sol no átrio, a luz da pura razão no templo, a luz do Espírito de Deus no santuário.[19]

Jan van Rijckenborgh explica:

Dentre os incontáveis seres tocados pela luz cósmica, existem aqueles que, por necessidade anímica, compreensão e decisão própria, reagem à luz chamadora da Fraternidade Universal. Es-

19. Eckhartshausen, K. von. *Algumas palavras do mais profundo do ser.*

sas entidades portadoras do átomo-centelha-do-espírito ativo podem ser divididas em três grupos, em três estados de ser. A Sagrada Escritura os designa como os fiéis, os chamados e os eleitos, ou diferencia seus estados da seguinte forma: o nascimento de João: a primeira ligação com a luz libertadora, o prenúncio da liberdade; a fase profética de João: a entrada a serviço da liberdade; e a fase batista de João: a unidade elementar com a liberdade.

Essa fé libertadora nada tem a ver com submissão à autoridade intelectual, ser arrastado por emoções místicas ou com o instinto de autoconservação do eu. Não, este primeiro estágio elementar de libertação se evidenciará microcósmica, anatômica e corporalmente. Por isso, afirma-se que a verdade, a realidade, nos libertará. Podemos sugerir a nós mesmos muitas coisas, podemos também iludir outros por muito tempo, mas somente fatos serão úteis para o aluno e lhe proporcionarão certeza interior. Trata-se aqui de um novo estado anatômico, que inicialmente se demonstra nos santuários do coração e da cabeça e, transportado pelo sangue, difunde-se por todo o estado de ser. Se esta capacidade está presente, no mesmo momento, Jesus é batizado no Jordão. Jesus inicia então sua peregrinação no pequeno mundo do aluno. Todo esse caminho nos é descrito exatamente no Evangelho. A despeito de todas as mutilações a que lamentavelmente foi submetida a Sagrada Escritura, a verdade ainda se irradia através de todos os véus deliberadamente tecidos. Apenas poderemos ler essa verdade, contudo, quando o Evangelho for escrito em nosso coração.

Esta é a segunda página do Evangelho. João cresce, e Jesus cresce. A ideia vivente do caminho endurístico amadurece em João, e ele dá prova disso. O espelho sujo, embaçado, do átomo refletor no santuário da cabeça se torna cada vez mais límpido, sua superfície é limpa, e Jesus, recém-nascido, cresce em força e graça. Jesus começa a chamar seus doze discípulos e a dar-lhes os primeiros ensinamentos. Quem são esses doze discípulos? São os doze pares de nervos cranianos que se ramificam, qual ramos de árvore, do santuário da cabeça, controlam e governam todo o sistema. Quando existir um novo estado de consciência, esta nova consciência, a nova alma, terá também de conhecer, guiar e impelir todo o ser. Os doze pares de nervos cranianos devem,

> por isso, estar totalmente sintonizados com ela a fim de tornarem-se verdadeiros servidores. Assim, as páginas do livro sagrado da vida são viradas após o rompimento dos selos. Todas essas páginas testemunham do caminho da cruz, do declínio do velho ser-eu em Jesus, e todo esse processo é registrado nas tábuas do coração.
>
> Vemos assim, claramente, que essa Via-Crúcis não é nenhum sofrimento intenso nem drama horripilante com esgotamento físico e faces emaciadas e carregadas de dor, mas um caminho de alegria, uma mensagem jubilosa que grava indelevelmente sua linguagem sagrada no aluno. É um caminho que conduz à ressurreição.[20]

Em outra obra, Rijckenborgh menciona:

> É preciso levar em consideração três espécies de estados de consciência e, por conseguinte, três espécies de estados de vida: o estado de consciência comum, o do aluno da Escola Espiritual e o do participante da nova raça, do que ingressa no novo campo de vida. O primeiro estado de consciência funciona, quer em relação aos fatos externos, quer em relação aos fatos internos, inteiramente por meio das forças astrais da natureza comum. O segundo estado de consciência, atingido por grande número de alunos da Escola Espiritual, é o estado de consciência moral-racional. Os que alcançam esse estado de consciência estão racionalmente, portanto segundo o entendimento, mais ou menos abertos ao toque da Doutrina Universal. Quando entramos no segundo estado de consciência, vivemos em uma situação bastante complicada, em um estado de cisão. A maior parte de nossa alma pertence inteiramente à natureza comum. Por outro lado, estamos ligados à Gnose por meio de uma parte subconsciente da alma ainda bem limitada. Em consequência de nosso estado de ser natural, estamos inteiramente ligados ao campo astral da natureza comum. Com o sistema magnético cerebral inalamos a força astral desta natureza. Mas existe algo em nossa faculdade intelectiva, em nosso estado de consciência, no candelabro sétuplo do santuário da cabeça, que faz que nos tornemos suscetíveis ao toque gnóstico. Essa situação, psicologicamente irrefutável, acarreta em nós um estado tem-

20. Rijckenborgh, J. van. *O novo homem*, parte I, cap. 14.

porário de inquietude. Por vezes, sentimo-nos angustiados, não conseguimos encontrar paz de espírito. Sobressaltamo-nos com frequência. Em certo momento, consideramo-nos culpados, no momento seguinte, julgamos estarmos sendo forçados; em seguida, sentimo-nos tratados muito injustamente. Segundo nossa compreensão, é provável que a Escola esteja na posição de espectadora insensível e dura como pedra. Mas o objetivo da Escola é que consigamos atravessar a ponte! Se compreendermos a mensagem da Escola Espiritual, deverá necessariamente produzir-se intensa agitação psíquica em nós em decorrência dessa compreensão interior, graças à qual nos abriremos para esse primeiro toque da Escola Espiritual que, nessa fase, representa para nós a Gnose. Então, pela dupla oferenda mágica de fé e vida, poderemos aplicar em nossa atitude de vida o que foi aprendido.[21]

21. Rijckenborgh, J. van. *A gnose em sua atual manifestação,* parte 2-II.

O DESENVOLVIMENTO DA CONSCIÊNCIA HUMANA

Movida pelo impulso da centelha espiritual que a ilumina, a consciência humana pode perceber algo além da prisão interior que a mantém cativa em ciclos de repetições de pensamentos, sentimentos e atitudes. Com o auxílio de uma escola espiritual, ela é direcionada a encontrar suas próprias respostas e a ter uma visão mais clara do que se passa em seu interior.

Uma consciência desse tipo define um "buscador da Verdade", um ser humano amadurecido pelas experiências da existência atual e anteriores, que deixaram suas marcas no microcosmo. Além disso, a herança genética e as influências culturais e sociais também influenciaram essa formação. Esse ser humano maduro sofre ao reconhecer que sua consciência está aprisionada num jogo de alternância entre sofrimentos e alegrias, bem e mal, pares de opostos irreconciliáveis criados por ela mesma nas tentativas infrutíferas de estabelecer o Bem, o Belo e o Verdadeiro absolutos.

Dados do passado remoto da humanidade podem ampliar a compreensão dessa questão. Estudos arqueológicos, paleontológicos e antropológicos indicam que o gênero humano se originou há cerca de 2,4 milhões de anos na África. Harari, por exemplo, explica esse processo desde as épocas mais remotas da pré-história. Nós nos reconhecemos como seres humanos e toda a atual humanidade constitui uma única espécie do gênero humano, *homo sapiens*. Há registros fósseis de várias outras espécies humanas desaparecidas na pré-história, que deixaram traços genéticos em nosso DNA: o *homo neanderthalensis* (ou neandertal), o *homo soloensis*, o *homo floresiensis* e o *homo denisova*. Os neandertais, por exemplo, tinham uma constituição física mais robusta que os sapiens, e um cérebro maior.[22]

Uma das hipóteses sobre as causas do desaparecimento dessas outras espécies humanas foi a miscigenação; do convívio e contato entre o *homo sapiens* e espécies como os neandertais, filhos foram gerados e, com o passar do tempo, os *sapiens* prevaleceram geneticamente. Por isso, o DNA do ser humano atual é predominantemente *sapiens*, mas contém traços neandertais e de outras espécies humanas. Uma segunda hipótese foi a da substituição ou eliminação: os *sapiens* acabaram eliminando todos os indivíduos das outras espécies humanas. Por meio da análise de DNA, estudos científicos recentes demonstram que as duas alternativas ocorreram, ainda que não se possa assegurar qual foi o fator principal.

Em relação a isso, Harari escreve:

> "A posição do gênero homo na cadeia alimentar era [relativamente falando], até muito pouco tempo atrás, solidamente intermediária. Durante milhões de anos os humanos caçaram criaturas menores e coletaram o que podiam, ao passo que eram caçados por predadores maiores. Somente há 400 mil anos, quando várias espécies de homem começaram a caçar animais grandes de maneira regular, e só nos últimos 100 mil anos – com a ascensão do *homo sapiens* – esse homem saltou para o topo da cadeia alimentar. Esse salto espetacular, do meio para o topo, teve enormes consequências. [...]a humanidade ascendeu ao topo tão rapidamente que o ecossistema não teve tempo de se ajustar. Além disso, os próprios humanos não conseguiram se ajustar. A maior parte dos grandes predadores do planeta são criaturas grandiosas. Milhões de anos de supremacia os encheram de confiança em si mesmos. [...] [Nós, *homo sapiens*], tendo sido até tão pouco tempo atrás um dos oprimidos das savanas, somos tomados por medos e ansiedades quanto à nossa posição, o que nos torna duplamente cruéis e perigosos. Muitas cala-

22. Harari, Y. N. *Sapiens.*

midades históricas, de guerras mortais a catástrofes ecológicas, resultaram desse salto apressado."[23]

Por essa descrição, em razão da fraqueza física, nós, os sapiens, éramos oprimidos pelos demais humanos e pelos animais, e passamos a dominar todo o planeta muito rapidamente, levando em conta a escala da evolução. Nem a força física nem o desenvolvimento do cérebro explicam esse avanço do *homo sapiens.* Estudos apontam que o diferencial mais importante foi o início do desenvolvimento de uma consciência individual, por meio da chamada "revolução cognitiva", cujos primeiros sinais apareceram há aproximadamente 70 mil anos. O desenvolvimento dessa consciência individual representa o surgimento da primeira noção de autoidentidade, o "eu": tornamo-nos conscientes de nós mesmos, e isso está diretamente ligado à criação dessa identidade, e por isso a denominamos de consciência-eu.

O instrumento que realizou essa criação foi a mente e, em particular, o processo do pensamento e a faculdade da imaginação. O sapiens começou a utilizar a linguagem para criar uma representação ficcional do mundo. Os sistemas de comunicação dos animais normalmente dão indicações de fatos muito objetivos como: "cuidado, uma águia!" ou "cuidado, um leão!" O ser humano, no entanto, adquiriu a capacidade de transmitir informações sobre realidades que não existem no mundo físico exterior. Até onde sabemos, apenas os sapiens podem falar sobre seres e acontecimentos que nunca perceberam por meio dos sentidos.

Então, ao mesmo tempo em que nascia a noção de individualidade com a revolução cognitiva, também surgiam lendas,

23. Ibidem, parte I, "O custo de pensar".

mitos, deuses e religiões. Por exemplo, já era possível dizer não apenas "cuidado, um leão!", mas também "o leão é o espírito guardião da nossa tribo". A imaginação é a faculdade que possibilitou ao sapiens criar a imagem de uma realidade distinta da que percebe no mundo exterior, como uma realidade almejada, à qual podia se dirigir. Pela imaginação, por exemplo, morando numa caverna, pôde imaginar uma casa. E foi possível ter também vislumbres de uma realidade além do espaço e do tempo, onde habitariam deuses ou seres espirituais.

Essa faculdade imaginativa é a base de construção de toda a subjetividade humana, pois possibilita a criação da imagem egoica individualizada e da projeção dessa imagem em comunidades, produzindo a noção de grupos humanos, como tribos, povos e, posteriormente, nações. Por um lado, a imaginação criativa atuou socialmente, agregando pessoas em torno de imagens sagradas, mitos e ritos. Por outro, impulsionou o ser humano na busca além dos limites estreitos dos sentidos, da razão comum e do próprio ego.

E que bases ele utilizou para criar sua identidade egoica, o eu? Sabe-se que as primeiras formas de vida neste planeta se originaram há cerca de quatro bilhões de anos. Portanto, antes do despertar da autoconsciência, bilhões de anos se passaram, ao longo dos quais diversos mecanismos de sobrevivência foram sendo desenvolvidos para conservar a vida manifestada. Tudo o que vive possui o impulso fundamental de manter-se vivo por meio dos mecanismos de autodefesa, autoproteção e autoconservação, os quais foram sendo aprimorados ao longo desses bilhões de anos. A partir do desenvolvimento das formas de vida animal, há mais de 600 milhões de anos, esses mecanismos se corporificaram no que chamamos de corpo astral.

Assim, o desenvolvimento gradual do aparato mental no ser humano ocorreu no ambiente conturbado de luta pela sobrevivência. A noção de identidade, e todo o aparato mental em desenvolvimento ligado ao eu, a mente concreta, foram envolvidos nessa luta, funcionando como um novo mecanismo de sobrevivência. O desenvolvimento da mente autoconsciente, portanto, fundamentou-se nos mecanismos de autodefesa, autoproteção e autoconservação, que deram origem ao medo, à astúcia e à crueldade, provocando grandes desequilíbrios: toda a circulação de impulsos, forças e energias do eu estavam dirigidas à autoconservação. Quando se afirma que a consciência egocêntrica está identificada com suas vestes materiais – corpos físico, etérico, astral e mental concreto – é a este estado que se está referindo: a circulação de impulsos, forças e energias se realizam nesses corpos e estão dirigidas para a autoconservação.

É no corpo astral que atuam nossos mecanismos de sobrevivência; e este domina nosso corpo mental concreto, nossa racionalidade. Assim, nossa consciência é fundamentalmente astral e nossos pensamentos são dirigidos pelos impulsos astrais; desde o seu surgimento, o corpo mental concreto foi treinado para promover a autoconservação, a autoproteção e a autodefesa. A central de sobrevivência do ser humano se situa no sistema fígado-baço, santuário da vida. As forças astrais e etéricas que partem desse sistema são transmitidas para o coração, que tem papel central no sistema humano por bombear o sangue para todas as partes do corpo, inclusive para a cabeça.

Jan van Rickenborgh diz:

> Vocês sabem que a consciência natural humana é uma das formas inferiores de consciência que um ser vivo pode possuir? É a mesma consciência que todos os animais possuem. Ela nos faz reagir a determinadas impressões captadas por nossos órgãos

> sensoriais, ao passo que nós, como sabeis, somos dominados pelo nosso ânimo, e, portanto, pelo nosso coração e a partir dele. [...] O homem natural nada mais é do que uma espécie animal, como nos afirma enfaticamente Hermes em várias passagens. A consciência natural é somente o resultado de um processo atômico, elementar. [...] A luta pela existência, por exemplo, consiste na criação e no emprego de meios e ações a fim de se conseguir um lugar melhor e mais seguro na natureza, para assim proteger-se contra seus perigos fatais. [...] Chegamos ao que somos agora mediante seleção, cultura antiquíssima e formas inferiores de desenvolvimento animal. [...] Se a expressão "consciência animal", que Hermes normalmente utiliza, os perturba, empregamos aqui um termo estrangeiro: a filosofia hindu, por exemplo, fala-nos da consciência *kama-manásica.* Madame Blavatsky diz a respeito dessa consciência: "A consciência *kama-manásica* se refere ao grau inferior da consciência instintiva dos animais e de alguns homens. Essa consciência pertence, portanto, ao mundo de percepções e permanece encerrada nele. Esse mundo de percepções se tornou mais ou menos racional nos homens. [...] O homem como massa galga o degrau mais alto, o sétimo, da consciência *kama-manásica.* Em outras palavras, o homem possuidor da consciência natural é e permanece um animal".[24]

Essa consciência *kama-manásica* é justamente a consciência-eu ligada ao *manas* inferior, ou seja, ao pensamento concreto aprisionado por *kamas*, o corpo astral. O processo iniciado pela revolução cognitiva conduziu o *homo sapiens* a estruturar toda a civilização, com toda a beleza das artes plásticas, da escultura, da arquitetura, da música, da literatura, da dança e do cinema; com toda a sabedoria dos filósofos, com todo o conhecimento científico, com toda a profundidade da vida mística. No entanto, o mesmo processo também levou às guerras mais cruéis, à exploração do ser humano pelo seu semelhante e à destruição

---

 24. Rijckenborg J. van. *A arquignosis egípcia*, tomo IV, cap. IV.

da natureza, porque a consciência-eu não pode ir além dos seus fundamentos que são o egocentrismo e a servidão aos mecanismos de autodefesa, autoproteção e autoconservação animal.

Apesar de toda a carga de sofrimento, as experiências desses últimos milhares de anos carregam em si a possibilidade grandiosa de levar o ser humano a superar suas limitações. Esse sofrimento está gravado a fogo na consciência coletiva da humanidade, levando muitos a despertarem para a necessidade de ir além de si mesmos. À medida que a individualidade e a autonomia interior se consolidam, a consciência humana constata, com lucidez crescente, que nem a força bruta nem o intelecto podem conduzi-la além dos limites egocêntricos. Ela também percebe interiormente que todas as realizações materiais e egocêntricas não aplacam sua inquietação fundamental. E é por isso que a força da imaginação possibilita agora que essa consciência amadurecida se dirija a uma meta superior, para além de todos os limites.

Foi a faculdade imaginativa que impulsionou o ser humano para a frente, desde a aurora da autoconsciência, em busca incessante de realização. Os mitos mais antigos dão testemunho disso, com suas imagens grandiosas de uma meta suprema, de uma realização espiritual plena, imagens que a consciência amadurecida, purificada das distorções, pode compreender como a imagem do ser imortal. Por trás dos véus do egocentrismo, a imagem do ser imortal se mostra no "espelho das rosas", podendo ser refletida em sua pureza no campo magnético do microcosmo.

> No início, a imagem é uma figura silenciosa, semelhante a uma ideia esculpida; porém, à medida que o aluno vai seguindo seu caminho da cruz, a projeção adquire vida, a ideia ganha mais ânimo, mais vitalidade; a ideia vai tornando-se realidade,

> o plano vai realizando-se, até que, finalmente, possa ser festejada a unidade.[25]

O próximo capítulo traz reflexões de como essa nova construção pode ser erigida.

25. Petri, C.; Rijckenborgh, J. van. *Rosa mystica*, verso 134.

A CONSCIÊNCIA AMADURECIDA

O capítulo anterior tratou da jornada do ser humano em seu longo processo de desenvolvimento da consciência. A experiência de milhares de anos – em toda a sua glória e tragédia, sua carga de alegrias e sofrimentos – foi gravada a fogo na consciência coletiva da humanidade, conduzindo muitos ao amadurecimento e à percepção da necessidade de realizar uma nova construção, sobre bases inteiramente novas. Desse ponto, não é mais a evolução natural que conduzirá o ser humano, mas é a própria consciência amadurecida, tocada pela centelha espiritual, que deve tomar as rédeas de seu desenvolvimento interior, orientada pela própria centelha que a desconecta da vida exterior e a conduz para os domínios interiores.

No ser humano maduro, inicialmente a centelha atua como uma inquietação, um impulso, um chamado que vem de dentro, mas que precisa da colaboração da consciência para atuar; somente uma consciência guiada pela centelha pode se voltar para dentro de si e, por meio do autoconhecimento, abrir espaço interno para ampliar a atuação da própria centelha. Quando esse trabalho interno tem algum êxito, o reflexo da centelha na consciência deixa de ser apenas um fogo de inquietação e se transforma em luz de autopercepção. A consciência passa a enxergar os elementos que a envolvem – os pensamentos e a vontade, os sentimentos e os desejos, as ações e as reações – de forma totalmente nova, com muito mais objetividade, não se confundindo mais com eles.

Por exemplo, suponha que o que nos anima ou impulsiona sejam os mecanismos de autodefesa, autoproteção e autoconservação, e, portanto, a ansiedade, a preocupação, o medo, a ira, a irritação, a ambição, o orgulho e a vaidade. Esses elementos precisam ser conhecidos com clareza, lucidez e coragem, exatamente como são, sem enfeites ou enganos. Não há como se autoenganar e fingir que tudo está superado; não há como se enganar com a ilusão de realização interior, de uma paz aparente que se sabe ilusória; com um silêncio forjado por métodos artificiais e pela negação do barulho, ou com a tentativa de irradiar amor que no fundo é apenas carência. Esses são metais vis, pesados como o chumbo, que não devem ser mantidos escondidos; ao contrário, a partir deles o processo alquímico interior pode ser iniciado.

A própria força da autopercepção vai rompendo a identificação com esses elementos mentais e emocionais, quebrando sua rigidez, dando-lhes mais mobilidade e flexibilidade. Dessa forma, o ser humano deixa de se definir por concepções fechadas da realidade, por características emocionais supostamente imutáveis e hábitos arraigados, e começa a pressentir a verdadeira liberdade e alegria transcendente da consciência purificada de suas identificações.

Esse processo tem diferentes fases e se dá em espirais de aprofundamento interior, avançando dos elementos conscientes rumo ao subconsciente e, numa etapa posterior, ao inconsciente, chegando ao domínio das influências cármicas que também precisam se tornar conscientes para serem transmutadas pela luz do autoconhecimento. As armas da repressão não podem auxiliar nesse caminho, pois a repressão atua pela negação do que se considera reprovável, empurrando para a sombra do ser tudo o que ele não quer enxergar. E o que é negado é projetado nos outros. Esse processo de projeção leva o ser humano a se colocar em posição superior perante as circunstâncias e as outras pessoas, em que se considera apto a julgar e condenar tudo e todos. No entanto, não temos condição de julgar com objetividade, pois "julgamos segundo as aparências e não segundo a natureza intrínseca das coisas". Tudo o que se percebe é filtrado pelo egocentrismo, que costuma culpar os outros de coisas que estão presentes em quem faz o julgamento. Foi por isso que Jesus disse: "Por que você repara no cisco que está no olho do seu irmão e não se dá conta da viga que está em seu próprio olho? Como você pode dizer ao seu irmão; 'deixe-me tirar o cisco do seu olho', quando há uma viga no seu? Hipócrita, tire primeiro a viga do seu olho, e então você verá claramente para tirar o cisco do olho do seu irmão".[26]

Por outro lado, o discipulado não é uma tentativa forçada de enfrentar o próprio ser, tentando revelar o subconsciente de forma artificial por métodos psicológicos perigosos, pois, com as forças da consciência egocêntrica comum, não se tem condições de vencê-lo. E não se trata de vencê-lo, mas de possibilitar que tudo seja transmutado pela luz interior; não se trata de mergulhar na escuridão, mas de trazê-la à tona e iluminá-la com a luz da centelha espiritual. À medida que essa luz se consolida no ser, o próprio caminho interior possibilita que as experiências da vida, vividas conscientemente, revelem a realidade que ainda se esconde na sombra. Isso se dá no momento adequado e de forma natural, não forçada, quando o aluno já possui ferramentas e força interior suficientes para lidar com isso.

Trabalhando assim interiormente, ao serem transmutados esses elementos da consciência "perdem a maldade e a ira":

> [...] Primeiro, o subconsciente deve dissolver-se no consciente, e depois ambos devem fazê-lo na purificação da Gnosis. [...]

26. Bíblia. *Evangelho de Mateus*, cap. 7: 3-5.

> Quem começa essa tarefa [...], não extingue o passado ou o carma, como muitos costumam frisar, porém ele faz o passado tornar-se muito valioso, pois faz dele um tesouro permanente de sabedoria, experiência e força. As tensões desarmoniosas do passado, que se agitam e revolvem no ser humano, não são causadas, em princípio, por ações e pensamentos terríveis e acontecimentos assustadores em tempos passados, mas referem-se sobretudo a coisas, vivências, problemas e processos que ainda não foram solucionados, que ainda não chegaram a um fim, que ainda não foram concluídos. Por conseguinte, o ser humano encontra-se diante da tarefa que seus antepassados e predecessores não realizaram. Quando, mediante a vida de autodescoberta do verdadeiro discipulado, vocês deixam a atmosfera gnóstica penetrar todo o seu ser, vocês 'endireitam as veredas', armados com o conhecimento provindo do tesouro do passado. Então, tudo o que se manifesta como desarmonioso entoará, com tudo o mais, 'sonoro louvor ao Deus em nós'. Todo o passado apresenta-se como um benefício no hoje vivente, base de um futuro absolutamente seguro.[27]

É assim que os metais são transmutados em ouro: não pela negação nem pela repressão, mas pela força da centelha espiritual, que possibilita o autoconhecimento e a vitória definitiva. O fogo da inquietação transforma-se em luz de autoconhecimento e em força de autotransformação. Este é um caminho de alegria, o que não significa negar o sofrimento da vida comum, em todos os seus aspectos, desde o sofrimento da consciência egocêntrica até o sofrimento da alma impulsionada em sua busca ao espírito. A vida nos coloca perante duras experiências; a luta pela existência é uma realidade da qual não se pode fugir, e é natural sermos muitas vezes acometidos pelo medo, pela angústia e pelas preocupações. E o aluno não é poupado de nenhuma experiência: apenas recebe força interior para vivenciar tudo de maneira diferente.

 27. Rijckenborgh, J. van. *Nuctemeron*, p. 23.

Apesar disso, o sofrimento não deve ser romantizado ou estimulado. A concepção de determinadas tradições religiosas, como o cristianismo exterior, dá destaque ao sofrimento como sendo o elemento central da vida espiritual. As imagens de um Cristo sofredor, por exemplo, são muito mais comuns do que as imagens do Cristo vencedor, que venceu a morte pela ressurreição. Muitas vezes, os sentimentos de culpa e remorso são até estimulados, mantendo os fiéis em contínua prostração perante autoridades exteriores, que lhes poderiam apontar a redenção. O medo do inferno é também muitas vezes estimulado, para que não se questione a autoridade da Bíblia e dos poderes constituídos; e a noção de pecado, distorcida em relação ao seu sentido original, é sempre reforçada, colocando o ser humano perante a contínua necessidade de reprimir violentamente seus impulsos naturais para se adequar a uma moral artificial. Mas nenhuma transformação fundamental do ser pode ser realizada com base em culpa e medo.

Obviamente a Escola não propõe que simplesmente nos entreguemos a todos os impulsos biológicos. Porém, como o cristianismo gnóstico original e todas as escolas gnósticas do passado, ela coloca nova luz sobre nossa vida interior e apresenta outra solução para o problema do sofrimento humano, sem negá-lo, mas também sem estimulá-lo. O próprio discipulado vai possibilitar que todo o sofrimento seja transmutado pela luz interior; o próprio caminho mostra ao aluno que o sofrimento não é essencial, e é mesmo ilusório. Para a consciência que vive no sonho da vida egocêntrica, esse sofrimento pode se apresentar como a única realidade; no entanto, para a consciência que desperta para sua natureza verdadeira, para a nova alma, todo o sofrimento passa a ser percebido como imagens de um pesadelo que se dissipam com os raios de uma nova manhã. Nessa luz ela constata que todo o sofrimento noturno não tinha fundamento, que tudo não passou de um sonho ruim. Tudo o que no cenário do sonho parecia tão assustador, não faz mais sentido, nem nunca fez. O que agora se percebe é o sol que brilha com amor sobre tudo e todos, revelando a beatitude, a bem-aventurança, a alegria transcendente e a paz além de toda a compreensão.

Em uma das proposições da *Ética* de Espinosa é feita a seguinte asserção: "Quem, levado pelo medo, faz o bem com receio do mal, não é guiado pela razão". Todavia, o ser humano tocado pela razão que está no coração das coisas (no centro) terá unicamente sensações de alegria e intenso anelo. Suponham que vocês tenham sido muito golpeados pela vida e que ficaram tão machucados que, por medo de sofrer ainda mais profundamente, se refugiaram na Escola Espiritual da Rosacruz e que, sob o domínio desse intenso medo, se tornaram alunos. Pois bem, é impossível que, ao tomarem conhecimento da filosofia gnóstica, possam vislumbrar diante de vocês, por um segundo que seja, um único clarão da senda da perfeição. Pode ser que a razão, que está "no centro", jamais tenha falado a vocês. Então, a rosa do coração ainda está totalmente oculta no botão, o ensinamento gnóstico ainda não faz sentido algum para vocês, não tem o menor significado, a menor força. Uma escola espiritual como a nossa jamais se enquadra numa religião natural, porque, como diz Espinosa: "Aqueles que se esforçam por pressionar o homem através do medo" – ele se refere ao medo de uma justiça vingativa – "levando-o assim a fugir do mal em vez de amar a virtude, buscam unicamente tornar o homem tão infeliz quanto eles mesmos". Portanto, prestem atenção nesta característica: o ser humano que chegou ao final de seu caminho na natureza da morte e que atingiu o fundo do poço; que foi consumido pela angústia, preocupação e medo, bem como pela luta e pelo instinto de conservação, deve interrogar-se para saber se ainda se sente levado a buscar novos objetos ou causas de angústia, preocupação e medo e a criar novas justificativas para começar ou prosseguir uma luta qualquer. Em caso positivo, ele ainda não terminou sua travessia pelo país da desesperança, e o nadir de seu sofrimento ainda não foi atingido. Quando o fim psicológico chega, nasce o silêncio, a resignação, e a voz da rosa ressoa através de seu sofrimento, a palavra da razão que está no centro. Então vocês não se afastam novamente; ao contrário, a alegria e o anseio invadem o seu ser: "O homem tocado pela razão terá unicamente sensações de alegria e um intenso anelo". Por que alegria? Porque o caminho da perfeição manifesta-se pela primeira vez na plenitude de sua beleza irradiante. Por que um intenso anelo? Porque, após sofrimentos e provas indizíveis, após ter sido ferido até o âmago de seu ser, o indivíduo vê a sabedoria e a plenitude da vida libertadora brilhar tão claramente, a oferecer perspectivas tão vastas, que um desejo incomensurável de ter êxito faz sobressaltar o coração. É assim que, na alegria e no anelo, deverá estabelecer-se o verdadeiro discipulado.[28]

Que esse caminho de alegria ilimitada se abra para todos que anseiam, do fundo do coração, por esta realização.

---

28. Rijckenborgh, J. van; Petri, C. *Gnosis chinesa*, cap. 22-I.

A METADE PURA E DESCONHECIDA DO MUNDO

A Fraternidade Mundial é a comunidade de almas humanas libertas, que atravessaram os limites da consciência tridimensional, e assim criaram para si e para toda a vida manifestada um campo de vida livre das limitações do tempo e do espaço, onde habitam. Esse é chamado de "o novo campo de vida" ou de "a metade pura e desconhecida do mundo". Ele se encontra além das esferas sutis criadas pela consciência humana egocêntrica e não possui relação alguma com as infinitas projeções que nelas habitam. Por esse motivo, se afirma que o novo campo de vida e a comunidade das almas libertas se encontram acima da roda da vida e da morte, que é a assinatura dos campos materiais e sutis formados por nosso atual estado de consciência.

A Fraternidade Mundial foi formada ao longo de milhares de anos em um processo dinâmico e cada vez mais intenso, à medida que um grupo crescente de seres humanos atingiu a iluminação e foi acolhido em seus domínios. Esse processo de contínuo crescimento e expansão foi comparado a uma "corrente" formada por infinitos elos, em que cada elo representa um "cosmo de luz", um organismo vivente, construído de baixo para cima por um grupo de almas humanas que se elevaram e se libertaram da prisão constituída por seu campo de vida comum. Ao longo da história, incontáveis novos elos vêm sendo adicionados a essa corrente de luz, e um de seus elos mais recentes é formado pelo corpo vivo da jovem fraternidade gnóstica, cuja manifestação visível é a Escola Espiritual contemporânea.

Tornar-se um elo vivente da Fraternidade Mundial não é um processo trivial: não se trata de reconhecimento exterior, de uma cerimônia secreta, ou da mera concessão de uma honraria. Ao contrário, trata-se do trabalho árduo, longo e extremamente intenso de mudança da chave vibratória de um grupo de almas humanas, o que somente é possível se tais seres humanos realizarem em si mesmos o processo do renascimento da consciência e a decorrente transmutação de suas vestes sutis.

Em nosso mundo existem infinitos grupos humanos dedicados à espiritualidade, seja no campo da religião, do esoterismo, da filosofia ou mesmo do trabalho humanitário. Praticamente todos esses grupos são formados por pessoas sinceras e bem-intencionadas, muitas delas dedicando toda sua vida a objetivos nobres e altruístas. Obviamente se reconhece o valor imprescindível desse trabalho, e todos esses movimentos, desde que honestos em seus propósitos e formados por pessoas bem-intencionadas, são capazes de levar os seres humanos às portas da transcendência, na medida em que trilhem a senda do amadurecimento da consciência humana que conduz à fronteira de um novo estado de consciência, mesmo que seja por diferentes caminhos.

Quando esses grupos crescem e amadurecem, criando um campo próprio, eles formam escolas preparatórias, que conduzem os seres humanos até os limites das possibilidades de seu estado de consciência atual, atravessando suas diferentes faixas vibratórias nos campos material e sutil. Em seus primeiros anos, nossa Escola também seguiu essa trajetória, beneficiando-se do grande impulso das escolas que a precederam, desde a Teosofia de Blavatsky, a Antroposofia de Steiner e a Rosacruz de Max Heindel, de quem herdou a estrutura tríplice e consolidada de uma nobre e elevada escola preparatória. À medida que tais escolas preparatórias realizam o seu trabalho, de maneira prolongada e consistente, elas atingem o limite entre os dois estados de consciência, o velho estado de consciência que é levado até os seus limites, e o novo estado de consciência, que se encontra além dessa fronteira. É como se escalassem os picos das montanhas mais altas, atingindo o limite do que podem realizar. E é nesse ponto que a Fraternidade Mundial entra em ação. A Fraternidade aguarda que um grupo humano chegue ao limite de sua religiosidade, de seu conhecimento e de sua bondade, e que assim, no cume de seus esforços e desenvolvimento, perceba que atingiu uma fronteira que não pode ser ultrapassada pelo cultivo de suas potencialidades atuais, mas somente por meio de um desenvolvimento totalmente novo e diferente.

A Fraternidade sabe que todos os caminhos conduzem os seres humanos até essa fronteira. Ela aguarda com imenso amor e compaixão que todos os peregrinos atinjam esse ponto em sua jornada através dos eões do tempo e do espaço. Quando uma dessas incontáveis escolas preparatórias finalmente atinge esse limite, então ela mesma se enobreceu para o toque da Fraternidade Mundial, que sobre ela verte todo o seu cabedal de força, luz e amor. É como se ao chegar no estreito cume da mais alta das montanhas, no ápice do grande arco do desenvolvimento humano que se eleva das areias do deserto até os píncaros escarpados das mais altas cordilheiras, o arco celeste a ele descesse e o tocasse, gerando a espiral de uma nova consciência. Receber tal tesouro é algo indescritível. Trata-se da maior riqueza que se possa imaginar, formada pela herança de tudo o que a luz das luzes fez germinar, crescer e florescer em cada alma humana liberta. Receber tal tesouro é motivo de imensa alegria, de gratidão que ultrapassa toda a compreensão, e é a essa alegria e gratidão que a escola espiritual contemporânea se volta no início de cada novo ciclo de sua existência, para que nunca se esqueça de sua tarefa e da gigantesca responsabilidade que assume quando a ligação com a Fraternidade Mundial foi realizada. No momento em que a Fraternidade Mundial acolhe um novo elo de sua corrente de luz, ela não somente lhe confia seus tesouros, mas lhe transmite a responsabilidade de utilizá-los plenamente para a realização de seu único objetivo, que é a cura integral, total e perene do ser humano, da humanidade e de todo o cosmo.

Cada elo dessa corrente de luz e, portanto, também a escola espiritual contemporânea, partilha desse objetivo e se empenha em realizá-lo, atuando pelas linhas de força que lhe são confiadas. A despeito das características da época e das circunstâncias em que cada uma das escolas espirituais se manifesta, o objetivo tríplice dessa cura fundamental sempre segue o mesmo processo iniciático: o renascimento da alma – que permite a cura do ser humano; o nascimento da alma-espírito – que possibilita a cura da humanidade, e a manifestação do novo ser humano – que torna possível a cura de todo o cosmo.

Esse processo tríplice está registrado nos símbolos da linguagem iniciática do Apocalipse de João, o livro da revelação interior, iniciando pela cura do ser humano por meio do renascimento da alma.[29] Na Escritura Sagrada o renascimento da alma é representado pela figura de João, o ser humano que é tocado, despertado e transformado pela luz. No início do Apocalipse, João encontra-se face a face com a centelha do espírito, o ser eterno nele. Nesse encontro a centelha do espírito toca-lhe no coração, desperta a luz de uma nova compreensão em sua cabeça, e se consolida como nova força de ação em seu santuário

29. Bíblia. *Apocalipse de João*, cap. 5, 1-14.

da vida: isso marca o primeiro processo, o do renascimento da alma, da nova consciência.

Mediante a nova consciência, a alma renascida, o ser humano é curado de sua doença fundamental, que é o fogo ímpio da consciência egocêntrica. Assim tem início o processo de renovação nos sete aspectos de seu ser, descrito no Apocalipse pelas sete cartas às sete comunidades da Ásia. Por meio de tal renovação, a Fraternidade realiza a primeira tarefa de cura, a do ser humano, e permite que ele vislumbre a espiral superior, a segunda tarefa confiada à escola espiritual.

Nessa segunda espiral, a nova alma se une diretamente aos 7 raios, transformando-se na alma-espírito, na qual se revelarão os dons do espírito. Na linguagem iniciática do Apocalipse, a alma-espírito é representada pelo cordeiro com 7 chifres e 7 olhos, indicando os 7 raios que se manifestam na consciência como uma nova força e o conjunto de novas faculdades orgânicas. A principal nova faculdade da alma-espírito é a de desencadear todo o potencial da centelha do espírito como uma nova kundalini do coração. Esse potencial transforma o aluno em um forte, naquele que tem o poder de abrir o livro da vida, rompendo seus sete selos. Essa radiação parte do novo caduceu de Hermes; como um verdadeiro reator, de seu fogo serpentino totalmente transformado emana poderosa radiação de nova e infinita energia.

Do sistema de vida do aluno brotam o vinho do espírito e o pão da nova vida: a nova radiação da consciência espiritual e a nova substância etérica pura e regeneradora. Essa superabundância energética – essa contínua transformação da água em vinho e a multiplicação dos pães – permite ao aluno auxiliar impessoalmente, no silêncio de seu ser, a purificação e vivificação do corpo vivo da escola espiritual; e por seu campo de radiação, também permite que ele colabore no grande trabalho de cura e de redenção da humanidade. Assim, o aluno que libertou e curou a si mesmo, pode agora, em conjunto com o corpo vivo da escola espiritual, auxiliar na segunda tarefa a ela confiada pela Fraternidade: não somente a cura do ser humano, mas também a cura de toda a humanidade!

E, finalmente, àquele que leva às últimas consequências o processo de autorrendição ao ser universal em si, àquele que lhe oferece todas as suas capacidades e toda sua vida, a esse ser humano está reservada a honra de auxiliar a gigantesca tarefa da cura e da redenção do cosmo e de todos os reinos da natureza, tarefa que ele cumpre como célula vivente da própria Fraternidade da Vida, como um de seus elos autônomos. Para o aluno que atingiu esse ponto na senda, a renovação pela força do espírito atinge os fundamentos da vida e de sua manifestação, e a transmutação do ser ultrapassa a consciência e suas estruturas orgânicas, atingindo também suas vestes, os quatro veículos da personalidade humana e todo seu campo de manifestação no microcosmo.

Na linguagem iniciática do Apocalipse, esses são os quatro animais dos mistérios que se encontram diante do trono e do cordeiro e os vinte e quatro anciãos ao seu redor. Mediante a totalidade de seu ser, de todos seus dons e faculdades, os quatro reinos da natureza são tocados pela irresistível radiação de cura do espírito e, assim como descreve João no Apocalipse, todas as criaturas do céu, da terra, debaixo da terra e do mar, e tudo o que neles há, exultam de júbilo e dizem: "Àquele que está assentado no trono e ao Cordeiro sejam o louvor, a honra, a glória e poder, para todo o sempre!" Assim, unidos indissoluvelmente, o aluno, o corpo vivo e a Fraternidade da Vida, cumprem a sagrada missão de cura e redenção do cosmo e de toda a natureza!

Foi essa missão tríplice, tão nobre e sublime, e tão real e presente, que a escola espiritual contemporânea recebeu das mãos da Fraternidade da Vida: a cura do ser humano, a cura da humanidade, e a cura de todo o cosmo. Tudo recebemos das mãos sublimes e amorosas da Fraternidade da Vida; ela apenas pede que nos mantenhamos fiéis à promessa de realizar sua missão e de que nos esforcemos até o limite de nossas possibilidades para realizá-la. A cada ano, ao início de um novo ciclo de existência da escola espiritual, renovamos nossos votos de fidelidade e de dedicação inabalável à sua obra! Na medida em que nos mantemos fiéis e dedicados à sua obra mundial, permanecemos ligados à Fraternidade como um de seus elos viventes, e dela recebemos a força e a inspiração necessárias para realizar sua obra eterna e imutável.

A JORNADA DO BUSCADOR

Ao nascer, cada criatura ingressa na grande escola da vida e é levada a seguir um desenvolvimento, de baixo para cima, por infinitos ciclos em espiral. Isso não se refere ao que a civilização constrói externamente no campo da ciência, da arte ou da filosofia, pois o verdadeiro aprendizado é a busca para encontrar respostas que deem sentido ao que sente, percebe e observa em seu mundo interior.

Esse aprendizado interior geralmente segue sem a devida atenção. Desde pequenos somos levados a focar em questões externas e a contornar, sem aprofundamento, as questões internas. Cometemos assim o maior erro na escola da vida, pois esse aspecto interior é o norteador de todas as nossas ações, estejamos conscientes disso ou não. Separamos artificialmente a vida interior de seu reflexo exterior; porém, o que somos manifesta-se em todos os momentos e situações. De fato, não há separação entre o interior e o exterior, o indivíduo e a humanidade, o ser humano e o cosmo, ou entre o microcosmo e o macrocosmo. Portanto, espiritualidade não significa saltar da existência através de um portal para outro universo, seja o da iluminação, da transcendência, por um atalho ou ainda pelo portal da morte, abandonando nossos erros e fracassos e livrando-nos de uma vida difícil. Espiritualidade é realizar conscientemente o grande desafio da jornada da vida: unir-se ao princípio espiritual presente em nosso ser e, a partir daí, com o todo. Todos os alunos de uma escola espiritual são tocados por esse princípio espiritual, catalisador, norteador e unificador. Esse princípio imaterial impulsiona, agrega e sustenta todo o Universo desde o processo biológico mais elementar.

O buscador deve trazer para si a condução dessa aprendizagem mediante o auxílio da Fraternidade da Vida. Essa ajuda vem na forma de indicações, e cada um deve realizar tal aprendizado por si mesmo. Para isso, ele precisa desejar e movimentar-se para fazê-lo. Os desafios são variados, pois trata-se de ultrapassar os limites da própria consciência. E por meio da avaliação sincera e isenta do direcionamento que damos à nossa consciência, sabemos que somos os responsáveis pelo nosso estado de ser interior. E ao perceber que esse estado interior determina todo o resto, abrem-se possibilidades de renovação.

Desde a infância somos colocados diante de princípios, valores e comportamentos estabelecidos e reforçados pelo ambiente familiar e pelo contexto social, como se gravitássemos em torno desses pontos de referência. Quando amadurecemos, tais valores são postos à prova pelas necessidades, desafios e oposições em nossa vida. Abrimo-nos a outros pontos de vista, novas justificativas plausíveis surgem, e assim tudo passa a ser relativo. Acrescentamos algo de individual aos valores recebidos, estabelecendo uma nova base para nossas ações, o que inevitavelmente traz novos conflitos, dificuldades e um permanente grau de incerteza.

Porém, se desejamos realmente uma mudança radical desse contexto, precisamos reconhecer que são o nosso querer, desejar e agir que desencadeiam tais fenômenos. Não é necessário fugir desse caos autocriado, mas sim aprender a agir em meio ao caos das incertezas da vida, libertando-nos de ilusões individuais e estabelecendo um novo eixo, a partir da centelha do espírito. E aqui se apresenta o primeiro desafio ao buscador, que perdura durante toda a sua vida de aluno: "Desejo realmente uma transformação? Eu me esforço para construir o espaço interno necessário para tal transformação? Ou apenas quero reafirmar minhas qualidades e ser reconhecido pelos outros? Ou mesmo obter um maior controle sobre minha vida, e sentir-me realizado?"

Responder tais perguntas pode parecer difícil, pois, na prática, elas se desdobram sempre de novo, como fractais, desafiando o aluno diariamente. Assim, ele se sente um principiante, que tateia aqui e ali em seu recente interesse pela espiritualidade ou em sua sempre crescente percepção da ilusão, como uma criança com olhar interrogativo, que ensaia uma ação, mas olha para o adulto mais próximo em busca de aprovação.

Em uma verdadeira escola espiritual, a resposta não será dada como uma receita; o aluno sempre será orientado a buscá-la em seu interior, na observação de sua própria inquietação, na relatividade, na incerteza e no caos de sua própria experiência de vida. Para vencer esse desafio é necessário apenas uma certeza: a de que ele deseja essa transformação. Ele pode ficar inseguro em dar esse passo, mas é certo que ele pode caminhar aos poucos e, ao fazê-lo, em breve andará mais rápido. É preciso decidir por si mesmo, e perceber que não se trata de uma escolha grandiosa e espetacular, mas é o simples bater de asas de uma borboleta que traz enorme transformação interior.

Em nosso auxílio, a Fraternidade da Vida vem por meio de uma escola espiritual e nos permite compreender por que o ser humano pode ser chamado de microcosmo, por que ele pode ser comparado a um planeta, ao Sistema Solar, a uma galáxia ou mesmo a todo o Universo, pois há um único princípio que lhes dá origem e sustenta. O microcosmo é um todo e possui em si a causa e a origem de sua própria existência, bem como as forças dinâmicas para compreender e fecundar suas possibilidades e todos os elementos que se combinam e estruturam sua manifestação. Esses três aspectos do microcosmo não operam separadamente, mas atuam como uma unidade inseparável.

A imagem do Sistema Solar é útil para compreendê-lo: o Sol é fogo que tem uma natureza própria e é tão poderoso que funde os elementos; a luz emana do fogo e tem sua natureza própria, diferente da natureza do fogo, e seu poder é revelar, despertar, acordar os elementos para a existência; a vida se manifesta pela luz e tem sua natureza própria, e seu poder é o de combinar os elementos e fazer vir à existência um ser autoconsciente. O fogo, a luz e a vida estão ao mesmo tempo na vida, na luz e no fogo. Eles não se revelam por uma cadeia sequenciada: são uma unidade instantânea! O microcosmo é o fogo, a luz e a vida, e nós somos a vida no microcosmo. Então, somos a vida, a luz e o fogo. Perceber isso e reorientar a consciência equivale a conectá-la com a centelha do espírito, com o fogo em nosso ser, com um novo centro gravitacional que o coloca em movimento.

A visão irrefutável da unidade de nossa vida com o cosmo e o macrocosmo e, consequentemente, com todos os microcosmos, torna-se a nova base sólida sobre a qual deve se apoiar o eixo de nossa consciência. Estabelecida essa sólida base de trabalho, nos colocamos imediatamente em conexão com sua essência mais profunda, com a vida mesma. Agora, na aventura pelo mar da vida, quem buscava uma referência, um ponto de apoio, descobre esse ponto firmemente estabelecido em seu próprio ser.

Por mais que a escola se esforce em oferecer indicações precisas e práticas, ela não ultrapassa determinado limite. Esse limite está onde começa nosso espaço individual interior de manifestação, dentro do qual apenas nós podemos atuar e trabalhar. Então, fica claro que somos o senhor de todo o desenvolvimento na conexão com a centelha do espírito. Assim, devemos nos ligar a esse ponto de apoio e investigar, mais de perto e com segurança, o funcionamento dos nossos pensamentos, sentimentos, reações e para onde aponta nossa vontade, como alguém que prepara o solo para que a semente possa germinar. Comece por arrancar do coração toda a erva que se alimenta da dúvida, do medo e das preocupações com o amanhã, abandonando assim o egocentrismo e suas ilusões. Revolva a terra e cubra os sulcos dos hábitos, repetições e padrões de pensamentos que aprisionam sua inteligência. Amplie sua compreensão, observe seu entorno e lance seu olhar para o horizonte mais distante. Acrescente, pela ação, os elementos que possam tornar a terra de sua mente sempre úmida; some a eles o fertilizante da observação e da reflexão e atue em silêncio, direcionando sua vontade, como a luz do Sol que aquece a semeadura. Surgirão ervas daninhas que você não plantou. Retire-as pacientemente antes que firmem raízes. Porém, nada acontecerá de repente, sem perseverar. A semente espiritual demora a germinar: ela é boa e dinâmica, mas exige a preparação do solo de seu ser, até que ele atinja o estado em que não possa mais voltar a ser estéril.

A consciência só reflete a luz do espírito quando as manchas do egocentrismo são eliminadas. A fonte dessas manchas não está na consciência, mas na natureza egocêntrica dos pensamentos, sentimentos e reações. Não se vive nenhum momento mágico, como uma linha divisória na vida. Porém, na vontade perseverante, se continua sem se dar conta do que está realmente acontecendo; como sua vontade não se desvia, você se mantém em curso. Você ouve o som de um inseto em sua semeadura e, ao procurá-lo, dá-se conta que ela está úmida e fértil; ouve os sons das águas do rio da vida e sente que elas umedecem seus pés, mas ainda não pode mergulhar.

A partir daqui você não pode e não quer voltar atrás; então se dá conta de que, experimentando resistências, sem notar, progrediu, mudou, permitiu. Nenhum sobressalto ou expansão repentina de suas percepções; sem esperar, você pronuncia a palavra que não sabe desde quando passou a habitar em sua boca; não se reconhece em quem era, mas ainda não se reconhece plenamente no novo. Percebe que está em plena transformação e continua se deparando com conflitos, lutas e recusas. Porém o eixo de sua vontade não se desvia; agora o seu pensamento é querer o objetivo, sentir o desejo ardente e já não existem reações automáticas, mas uma ação consciente que permite fazer tudo pelo objetivo e evitar o que possa afastá-lo do caminho. Você possui autoconhecimento como uma capacidade orgânica, que vibra em todo o seu ser; possui autodomínio e, ao mesmo tempo, não é quem decide; você experimenta, permite e ao mesmo tempo apropria-se de algo novo.

Então, se pergunta: "A iluminação virá? Ela será reconhecível? Poderei auxiliar os que buscam?" Começa aqui uma nova fase, ainda mais intensa que a anterior: ela começa no mesmo ponto, no coração, porém em uma oitava superior. A palavra superior não se refere a uma posição de destaque, mas ao toque em uma intensidade vibratória ainda mais dinâmica. Sua inteligência lhe mostra que até agora, apesar de todo seu esforço, o que lhe chegou e tomou forma não foi realização sua, mas resultado de um poderoso plano universal que impulsiona toda a humanidade. Nele reconhece cada coração ainda fechado para o caminho e cada coração que reage ao chamado. Tudo o que espera é poder servir nesse grande laboratório alquímico mundial, aprofundando e expandindo a dedicação, ansiando que a luz do espírito continue a brilhar na consciência.

Qual é a recompensa? Por seu esforço, dedicação e entrega, o espírito não apenas reflete sua luz na consciência, mas ilumina o interior, limpa e clareia toda a atmosfera e seu meio ambiente interno e imediato. Colocando-se sempre em último lugar, ele ou ela não espera outra recompensa senão a possibilidade de servir à Fraternidade da Vida na dinamização do chamado do espírito para o mundo e para a humanidade. Trata-se da aplicação da lei universal que provê com abundância a todos os que se orientam a serviço do amor universal. Não há nenhum acontecimento ou experiência capaz de abalar essa sólida base. Você terá força para atravessar todas as experiências e, a cada momento, pela transformação do seu ser, percebe como se transmutam todas as tendências milenares do carma.

Assim o novo centro de gravidade em seu ser transforma a sua percepção da vida no espaço e no tempo; vê que não há separação entre o espírito e a matéria e que toda a vida é unidade. Percebe que por trás do aparente caos da vida egocêntrica, encontra-se o plano divino para a humanidade e para cada indivíduo.

Que você possa aceitar de todo o coração, com toda a sua compreensão e com a força da ação, a jornada que o leva à unificação definitiva com seu verdadeiro ser e, a partir dele, com o mundo e com a humanidade.

O PENTAGRAMA DE LUZ

Desde a aurora dos tempos o pentagrama é o elevado símbolo da alma humana, da nobreza de sua origem divina e da luminosa promessa de sua libertação. Desde a escuridão das noites da antiguidade, o firmamento coalhado de estrelas cintilantes sussurra no coração humano o segredo de sua própria alma, dizendo-lhe que sua essência é feita de pó de estrelas, qual um raio cintilante, uma centelha de luz aprisionada no coração. Dos primeiros traços nas paredes das cavernas, como a estrela sobre a gruta em Belém, ao magistral homem vitruviano, a imaginação da humanidade está voltada para esse pentagrama de luz, símbolo da vida superior da alma, presente no macrocosmo, no cosmo e no microcosmo, que o toca, desperta e instiga sem cessar.

Para os pitagóricos, o pentagrama era a chave de todos os mistérios e, nos sucessivos desdobramentos e proporções de suas linhas, reconheciam a fórmula do número áureo, que rege a manifestação universal em toda a natureza. Ao compreender tal lei – nos números, nas formas, nos sons e nos seres – o ser humano poderia compreender a si mesmo, franqueando-lhe assim o caminho da autoiniciação. Para os cátaros, o pentagrama representava o caminho das estrelas, a senda de luz que leva ao renascimento da alma, manifestado no ser humano como o "pentalfa" dos perfeitos, a união perfeita da alma ao princípio universal em seu imo. Para os platônicos, o pentagrama representava o segredo da transcendência. Em seus sólidos perfeitos, Platão reservou ao pentagrama o papel de quinto elemento, a quintessência de toda a natureza, a centelha da alma que tudo permeia, que mergulha na natureza, nela desperta, a transcende e a transmuta.

Nesse ensinamento tão simples, mas tão insondavelmente profundo, descobre-se o segredo da transcendência: ao unir doze pentagramas, se dá forma e substância a um mero desenho, criando o sólido perfeito do dodecaedro. E, ao lançar mão da geometria moderna, unindo todos os vértices de cento e vinte dodecaedros, forma-se um sólido perfeito de quarta dimensão, um corpo que se manifesta além dos limites do tempo e espaço. Assim, a alma natural se torna uma nova alma; esta se torna uma alma-espírito, unindo-se à força do grupo; e o grupo formando um cosmo de luz. Assim a centelha se torna uma flama; a flama se torna um fogo; e o fogo une-se à Luz do Mundo, que a tudo e a todos toca, desperta e liberta. Eis aqui o segredo mais profundo da obra da Fraternidade Universal, o segredo da unidade com base na alma, a unidade que vence e transcende todos os limites. Por isso o pentagrama é um símbolo tão caro às escolas espirituais de todos os tempos, pois representa a essência de seu próprio trabalho, a senda de luz que liberta o microcosmo, o cosmo e o macrocosmo. Essa é a razão pela qual ele é uma parte fundamental do ensinamento da escola espiritual contemporânea, como chave para a compreensão da alma humana, desde sua constituição até a essência de seu processo de transmutação.

Para a Escola, a alma humana é quíntupla, constituída de cinco fluidos que se interpenetram e se interrelacionam. Do mais denso ao mais sutil, esses fluidos são: o sangue, o fluido hormonal, o fluido nervoso, o fogo serpentino e a flama da consciência. Esses cinco fluidos encontram-se interligados, e dessa ligação e interdependência pode-se compreender de forma mais profunda o que normalmente se denomina de "consciência".

Diante da palavra consciência, a primeira imagem que surge é a do cérebro e suas sinapses, como se consciência fosse apenas a atividade cerebral relacionada aos pensamentos mais abstratos, centrados no neocórtex. No entanto, o ensinamento universal mostra que consciência é algo muito mais amplo, relacionado a um estado geral subjacente e não apenas ao cérebro. Trata-se de compreender que a consciência não é um fator isolado, mas o produto da totalidade do ser: "estado de consciência" é produto de todo o "estado de vida". Dessa forma, o que circula no sangue, no fluido hormonal, no éter nervoso e no fogo serpentino determina o que arde na flama da consciência. E, por sua vez, o que arde na flama da consciência abrasa e determina o estado dos outros fluidos. Por isso, caso se deseje transformar a consciência, é preciso transformar a vida em sua totalidade. Essa é a razão pela qual a Escola dá tanta atenção à compreensão do funcionamento da consciência: sem esse entendimento, alicerçado no conhecimento de si mesmo, não existe base real de trabalho.

Os cinco fluidos da alma formam a quintessência humana, nela fundindo os diferentes elementos e aspectos do ser. Há uma relação direta entre eles e os diferentes veículos da personalidade humana: o sangue está relacionado diretamente com o corpo físico; o fluido hormonal, os hormônios e secreções que regulam o funcionamento do corpo físico, está relacionado ao corpo etérico denso, a imagem energética do corpo físico; o fluido nervoso, que é a soma de todos os impulsos elétricos do sistema nervoso periférico presente em todo o organismo, está relacionado ao corpo etérico sutil, qual imagem física de suas linhas de força e meridianos; o fogo serpentino, constituído pelo sistema simpático, parassimpático e pela medula no interior da espinha dorsal, corresponde ao corpo astral, com suas correntes de circulação e pontos de concentração, os chakras; e a flama da consciência, cujo substrato material concentra-se nas estruturas cerebrais e no sistema nervoso central na cabeça, corresponde ao corpo mental concreto.

Os fluidos da alma também estão ligados aos elementos do arquétipo humano: o sangue e o fluido hormonal estão ligados ao arquétipo biológico, herdado dos pais, unindo o indivíduo à alma sangue de toda a vida manifestada; o fluido nervoso, o fogo serpentino e a flama da consciência estão ligados ao arquétipo anímico, por meio das vivências de todas as almas que habitaram aquele microcosmo; e por meio do círculo ígneo da pineal, a flama da consciência é ligada a todos os automatismos gravados na lípica[30] do microcosmo.

Assim, os arquétipos biológico e anímico estão ligados aos fluidos da alma e determinam os ciclos e movimentos da consciência. Aqui está o segredo da senda da libertação: nela não se busca realizar uma mudança cosmética na maneira de pensar ou o aprimoramento da interação com os outros; nela se busca a autorrevolução completa e radical, que transforme os ciclos energéticos de funcionamento da consciência.

E quais são os ciclos energéticos da alma natural que precisam ser transformados? Eles podem ser resumidos em três grandes ciclos: o ciclo do inconsciente, o ciclo do consciente e o ciclo do supraconsciente. O ciclo do inconsciente representa a maneira como a herança sanguínea do arquétipo biológico circula e se retroalimenta nos fluidos da alma, determinando o seu estado de consciência. Esse ciclo parte do elemento mais denso da alma, o sangue material. O sangue representa a síntese da vida biológica e carrega em si a memória energética de todos os outros fluidos.

---

30. O firmamento aural, conjunto de centros sensoriais, centros de força e focos nos quais todo o carma da humanidade está gravado. Nosso ser terrestre e mortal é uma projeção desse firmamento e inteiramente determinado por ele quanto às suas possibilidades, limitações e caráter.

Por esse motivo, o ensinamento universal afirma que o sangue não é apenas o denso líquido vermelho que circula em nossas veias, mas também possui um aspecto energético completo. Assim, a alma sangue de toda vida manifestada – toda a história evolutiva de nosso planeta –, encontra-se gravada em nosso sangue, unida à somatória daquilo que nós, como indivíduos, acrescentamos a essa herança atávica. Nessa herança sanguínea funciona um imenso lastro de determinismos genéticos e de reações instintivas codificadas bioquimicamente. Pela circulação do sangue, todo o organismo é colocado em contato com tal herança, e a ela reage.

Dessa forma, o segundo fluído da alma é influenciado, pois o sangue estimula as glândulas endócrinas, produtoras do fluido hormonal, a reagirem de uma determinada maneira. Essa reação se comunica ao fluido nervoso, por meio dos terminais do sistema nervoso periférico, distribuído por todo o organismo. Finalmente, esses impulsos concentram-se no fogo serpentino localizado na coluna vertebral e atingem a flama da consciência pelo sistema nervoso central. Assim, os condicionamentos inconscientes do sangue tornam-se pensamentos conscientes emanados pela flama da consciência, e o primeiro ciclo vicioso do aprisionamento da alma natural se fecha.

O ciclo do consciente começa pelo mais sutil de cinco fluidos, a flama da consciência. Porém, como visto anteriormente, a flama da consciência não é um elemento independente, mas está submetida aos condicionamentos sanguíneos que lhe tolhem o livre-arbítrio; ela interage com seus semelhantes e com o meio circundante a partir de incontáveis automatismos preexistentes, que condicionam tal interação. A flama da consciência troca imagens-pensamento com tudo e todos a seu redor, codificando-as em ideias, imagens, sons e impressões, filtrando-as por seus automatismos e transformando-as em impulsos nervosos. Esses impulsos nervosos partem do sistema nervoso central e atingem o fogo serpentino na coluna vertebral, espalhando-se por todo o sistema nervoso periférico, estimulando as glândulas de secreção interna a produzirem hormônios, que os traduzem em instruções codificadas bioquimicamente. Tais instruções circulam pelo sangue e todo o organismo reage, respondendo a elas. Assim, os automatismos e condicionamentos preexistentes na flama da consciência são reforçados pela interação com seus semelhantes e o meio circundante, fortalecendo seu estado de consciência e de vida. O resultado é que o segundo ciclo da consciência, o ciclo do consciente, reforça ainda mais o ciclo anterior do inconsciente.

O terceiro ciclo energético da consciência, o do supraconsciente, traça um arco maior ao redor dos fluidos da alma, como sua imagem ampliada; porém seu funcionamento ocorre da mesma maneira, impactando-os da mesma forma. Tudo começa na lípica do microcosmo, que funciona como a membrana de uma célula, que em si tem codificado o que nela pode penetrar e o que deve ser mantido fora, para sua proteção. Isto é, a lípica filtra toda a força da manifestação universal que circunda o microcosmo, deixando passar apenas o que se ajusta e reforça o estado de consciência e de vida que se manifesta em seu interior. Essa radiação se concentra sobre a flama da consciência e abrasa o fogo serpentino, o fluido nervoso e o fluido hormonal, envolvendo todo o ser a partir da aura do coração: o sangue recebe, assim, o impulso do supraconsciente, reforçando-o no inconsciente, fechando novamente o ciclo de autoenclausuramento.

Compreendendo o que é a consciência, fica evidente que um caminho de libertação não pode partir desses ciclos do inconsciente, consciente ou supraconsciente, pois tal como se manifestam no estado da consciência comum, eles se constituem em círculos viciosos: utilizá-los como ponto de partida apenas os reforça. Portanto, é necessário partir de uma base completamente diferente: essa base é princípio universal, a centelha do espírito, a imagem do Onisciente em nosso ser.

No próximo capítulo busca-se compreender como esse princípio, a imagem do Onisciente em nós, pode renovar e libertar o pentagrama de luz da alma humana.

A LIBERTAÇÃO DA CONSCIÊNCIA

O capítulo anterior apresentou o pentagrama como símbolo da alma humana e seus cinco fluidos: o sangue, o fluido hormonal, o fluido nervoso, o fogo serpentino e a flama da consciência. Foi visto como esses cinco elementos atuam nos veículos da personalidade – os corpos material, etérico denso, etérico sutil, astral e mental concreto – enclausurando a alma natural em círculos viciosos por meio de três grandes ciclos: do inconsciente, a partir do sangue, controlado pelo arquétipo biológico; do consciente, a partir da flama da consciência, controlado pelo arquétipo anímico; e do supraconsciente, a partir da pineal, controlado pelos automatismos da lípica. A flama da consciência-eu não pode, portanto, ser utilizada como base de trabalho de libertação, pois é produto de duas imensas fontes de condicionamento, o inconsciente, pelo sangue, e o supraconsciente, pela influência da lípica na pineal. Esses dois fatores fazem a flama da consciência comum funcionar como um autômato, desprovido de ações baseadas no livre-arbítrio; eles a fazem se mover por reações instintivas e emocionais, em seguida racionalizadas pela consciência que se apropria desses automatismos como se fossem escolhas suas, em um contínuo processo de autoengano.

Não se trata de forçar a agir de maneira diferente, contrariando os ditames do sangue, pois isso apenas causa revolta do ser biológico, restabelecendo rapidamente a ordem natural das coisas. Do mesmo modo, não se trata de abrir de maneira forçada às supostas influências espirituais da lípica, pois isso apenas distancia o ser da sua realidade, em um obscurecimento da consciência que se perde em falsos labirintos metafísicos.

Concluiu-se que nenhum desses elementos pode servir de base ao processo de libertação: este necessita de uma base totalmente nova, que é a centelha do espírito, a imagem do ser onisciente em nós. A centelha do espírito não utiliza aqueles canais, e qualquer tentativa de revesti-los de uma pseudoespiritualidade não passa de mistificação. Neste capítulo será visto como a centelha do espírito atua nesses ciclos e como a consciência pode e deve colaborar nesse processo.

A centelha do espírito atua gerando um curto-circuito naqueles três ciclos, introduzindo neles um elemento completamente diferente daqueles controlados pelos três níveis da consciência-eu. Em primeiro lugar, é necessário que a própria consciência atinja um ponto de saturação. Isso se traduz em uma grande crise, na qual a consciência – após perseguir seus objetivos, imagens e desejos – é confrontada com a colheita de tudo o que semeou. Por seu apego aos aspectos que coloca em movimento, a consciência interfere na ordem natural do Universo, criando um campo de tensão entre o que deseja atrair e repelir. Esse campo de tensão é a fonte da dualidade gerada pela consciência, que se descarrega e se reequilibra pelo movimento contínuo de causas e efeitos. Isso funciona como um acerto magnético de contas, em que a consciência colhe o polo oposto do que acreditava ter plantado, mas que se encontrava semeado no mesmo momento em que colocou a roda de causas e efeitos em movimento.

Quando as sucessivas colheitas desses ciclos de causa e efeito se acumulam suficientemente, a consciência entra em crise, em que sua lógica dualista de bem e mal é interrompida. Nesse instante a consciência se abre ao toque da centelha do espírito, que sempre está ativa no âmago do ser, mas não era até então percebida. Assim, é necessário que uma crise se instaure na consciência, para que uma "fenda" em sua couraça magnética permita a entrada de um novo elemento, diferente dos que circulam nos seus ciclos fechados de condicionamentos. Mesmo instantâneo, o poderoso toque da centelha do espírito gera profunda comoção: ele atinge o coração, que no mesmo instante entra em ressonância com o toque do espírito. Essa comoção atinge o sangue, e imediatamente a glândula timo é envolvida nesse abalo magnético, produzindo uma resposta hormonal. Dessa forma, tanto o sangue quanto o fluido hormonal são abrasados pelo toque da centelha do espírito, e pela sua circulação atingem sucessivamente o fluido nervoso, o fogo serpentino e a flama da consciência.

Desse modo, o toque da centelha do espírito se utiliza do ciclo do inconsciente para atingir a flama da consciência de uma maneira inesperada e fora do controle do eu. Ela o faz seguindo o caminho contrário do fluxo comum da consciência, partindo de seu fluido mais denso, o sangue, até atingir a flama da consciência. E, ao atingir a flama da consciência, ela não utiliza os centros cerebrais dominados pelo eu natural, mas desperta outros, que se encontram adormecidos e fora do controle do eu.

Por isso, quando o toque da centelha do espírito atinge a flama da consciência, esta o percebe como um choque, uma percepção diferente da realidade, tão intensa e profunda que em um instante a transforma para sempre. É como acordar de um sonho ou se lembrar de algo há muito esquecido: por isso se fala em "despertar" ou em "pré-memória". Os ciclos fechados da alma identificam esse toque como uma informação estranha, eliminando-o de seu sistema vital de uma maneira ou de outra. Mas os centros dormentes no cérebro que foram despertados – mesmo que permaneçam em estado latente, envolvidos pelo torpor da agitação da vida – não podem mais voltar a adormecer totalmente: tornam-se mais receptivos e reagem com mais força ao toque da centelha do espírito.

Dessa forma, por meio do ciclo do inconsciente, além do controle do eu, uma informação diferente é introduzida na consciência, reforçando a abertura para esse toque. Quem se aproximou da Escola sabe bem do que isso se trata, pois foi esse processo que o trouxe a uma escola espiritual. Ele se reconhece buscador da verdade e das respostas às perguntas essenciais da vida, não porque tenha desejado ou decidido, mas porque não pode deixar de fazê-lo, assim como não pode deixar de respirar.

Todos os buscadores possuem a assinatura dos que foram despertados pelo toque da centelha do espírito, que circula como chispa de fogo pelos fluidos da alma e lhes permite cooperar com esse processo. Porém, a cooperação precisa estar baseada na posse interior de primeira mão, que é o toque do espírito. Caso contrário, ela não passa de fantasia, devaneio ou autoengano e não tem valor algum. A escola espiritual se dirige a todos os que possuem tal assinatura, exortando-os a utilizarem as novas faculdades que neles principiam a despertar, dando início ao trabalho real da alma, à transformação de seu segundo ciclo energético, o ciclo do consciente.

Jan van Rijckenborgh denomina esse segundo ciclo de movimento retrógrado, um movimento que segue o caminho inverso ao do curso normal da natureza e do inconsciente[31]. A renovação desse segundo ciclo começa pela iniciativa e esforço da própria consciência, por meio de seu fluido mais sutil, a flama da consciência, o pensamento. Mas trata-se de algo diferente da cultura do eu; isto é, nem é refinamento dos pensamentos nem é treino da vontade. O segredo é reconhecer e utilizar a nova força

31. Rijckenborgh, J. van. *A arquignosis egípcia*, tomo III, cap. XVI.

que surgiu na flama da consciência como único alicerce possível. Essa nova força é a "santa inquietude" provocada pela centelha do espírito, que desperta imagens-pensamento completamente diferentes, não maculadas pelas forças que circulam nos fluidos da alma natural. Trata-se da aurora de um pensamento puro, superior, imaculado, provindo diretamente do Ser Onisciente, e que possui um poder transformador extraordinário. Por isso, o processo não é uma tentativa forçada do eu para mudar a si mesmo, mas um reconhecimento interior e uma cooperação inteligente com a nova força, capaz de mover as montanhas de nosso estado de ser. Se a flama da consciência reconhece essa força, se volta a ela e com ela coopera: ela é literalmente inflamada por seu poder. Essa força pura e irresistível, qual límpida fonte que brota no alto da montanha, verte sobre o segundo fluido da alma, o fogo serpentino, atingindo o corpo mental e o astral. Por meio do fogo serpentino, dos chakras e da radiação do corpo astral, ela se esparge por todo o sistema nervoso periférico, percorre as linhas de força do corpo etérico superior, nele se transformando em novo fluido nervoso, em nova força vital. Em seguida as glândulas de secreção interna respondem ao novo impulso, renovam o fluido hormonal, e transformam o funcionamento energético do corpo etérico denso. O resultado se traduz no sangue, como síntese dos elementos de transformação da consciência, que se torna ainda mais aberta e receptiva ao toque da centelha.

Assim, o aluno na senda colabora de duas maneiras para a realização do processo. Por um lado, ele coopera com a circulação da força da centelha pelo ciclo do inconsciente, purificando os fluidos de sua alma de todas as impurezas que possam prejudicá-la, convertendo-os em verdadeiro condutor de sua força, potencializando assim sua atuação. Por outro, ele coopera pelo esforço de sua própria alma, colocando-se a serviço da força da centelha e renovando o seu próprio ser por meio da purificação e reorientação dos fluidos da alma em seu ciclo consciente. Esse é o papel do aluno na senda, esse é o esforço imprescindível da consciência: o tecer da veste de luz da alma pela própria alma.

Quando a alma avança em sua senda, purificando o pentagrama do sangue pelo toque cada vez mais poderoso da centelha e vivificando o pentagrama da luz pelo constante trabalho de autorrevolução da consciência, chega então o momento do irrompimento, o nascimento do pentagrama do fogo, o pentagrama do espírito. Do sangue da alma natural purificada e da luz da nova alma renascida, chega o momento em que a alma recebe diretamente o espírito, tornando-se alma-espírito.

Desse nascimento surge a renovação do terceiro ciclo energético da alma, o ciclo do supraconsciente. Nas palavras de Jan van Rijckenborgh,[32] surge um novo movimento retrógrado, a oitava superior do movimento de autorrevolução da alma. Da esfera do microcosmo, do espírito universal no ser do aluno, surge uma torrente de forças que atravessa o campo de respiração purificado e atinge o círculo ígneo da pineal, afastando a velha influência dos automatismos da lípica. Do círculo ígneo da pineal surge a flama poderosa dos sete raios, a flama da consciência alma-espírito, que abrasa o fogo serpentino, o fluido nervoso e o fluido hormonal, projetando-se no santuário do coração, dali unindo e selando no sangue a força do espírito universal à força original da centelha do espírito.

Uma poderosa radiação parte de todos os fluidos da alma, que preenchem o campo de respiração glorificado, em um amplexo

32. Ibidem, tomo III, cap. XVI.

que atinge a esfera do microcosmo, cuja resposta é uma nova torrente de forças, que se projeta sobre o círculo ígneo da pineal. Nas palavras de Jan van Rijckenborgh, "o Espírito se torna ativo e reconhecível em toda a existência"[33] e o novo ser nasce no aluno. Do pentagrama do sangue renovado, do pentagrama da luz da nova alma, e do pentagrama de fogo da alma-espírito, ressurge, pela transfiguração, o ser real e imortal.

Que a glória dessa realização esteja muito próxima para todos nós!

---

33. Ibidem, tomo III, cap. XXVIII.

O TRABALHO DA ALMA

Tendo visto nos capítulos anteriores a estrutura quíntupla da alma, seus ciclos fechados e como devem ser transformados, este capítulo trata do núcleo desse processo, que é o trabalho da alma: o que deve ser realizado no discipulado.

Tome-se a imagem da gnosis quíntupla, com seus cinco pilares luminosos que auxiliam o aluno a construir o pentagrama de luz da alma: autoconhecimento, anseio de salvação, autorrendição, nova atitude, e realização. A gnosis quíntupla representa a transformação do segundo ciclo da alma, o ciclo do consciente, e sua fórmula é uma ferramenta alquímica, com a qual o aluno deve aprender a trabalhar com perfeição. E para aprender a manejá-la, ele deve utilizá-la na prática diária da vida, como os guerreiros do passado aprendiam a manejar a espada – dedicando-se a isso até que ela se tornasse uma extensão de seu ser.

Isso não é difícil: a gnosis quíntupla não é um conceito abstrato a ser memorizado; é o próprio funcionamento da consciência quando se coloca sob a influência do toque da centelha do espírito. Assim, basta olhar para si mesmo e prestar atenção à maneira como a consciência funciona. Tudo começa com o toque da centelha do espírito; não há nada a teorizar a respeito, pois quando se pensa ou se fala nele, ele já ocorreu, foi sua força que nos moveu para isso. Portanto, não se trata de imaginar ou tentar experimentar esse toque: trata de se tornar consciente de que ele já se fez presente em seu ser, de que é uma realidade, de que circula por todos os fluidos de sua alma e o instiga a seguir adiante. Trata-se, portanto, de reconhecer a "santa inquietude" em sua consciência e em seu ser, e utilizá-la como ponto de apoio.

Com base nesse ponto de apoio, real e reconhecível, o aluno deve realizar a primeira tarefa da gnosis quíntupla, o autoconhecimento. Aqui, novamente, o segredo é não teorizar, nem fantasiar ou imaginar, e muito menos esquadrinhar os escuros escaninhos da própria psique. Trata-se, justamente, de não fazer nada disso. O autoconhecimento é a capacidade de perceber a si mesmo em pleno funcionamento. Para tanto, o ponto de apoio da consciência precisa mudar: ela deve deixar de se apoiar no fenômeno para apoiar-se em si mesma. No instante em que ela se torna consciente do toque da centelha do espírito, ela deve utilizar a força desse toque para se desapegar das imagens que circulam na mente, e apenas se observar, adquirindo autoconhecimento. Essa fração de silêncio e liberdade permite que a flama da consciência seja inflamada pela centelha do espírito, ganhando força. A luz da centelha torna-se a luz de uma flama, a flama da nova consciência.

Nesse momento a tarefa é voltar-se para a fonte subconsciente dos pensamentos no coração. Quase sempre os pensamentos são gerados por desejos e emoções. Portanto, a liberdade da consciência não é conquistada na cabeça, mas no coração. Por isso o aluno deve perceber a luta constante que existe em seu coração entre emoções contraditórias e desejos insatisfeitos. O coração vive nesse mar astral caótico que impossibilita a transformação real. O aluno deve então utilizar a força do autoconhecimento para atacar esse caos astral, voltando sua consciência para o anseio pela luz em seu coração.

Ao voltar a flama de sua consciência para esse anseio, ela o fortalece. É como se estendesse a mão a um náufrago que se debate entre os destroços, trazendo-o para a segurança do barco. Esse movimento interior resgata e fortalece o anseio pela luz no coração, unindo-o ao lampejo de luz da flama da consciência. Note que não se trata de lutar contra as emoções ou reprimir os desejos: isso traz sofrimento inútil e é grande perda de tempo. Trata-se de reconhecer o anseio que já existe no coração, e elevá--lo acima do mar caótico dos desejos e emoções, unindo-o à luz que brilha na consciência, como que lançando uma corda de luz da cabeça ao coração, unindo-os em um arco de luz.

Neste ponto o coração deve cooperar com a cabeça. Ele deve manter-se voltado para o anseio pela luz, colocando em segundo plano todo o caos que ainda circula nele. É como se em meio ao naufrágio se ocupasse de proteger e aquecer uma criança pequena que acaba de ser resgatada, dando-lhe carinho e atenção enquanto a agitação das sirenes e das vozes se altercam ao redor. Não se trata de conseguir um silêncio absoluto ou uma paz duradoura: isso não existe e a tentativa de obtê-lo é apenas fonte de frustração e sofrimento. Trata-se de utilizar esse instante de silêncio no meio do caos, e de mantê-lo vivo. Para isso o coração deve se voltar para a luz que brilha na consciência. A cabeça lança a corda de luz ao coração e o puxa para cima. O coração agarra a corda de luz e se esforça para se elevar acima do caos. Quando os dois se encontram, o aluno descobre sua terceira tarefa.

Essa tarefa é descrita na gnosis quíntupla como autorrendição e está ligada à vontade. A união da cabeça e do coração, da flama da consciência e do anseio, permite que se descubra algo muito importante: o eu, que se apega a tudo e a todos, não quer trilhar processo espiritual algum. O apego funciona como um ímã: ele atrai o que quer e repele o que não quer. A vontade é esse ímã: quanto mais forte a vontade por algo, maior o apego. Observe-se: as coisas que se quer não são também aquelas às quais nos apegamos com mais força? Por isso, a vontade humana é tão volátil e frágil, pois sua força provém de seus apegos. Essa vontade não quer se desapegar de nada, ela não quer se libertar de nada, pois para ela isso significaria o seu próprio fim: esse núcleo da vontade não deseja a senda, e isso precisa ser reconhecido e aceito.

Por isso a gnosis quíntupla fala de autorrendição, pois se o aluno lutar contra a própria vontade, fracassa. Portanto, não se trata de lutar contra a vontade egocêntrica e forçá-la a querer a senda. Além de impossível, isso seria uma tortura inominável: a vontade comum não pode ajudar a trilhar a senda. Descobre-se então que somente uma outra vontade pode fazê-lo; trata-se da decisão consciente, baseada no autoconhecimento e anseio. Essa vontade já está em você; é a própria força da centelha do espírito, a vontade do Todo em seu ser. Reconhecer esse fato é dizer: "Não a minha, mas a Sua vontade se faça"; significa colocar-se a serviço dessa vontade universal em si. Não se trata de aniquilar ou reprimir a vontade da consciência-eu, mas de colocar o princípio da nova consciência a serviço da vontade do Todo. Assim, se aprende na prática o que significa a terceira tarefa da gnosis quíntupla: aprende-se a vivenciar a autorrendição.

Neste ponto cabe um alerta: a parte fácil acaba aqui. Até aqui percorrem-se ideias e ideais que circulam no mundo interior; pode-se passar a vida encantado com essa possibilidade, estudar tudo isso a fundo, ou perder-se em devaneios. Mas a realidade é bem outra. Na *Ode ao Pentagrama*, Hermes Trismegisto diz: "Ainda sou uma esfinge, só metade transfigurado. Sou um centauro, meio animal, meio homem-deus".[34] Ele se refere à fronteira que o aluno encontra nesse ponto da gnosis quíntupla.

34. *Revista Pentagrama*, ano 1, nº 1.

Traçar as primeiras três linhas do pentagrama de luz da alma é algo relativamente fácil. Elas estão ligadas aos três fluidos mais sutis da alma, governados pelo arquétipo anímico. Sendo assim, sua velocidade de resposta a uma mudança de consciência é imediata. Porém, os dois fluidos seguintes são físicos, governados pelo arquétipo biológico. E sua velocidade de resposta a uma mudança de consciência é muito diferente. Por isso Hermes se compara a um centauro, meio homem, meio animal: a cabeça e os braços do centauro representam os três fluidos sutis da alma; seu corpo animal representa os dois outros fluidos densos e materiais.

Aqui existe um segredo simples, mas poderoso, a cujo respeito Jan van Rijckenborgh diz: "O aluno deve atuar em si mesmo, sem reservas, sem autocompaixão, sem regatear, em concordância com seu sincero anseio e numa ação consequente. Isso abre definitivamente toda a sua alma, todo seu sistema corporal para a descida do Espírito Santo".[35] Trata-se de usar apenas sua força de alma, e nada mais. Se ao subir uma longa escadaria se olha para o alto, a força se esvai e se desiste sem sequer tentar. O mesmo acontece na senda: se olhar para si mesmo, com todos os hábitos arraigados, apegos, manias, ações reprováveis, teimosia e inconstância, conclui que se é um caso perdido e desiste. Muitos resignam-se a compreender, a ansiar e a se entregar sem mudar um milímetro. Assim, ficam estagnados no meio do caminho, sem transformar sua atitude ou sua ação. E, por causa disso, jamais atingem a realização.

No exemplo da escadaria, por que alguns a sobem enquanto outros permanecem parados diante dela? A diferença encontra-se no foco da consciência: os que a sobem colocam o foco da

35. Rijckenborgh, J. van. *A gnosis em sua atual manifestação*, cap. 1-3.

consciência apenas no que está bem à frente, no degrau em que estão e no seguinte. Com essa atitude desmontam as conjecturas a respeito da tarefa a realizar; livram-se das ilusões, ansiedades e contrariedades e apenas agem, dando um passo de cada vez. Quando surge a tentação de olhar para o topo da escadaria, lembram-se da decisão simples e dizem a si mesmos: "Existem apenas degraus, um depois do outro, é preciso apenas subir mais este aqui". Focalizando a consciência no momento presente, muda-se de atitude; e com essa mudança o aluno é capaz de agir. Ele sobe um degrau de cada vez e, quando menos espera, olha para trás surpreso e descobre que a escada não era tão grande assim. O aluno dá um passo de cada vez na senda, aplicando a força da nova consciência que cresce nele apenas naquele momento, naquela experiência de vida em que se encontra. E, surpreso, descobre a verdade das palavras: "Aquele que dá um passo na luz, a luz dará dois passos com ele". O aluno vê a força da nova atitude de vida se multiplicar toda vez que for aplicada; verá a realização de uma nova vida surgir em cada instante da vida. E assim descobre o segredo dos dois passos seguintes da gnosis quíntupla e as cinco linhas do pentagrama de luz da nova alma renascem em seu ser!

Utilize essa maravilhosa ferramenta em sua vida e transforme a si mesmo, tornando-se capaz de transformar o todo!

UMA NOVA PERCEPÇÃO INTERIOR

Conhecemos o mundo por meio dos sentidos e da organização das informações dos sentidos pela razão. Nossos sentidos são imperfeitos, nos dão apenas uma amostra da realidade que não conhecemos inteiramente, mas nossa mente consegue estruturar e relacionar esses objetos percebidos de uma forma compreensível. Por exemplo, percebemos as ondas eletromagnéticas do espectro visível que nossos olhos captam, e o sistema nervoso as transforma em impulsos nervosos que distinguimos como formas e cores. Mas há um espectro enorme que não conseguimos captar, como o infravermelho, as micro-ondas e as ondas de rádio, ou o ultravioleta, os raios X e os raios gama. Percebemos também certas vibrações do ar, que nossos ouvidos captam e o sistema nervoso transforma em impulsos nervosos que percebemos como sons. Mas há frequências a que não temos acesso direto, frequências muito altas que não percebemos, mas são percebidas por outros animais. E poderíamos dizer coisas semelhantes sobre os outros sentidos.

Se fosse possível influenciar artificialmente o cérebro humano, de forma a imitar os mesmos impulsos nervosos ocasionados pelos processos descritos, toda uma outra realidade de imagens, sons, cheiros, gostos e sensações táteis poderia ser simulada, dando a impressão de vivermos numa realidade que só existiria em nossa mente. Mas, além desse processo ligado aos sentidos exteriores, existe também a percepção das imagens interiores que nossos processos mentais geram continuamente, acompanhadas de pensamentos discursivos. E da mesma forma que existe a percepção de dores e prazeres físicos, existem também prazeres e dores emocionais que acompanham as imagens interiores e os pensamentos. O pensamento organiza esse conjunto de percepções internas e externas, relacionando-as e estruturando a concepção de uma realidade única, em que os sons estão ligados a formas e cores, que podem também ter relação com cheiros, gostos e sensações táteis. Se uma pessoa, por exemplo, tem medo de tempestades, seu coração acelera ao ver um relâmpago e ouvir um trovão. Ela compreende racionalmente que um único evento ocasionou uma sensação visual, uma sensação auditiva, um pensamento ("vai chover") e um sentimento (medo); como a velocidade da luz é muito maior do que a do som, vê antes o relâmpago e depois ouve o trovão. Além das reações sensoriais, que são a visão do relâmpago e a audição do trovão, e das reações psíquicas, que são o pensamento e o sentimento, existe um elemento neutro de pura percepção, que está além de todas essas reações, que as acolhe, e está relacionado com o aspecto essencial da consciência ou flama da consciência.

Normalmente a consciência humana está ligada de tal forma aos cinco sentidos que poderíamos até dizer, como os budistas, que temos cinco consciências, além de uma sexta, que possibilita a percepção da vida interior mental e emocional.

A percepção da consciência egocêntrica não é neutra. A carga emocional de experiências passadas impede que vivenciemos a realidade presente com clareza e abertura, sem todo o peso desse passado. A pessoa pode, também, por alguma resistência interna, não se enxergar como de fato é, negar o que realmente sente e pensa. Todo esse processo interior distorce tanto a percepção dos sentidos como a própria percepção das realidades internas. Assim, vivemos em ignorância a respeito de nós mesmos e a respeito do mundo.

Além disso, nosso pensamento foi condicionado de forma binária: o que chamamos de luz só se define a partir de sua comparação com a escuridão, o bem a partir do mal, o longe a partir do perto, o grande a partir do pequeno, o futuro a partir do passado, o interno a partir do externo, o eu a partir do outro, e assim por diante. Daí se originam, por exemplo, nossas concepções de espaço e tempo.

Nossa consciência está tão profundamente identificada com essas concepções e com as reações sensoriais e psíquicas, que não opera mais de forma independente e livre dos processos mentais e emocionais, em sintonia com sua essência mais profunda, que é o domínio do ser e da pura percepção neutra. Nessa condição, ela atua dentro dos limites de sua ilusão egocêntrica, pois se estruturou ao redor da imagem de um eu ou ego separado da realidade que o envolve.

Apesar da consciência estar ligada a todo o nosso organismo, pois temos terminações nervosas espalhadas pelo corpo, a consciência tem um assento, um centro, no espaço aberto atrás do osso frontal e no córtex pré-frontal. É a partir desse centro da consciência no sistema cerebral, também conhecido como flama da consciência, que o ser humano sente a comoção e a inquietação que o leva à busca espiritual. Fala-se aqui de flama porque podemos compará-la a um fogo que arde interiormente e ilumina a consciência.

Na condição egocêntrica, a flama da consciência arde em sintonia com o carma, com os fogos do egocentrismo acesos na lípica microcósmica. Ao longo do caminho interior, quando ela se liberta da conexão com o fogo da ilusão egocêntrica, a consciência do aluno passa a manifestar o fogo invisível da centelha do espírito. Esse fogo invisível do espírito se revela por meio da consciência como fogo visível e luminoso, como luz que possibilita a autopercepção. Essa luz passa a brilhar à medida que as experiências da vida trazem amadurecimento à consciência, pois quebram as estruturas rígidas que impedem a passagem da luz. À medida que isso ocorre, a luz interior possibilita uma percepção mais apurada do mundo interior e leva a consciência a descobrir sua natureza fundamental, para além de suas identificações com os processos mentais e emocionais: estes são instrumentos da consciência, mas não definem sua essência.

Não devemos desprezar as formas de expressão das forças criadoras da consciência, os processos mentais e emocionais descritos; pelo contrário, precisamos começar a utilizá-los com inteligência, o que é também uma capacidade da consciência amadurecida. Toda a verdadeira realização interior se desenvolve a partir de pensamentos claros e lúcidos, sentimentos puros e uma vontade dirigida à meta suprema, que podem nos levar aos limites da consciência liberta de suas identificações, porque além desses limites existe uma realidade que só se mostra no silêncio interior.

Para aprofundar essa questão, vamos citar trechos de capítulos anteriores:

> Quando as sucessivas colheitas desses ciclos de causa e efeito se acumulam suficientemente, a consciência entra em crise, em que sua lógica dualista de bem e mal é interrompida. Nesse instante a consciência se abre ao toque da centelha do espírito, que sempre está ativa no âmago do ser, mas não era até então percebida. Assim, é necessário que uma crise se instaure na consciência, para que uma "fenda" em sua couraça magnética permita a entrada de um novo elemento, diferente dos que circulam nos seus ciclos fechados de condicionamentos. Quando o toque da centelha do espírito atinge a flama da consciência, esta o percebe como um choque, uma percepção diferente da realidade, tão intensa e profunda, que em um instante a transforma para

> sempre. É como acordar de um sonho ou se lembrar de algo há muito esquecido: por isso se fala em "despertar" ou em "pré-memória". [...] No instante em que ela se torna consciente do toque da centelha do espírito, ela deve utilizar a força desse toque para se desapegar das imagens que circulam na mente, e apenas se observar, adquirindo autoconhecimento. Essa fração de silêncio e liberdade permite que a flama da consciência seja inflamada pela centelha do espírito, ganhando força.

Normalmente nossa consciência está tão profundamente identificada e apegada às formas de expressão de suas forças criadoras – os pensamentos e a vontade, os sentimentos e os desejos, as reações e ações – que não consegue distinguir-se desses processos. Na percepção egocêntrica comum, tudo é percebido a partir de um centro, que é o eu comum, egocêntrico, pois separamos interiormente aquele que pensa e o próprio pensamento, aquele que sente e o sentimento, aquele que experimenta e a experiência.

No entanto, ao aprofundar essa questão, verifica-se que o eu, o pensador, não é mais do que uma ideia criada pela mente e, portanto, um pensamento. E o mesmo é verdade para os sentimentos e as experiências. O processo de individualização da consciência construiu essa ideia do eu como uma etapa transitória necessária rumo à verdadeira individualidade – ideia esta que, de fato, aponta para uma realidade fundamental, que é a do ser real, do indivíduo que espelha a essência do ser na flama da consciência. Porém, na condição egocêntrica, a consciência ainda desconhece essa essência e vive uma vida autocentrada na ideia do eu, confundido pelas imagens mentais e emocionais que circulam em si.

Uma das consequências da divisão interna criada pelo eu é que isso ocasiona a negação da realidade, dando origem a um processo de contínuo vir a ser, em que se passa a focar sempre num futuro idealizado, pois o eu, o pensador, se coloca acima do pensamento e quer melhorá-lo, achando que, dessa forma, pode se livrar de pensamentos desagradáveis. Obviamente não tem nada de errado em procurar melhorar a si mesmo. Por exemplo, se verificamos que um determinado hábito é prejudicial à nossa saúde, podemos trabalhar para vencê-lo. Mas tenhamos clareza de que só estaremos de fato livres desse hábito indesejado quando a própria experiência dos malefícios causados por ele for gravada a fogo na consciência.

O problema surge quando, em busca pela vida ideal, passamos a negar a vida como ela é, as coisas como são e, pior, negar a nós mesmos, passando a viver a busca contínua de uma realização futura, nunca alcançada. Por exemplo, se a pessoa se percebe invejosa, normalmente faz uma separação entre o ser invejoso que ela é e a inveja, criando o ideal de ausência de inveja. E luta consigo mesma para realizar esse ideal. No entanto, a verdade é que o eu não possui inveja como algo separado de si, o eu é a inveja; a inveja é um dos seus aspectos constitutivos. Negar isso é esconder, até de si próprio, a inveja, que é proibida de existir no domínio consciente, e tem que passar a habitar o inconsciente. O eu não existe como entidade superior à inveja e, fundamentalmente, nenhuma mudança real é possível enquanto enxergarmos essa realidade dividida em nós.

Então, como fazemos? Aceitamos simplesmente nossa condição de invejosos, mesmo que isso nos cause sofrimento e ocasione sofrimento a outros? Não. Mas como o domínio dos pensamentos e do eu é o mesmo, pois o eu é uma criação do pensamento, precisamos nos elevar a um domínio que seja realmente superior ao da inveja e do eu invejoso, e este é o domínio do ser real, da verdadeira individualidade, que é também o domínio da consciência pura, da pura percepção, da flama da consciência purificada de suas identificações com os fluxos mentais e emocionais. Nesse domínio não há um centro a partir do qual se observa tudo, como o eu faz, mas tudo se torna objeto de percepção, inclusive o próprio eu. Por meio do trabalho interior de autopercepção, a consciência pode se elevar a esse domínio ou, em outras palavras, afastar-se da periferia para seu núcleo, para só ali descobrir-se em sua essência; e por fim descobrindo também sua unidade com a totalidade da existência, pois o espírito, ao qual se conecta, é unidade, é tudo em todos.

Passamos assim de uma condição de ignorância a nosso respeito e a respeito do mundo para um conhecimento integral de nós e do mundo, à medida que nos abrimos ao ser real. Dessa forma, rompemos a barreira da separação criada pelo eu e passamos a viver no corpo universal. A consciência, assim, já não se restringe ao espaço aberto atrás do osso frontal, mas se expande nessa totalidade. De forma estranha a nós, descobrir a individualidade real é também descobrir a verdadeira unidade com tudo e todos. O movimento de despertar para as realidades internas, rumo à pura consciência, possibilita o movimento rumo à totalidade, rumo ao espírito. A percepção, então, não se dá mais a partir de um centro, como ocorre com o eu, mas a partir da totalidade. O eu, com todo o seu impulso de domínio e de autoperpetuação, já não tem poder ali. Na periferia, a consciência é como um espelho confundido com as imagens mentais e emocionais que reflete e com a frágil imagem do eu separado. No núcleo, ela é pura, simples, silenciosa, presente, ampla. Na periferia, o pensamento está continuamente categorizando, comparando e julgando, enquanto continua gerando continuamente o centro controlador do eu. No núcleo, há pura percepção sem centro. Essa percepção possui em si uma inteligência que permite olhar as questões da vida de forma abrangente e lúcida. Não se nega mais a vida, com todos os seus problemas, nem se nega mais a si mesmo, apesar de todas as limitações. Não se busca mais um ideal de perfeição ou um paraíso futuro, porque a realidade de cada instante é transmutada pela luz interior; como disse o poeta: "Jamais haverá mais perfeição do que há agora, Nem mais paraíso ou inferno do que há agora..."[36]

Essa percepção também é repleta de amor, não como uma ideia da mente ou um simples sentimento, mas como manifestação da própria vivência da unidade que provém do espírito, da realidade divina que tudo abarca, atemporal e imensurável.

Que essas possibilidades se abram a todos que almejam essa realização, que têm a coragem de enxergar a si mesmos em profundidade e que têm a abertura interna para ir além de si mesmos, na luz da nova consciência.

36. Whitman, W. *Canção de mim mesmo.*

OS SÍMBOLOS DO TEMPLO

Em sua essência, os rosacruzes de todos os tempos sempre foram verdadeiros alquimistas. Para poder realizar a alquimia, é preciso um laboratório com os elementos e as ferramentas. Assim, para os rosacruzes sempre existiram dois grandes laboratórios: o laboratório interior, que se encontra em nosso próprio ser; e o laboratório exterior, onde um grupo trabalha junto para reunir a força necessária para transformar o laboratório interior. Um templo da Rosacruz Áurea é, antes de mais nada, um laboratório, um local de trabalho. Por essa razão, nele se encontra uma imagem do laboratório interior e das novas possibilidades que nele devem se manifestar.

Quando, por um momento que seja, observamos o mundo e buscamos compreender como se desenvolve nossa vida cotidiana, verificamos que a maior parte de nossas ações é orientada por símbolos. Um símbolo é um sinal para expressar pensamentos, ideias, comportamentos ou sentimentos por meio de palavras escritas e faladas e outros sinais, como os da matemática, do trânsito, as notas musicais, os relacionados à arte, à ciência, à religião e muitos outros. A importância do símbolo pode ser mais bem compreendida pela origem da palavra: deriva do antigo verbo grego *symballein*, que quer dizer reaproximar. Assim, o símbolo, com sua estrutura e forma, liga como uma ponte duas realidades: o consciente e o inconsciente, a natureza superior e a natureza inferior, ou mesmo Deus e o homem.

No Evangelho de Filipe, encontrado em Nag Hammadi, lemos: "A verdade não veio nua a este mundo, mas envolta em símbolos e imagens, já que de outra maneira não poderia ser recebida".[37] Todo o ensinamento e o trabalho desenvolvidos pela Escola Espiritual da Rosacruz Áurea estão solidamente baseados na doutrina universal e, com base nesse princípio original, sua tarefa é prestar auxílio a todo ser humano que busca mudar sua consciência mediante um trabalho de transformação interior, e encetar o caminho de retorno ao Uno, à Pátria Original, mostrando-lhe o Caminho, a Verdade e a Vida. O objetivo da Rosacruz Áurea é, portanto, o de transformar estruturalmente o ser humano com base no princípio universal central, a centelha do espírito que se encontra no mais profundo de seu ser.

E é nesse trabalho de transformação que os símbolos podem agir como pontes. Por isso, seus templos foram cuidadosamente estruturados para possibilitar as melhores condições para o trabalho alquímico de transmutar o chumbo da condição humana mortal no ouro do espírito. Nos templos se reflete sobre o ensinamento universal, sobre todo esse tesouro da verdadeira sabedoria de todos os tempos e de todos os povos, e em conjunto os alunos se empenham em atingir essa transformação fundamental. O propósito da Escola Espiritual da Rosacruz Áurea é orientar e auxiliar cada aluno a encontrar em si mesmo o templo vivente, o microcosmo à imagem e semelhança de Deus.

Os símbolos trazem uma força arquetípica que, embora nem sempre possam ser plenamente compreendidos, em suas formas simples e belas transmitem a magia e a força da ideia que os moldou. Essa força arquetípica entra em diálogo instantâneo com os arquétipos pessoais e é dessa maneira que a ponte é construída.

A psicologia junguiana explica que os arquétipos atuam em um nível de consciência que se situa fora do alcance da razão e, assim, essa comunicação não é controlada pelos aspectos cons-

37. *Evangelho segundo Filipe*, verso 67.

ciente e racional do ser humano. Por isso os símbolos o tocam de maneira intuitiva – pois não são racionalizados – mas, ao mesmo tempo, irremediavelmente, pois essa comunicação não é controlada pelo nível consciente do ego.

Levando em conta tudo isso, o que pode ser dito a respeito dos símbolos que se encontram nos templos da Escola? Eles indicam diversos aspectos do processo de transformação da consciência, processo que se inicia com a consciência humana comum, egocêntrica, limitada por suas identificações; passa pelo desabrochar da nova alma, e finalmente é coroado pela manifestação plena do espírito no ser humano. Os símbolos da Escola mostram o caminho que um rosacruz deve trilhar em si mesmo, na força impessoal do grupo, realizando o verdadeiro objetivo de sua vida.

A Fonte: esse símbolo rosacruz se encontra presente somente nos templos dos Centros de Conferências, que são os principais focos de irradiação de força e luz gnósticas. A fonte é o símbolo da água viva, da força divina que desce incessantemente nesta natureza, tocando tudo e todos que se encontram abertos para recebê-la. O aluno reconhece esse símbolo quando reencontra a fonte de toda vida no imo de seu próprio ser. Dessa fonte silenciosa – que o ensinamento universal chama de o princípio divino, a joia da flor de lótus, a rosa do coração – parte sempre um fluxo da pura força do Universo, do logos tríplice, simbolizado pelos três jatos contínuos de água que preenchem o ser como o som silencioso de uma fonte murmurante. A fonte é o símbolo do amor de Deus, que sempre flui. Nos serviços virtuais se pode ouvir o suave som do jorrar dessa fonte inesgotável.

Os três degraus, que levam ao pódio do templo, representam o impulso tríplice que chama o aluno para uma verdadeira transformação, para uma revolução nos três aspectos do ser: sua cabeça, seu coração e sua ação. Representam os três degraus que devem ser galgados para que essa mudança se realize nele: a transformação inicial da consciência, a ligação da consciência com o espírito e a transformação estrutural ou a transfiguração.

O vaso vazio: para que o aluno possa realmente trabalhar nessa transformação interior, seu maior desafio é superar o egocentrismo humano. Para isso, ele precisa se tornar como um vaso vazio – esvaziado de pensamentos e sentimentos cristalizados, de dogmas e de ambições. Então, nesse vaso vazio, ressoa o som do grande alento do Universo, sem fim e sem forma.

A cruz com a rosa: esse símbolo, que se encontra afixado no local de serviço, pode ser compreendido como o próprio processo espiritual. Em primeiro lugar, a cruz representa o ser humano (com as pernas fechadas e os braços abertos lateralmente), que se tornou um servidor do princípio imortal em seu ser. Assim, esse princípio – a rosa – desabrocha totalmente como símbolo de uma nova vida que nasceu e que agora é o condutor e animador de todo o ser. Em segundo lugar, pode-se ver esse símbolo como o trabalho da fraternidade universal que atua sobre toda a humanidade. A cruz simboliza o ponto de encontro do homem natural com sua essência espiritual. O braço vertical simboliza as forças da natureza divina que mergulham para baixo e atravessam o braço horizontal, que simboliza a humanidade que precisa ser despertada pelas forças do espírito. Quando o braço vertical (as forças do espírito) encontra o braço horizontal (a humanidade), surge a possibilidade de real transformação da humanidade. Assim a rosa (do espírito) é pregada à cruz. Por isso, a rosa representa a vitória do espírito.

A mesa de serviço: a pequena mesa colocada ao lado do púlpito representa o corpo vivo da Escola Espiritual, que é a base fundamental de trabalho da fraternidade da vida nesta natureza atualmente, como a oficina alquímica onde as forças do espírito atuam e na qual todos os alunos trabalham em conjunto. Sobre essa mesa encontram-se diversos outros símbolos, que são as ferramentas de trabalho: o candelabro sétuplo, o vaso com a rosa, a Bíblia, e, em alguns templos, um prato e uma taça de prata.

O candelabro sétuplo: quando o aluno se torna um vaso vazio, isto é, está vazio de tudo o que o impede de prosseguir, então ele recebe as sete forças do espírito universal, e assim começa o trabalho, acendendo gradualmente o fogo espiritual sétuplo em seu ser e realizando o renascimento do verdadeiro ser.

O botão de rosa representa a nova alma, a conexão da personalidade renascida do aluno com a centelha do espírito. Esse botão de rosa se abre gradualmente no desenvolvimento da nova alma em alma-espírito e, finalmente, em espírito.

A Bíblia representa todo o ensinamento universal trazido ao longo do tempo por todos os grandes iniciados e que compõem o trabalho da fraternidade universal. É a expressão do verbo divino, da força criadora divina. Ela está aberta no Evangelho de João, porque é o menos adulterado dos Evangelhos, e por isso possui uma grande força de transformação. Ele começa dizendo: "No princípio era o Verbo, e o Verbo estava com Deus, e o Verbo era Deus". Em cada aluno, esse verbo, essa gnosis, esse conhecimento vivo de Deus, deve se tornar um conhecimento interior vivo, de primeira mão, para uma verdadeira autonomia e soberania no seu caminho interno.

A taça ou cálice representa o graal, onde simbolicamente o vinho (a força do espírito) é servido a todos na Santa Ceia.

Anatomicamente, representa também o espaço formado pela ligação entre o coração e a cabeça, que receberá o vinho.

O prato simboliza o novo campo de vida que sustenta e apoia a realização de tudo. Esse novo campo de vida é a meta a ser alcançada por todos os alunos.

O caduceu é outro símbolo que só se encontra presente nos templos dos Centros de Conferências e que transmite a ideia da realização completa do processo: a vitória do espírito sobre a matéria, a transfiguração. O ser humano tornou-se um novo ser, voltado para o alto, com o novo pensar, o novo sentir e o novo agir. Ele é a manifestação viva do triângulo equilátero do Pai, Filho e Espírito Santo. Ele não vive mais das forças da árvore do bem e do mal, mas a partir das forças da verdadeira árvore da vida, que oferece seus frutos a todos os povos como alimento, e suas folhas se destinam à cura de todos aqueles que ainda sofrem. As duas serpentes do caduceu de Hermes representam os dois cordões do sistema nervoso simpático, o novo fogo serpentino, que tem seu entrelaçamento nos três santuários (da cabeça, do coração e da vida). O bastão representa o fogo serpentino (a coluna vertebral, a medula). A esfera com asas representa a nova consciência, o verdadeiro poder mental superior, Manas, que se libertou de todas as ilusões, apegos e limitações da mente concreta inferior.

O símbolo de Aquarius (presente no Centro de Conferências Pedra Angular – CCPA): representa a realização da missão de cada ser humano e de toda humanidade que é indicada por Aquarius, mostrando que um novo tempo chegou, um tempo em que o Sol Divino se ergue no horizonte dos tempos, enviando para a humanidade doze novas possibilidades de trabalho, doze novas forças que formam um Novo Dia. Esse é o tempo em que o cosmo, portanto a humanidade, e o microcosmo, portanto o ser humano, são tocados até o coração, até o âmago de seu ser pela força de Aquarius, pela força do Cristo Solar que a todos quer despertar.

Essa é a visão que se encontra por trás das paredes dos templos da Escola; esse é o ideal que constitui a argamassa que une e sedimenta cada uma de suas pedras de construção, isto é, cada um dos alunos. Esse é o objetivo de vida de todos os alunos e alunas da Rosacruz Moderna, objetivo que é anunciado a todos que foram tocados no coração.

AS ORIGENS DAS TENSÕES ATUAIS

Vivemos tempos de alta tensão, em que a atmosfera da Terra até parece eletrificada. O momento exige profunda reflexão sobre a vida em sociedade e individual. O desenvolvimento da sociedade contemporânea nos levou a aprofundar o controle sobre a natureza, de forma a evitar as incertezas advindas da vida natural. As casas com seus telhados de alvenaria foram as primeiras tentativas concretas de proteger o ser humano dos impactos do clima. Os efeitos das chuvas, das ventanias ou ondas de calor foram reduzidos com o desenvolvimento das tecnologias de construção. As ruas asfaltadas e as calçadas planificadas retiraram o esforço do sobe e desce natural da superfície terrestre.

Esse avanço produziu cidades que são verdadeiras selvas de pedra, onde se concentram enormes contingentes populacionais, e se criaram complexas infraestruturas para permitir que os fluxos populacionais se movimentem sem colapso. Ao mesmo tempo, a atmosfera da Terra está fortemente influenciada pelo éter-fogo, que é a manifestação direta do Logos sobre a vida na terra e faz com que a luz de um novo dia cósmico possa se manifestar.

O éter-fogo ou éter-ígneo preenche a atmosfera, e a humanidade percebe essa mudança primeiro como "som", depois como "luz". O som desperta os que estão prontos e a luz ilumina o caminho. Porém, esse som e essa luz também causam grande confusão para a humanidade em geral, como um poderoso relâmpago cuja luz cega os que se assustam com o barulho do trovão.

Todo o medo e aflição são compreensíveis, pois quando ativado pela sensação de ameaça, o sistema do córtex cerebral do ser humano fecha as conexões das sinapses cerebrais, impedindo-o de compreender a realidade. Esse momento de tensão elétrica gerada pela densificação populacional e pela atuação do Logos na atmosfera da Terra, demanda nova dinâmica que não cause reações automáticas. É preciso uma profunda respiração, como uma pausa, para em seguida construir uma nova forma de viver. É como acionar um ventilador de teto que está girando no sentido horário para que passe a girar no sentido anti-horário: primeiro suspendemos a força elétrica que o alimenta, aguardamos que ele pare, e só então o ativamos no outro sentido. Por ignorância podemos não ter a paciência necessária para aguardar esses três momentos e, ao forçar o ventilador pela inversão repentina do motor, seus mecanismos internos podem colapsar. Esses três momentos podem ser descritos como: percepção, força e mudança. Percepção para identificar o movimento que já não atende à necessidade individual e coletiva; força para transformar a percepção em ação; mudança como resultado da união do conhecimento e da força de ação.

À primeira vista, a situação em que nos encontramos, tanto coletiva como individual, parece simples e até óbvia. Mas não é bem assim. Ao longo da vida desenvolvemos mecanismos que nos levaram a sempre buscar conforto, mesmo em situações flagrantemente complexas. As propostas de pensar positivo, como uma forma de vida, bem como o negacionismo, são expressões de fuga da realidade. E de que realidade se está fugindo? Da percepção concreta da vida. O consumo de substâncias que alteram a consciência ou as intermináveis distrações pelos diversos meios de comunicação funcionam como compensações das tensões elétricas produzidas pela vida em sociedade e pela própria atmosfera. É como o sistema elétrico de uma casa, que precisa de aterramento para evitar uma sobrecarga que possa provocar um incêndio.

O problema é que as medidas compensatórias tiraram do ser humano a percepção real do momento. Assim, anestesiados, são surpreendidos pelos acontecimentos, ficam aflitos e assustados: agem como a criança que corre para a cama dos pais com medo, apavorada, ao ouvir o estrondo de um trovão e ver o clarão produzido por um forte relâmpago. Porém, a solução não é nem a fuga nem o medo, como nas palavras do poeta: "Nada a temer senão o correr da luta; nada a fazer senão esquecer o medo, abrir o peito à força, numa procura; fugir às armadilhas da mata escura".[38] E nesse abrir o peito para uma busca, nos encontramos em uma escola de mistérios.

Nela somos recebidos por um campo de forças acolhedor. Dito de outra forma, para o aluno o campo da escola é um campo indutor. Porém esse campo, por si, não o pode transformar; ele atua sobre o buscador como o ímã sobre um montinho de limalha de ferro: o ímã atrai o ferro, mas não altera suas características, e pode, pela indução de seu campo de forças, magnetizar o ferro enquanto este estiver próximo. Depois, quando se afastam, o ferro retorna ao seu estado natural.

Para muitos alunos, pode ser pouco factível manter-se focado no processo espiritual, e essa fuga da realidade produz certo bem-estar, porque reequilibra, compensa e aterra as tensões da vida cotidiana. Mas, da mesma forma, esse comportamento retira do seu sistema a força recebida por indução do campo de força da escola, o que dificulta que o aluno desenvolva profunda compreensão do mundo e de si mesmo. Alguns alunos mantêm por muito tempo, às vezes por muitos anos, relação com o cam-

38. *Caçador de mim*, de Sérgio Magrão e Luiz Carlos Sá, sucesso na voz de Milton Nascimento.

po da escola apenas no nível indutor. Nada mudam, mas sempre buscam um novo contato com esse campo acolhedor. A respeito dessa situação, Jan van Rijckenborgh descreveu certa vez:

> O aluno liga-se à Escola Espiritual Gnóstica, e empenha-se em se imaginar espiritualizado, empenha-se por uma realização superior de vida. Nesse empenho, busca consolo e auxílio, porém é uma busca equivocada, pois, dessa forma, não se liberta da roda de causas e efeitos e, chegado o momento, ele também não quer se libertar dessa roda. Pois o aluno tem muito o que apreciar em si mesmo e se consola com fantasias de transcendência espiritual; sim, ele só quer isso como um adorno ou um bálsamo para sua vida. Por isso, procura ampliar a soma de suas imaginações, aumentá-la, por exemplo, mediante uma outra imaginação: a de que a primeira imaginação se tornou uma realidade. Porém, desse modo, ele não encontra tranquilidade e paz interiores. Por isso, continua na vida de busca e experimentação, num contínuo subir e descer em esperanças e enganos.

Compreenda-se a advertência de Jan van Rijckenborgh: para que se possa ter noção mais límpida da realidade e das movimentações cósmicas, é preciso estar atento ao que é real, mesmo que essa atenção seja ainda pequena. O fato é que nossos órgãos de percepção não estão prontos para essa tarefa, para essa percepção direta. Mas há o elemento primordial, a centelha do espírito, que possui a luz e a força para nos auxiliar. Essa centelha, que tem sede em nosso coração, é também um campo de força indutor, assim como o campo da escola espiritual. A luz da centelha ilumina a consciência do aluno e o auxilia na conquista da liberdade interior, que é a condição para perceber de forma mais clara a realidade pessoal e do mundo. Quando essa percepção brota, todo medo e aflição desaparecem.

Se num segundo momento o aluno conecta esse campo no seu coração com a sua mentalidade, se estabelece um novo circuito interno no ser, que cria um campo como o ventre de uma mãe, que possui força e alimento. E assim é formado um campo para si mesmo, que pode ser compartilhado com os demais. Foi assim que o campo de forças da Escola foi criado em suas etapas iniciais pelos pioneiros do trabalho, um campo que tinha apenas o caráter indutor. Porém esse campo se desdobrou e ganhou outros matizes. Hoje ele se tornou multidimensional, capaz de refletir a luz espiritual que é onipresente. E, portanto, pode acolher diferentes atividades em seu interior: um campo indutor para todos os que necessitam dele, mas também um campo transformador para aqueles que trabalham em si próprios.

E graças a um grupo de alunos que trabalham em si mesmos, sem buscar medidas compensatórias, o desdobramento desse campo permanece ativo, com todas as características de uma legítima escola de mistérios. Além desse auxílio mais direto oferecido pela escola espiritual aos buscadores que a procuram, existe um auxílio muito mais abrangente e impessoal que é oferecido à humanidade: é o auxílio da gnosis, também chamada de alma do mundo ou Cristo cósmico. A gnosis estende sua força espiritual – em especial o quinto éter, o éter ígneo – como um manto sobre a humanidade, o que a chama e a inquieta para que um dia sua consciência amadureça e busque o caminho para transcender este mundo transitório. Ligada a esse trabalho mundial da gnosis, a escola espiritual tem como único e exclusivo objetivo tornar seus alunos aptos para a elevação da alma-espírito ao quinto éter, o éter ígneo, liberado pelo Espírito Santo, a fim de que a alma-espírito despertada possa respirar, viver e trabalhar com essas forças, e exercer a real vocação de sua vida: a manifestação plena da sua condição divina.

CORAGEM – A FORÇA PARA A AÇÃO

No capítulo anterior foi dito que a tensão atual tem duas origens: as aglomerações populacionais e a atuação do Logos na atmosfera; e que a real transformação de consciência e de vida requer a percepção clara da situação individual e coletiva, além de força de ação.

Quantas vezes não vivemos situações em que tínhamos ideias claras do que fazer, mas nos faltou força para realizá-las? Força é um elemento primordial para realizar qualquer mudança. A centelha divina pode nos iluminar, nos inspirar e nos impulsionar a dar os passos necessários para a mudança, mas somente a força da centelha não é suficiente para nos transformar. O impulso recebido precisa ser transformado em uma tentativa honesta de mudança, e por isso cabe à nossa consciência tomar a decisão e efetivamente realizar essa mudança, caso contrário perdemos a força que possuímos e não podemos agir com a necessária coragem para mudar. E ao longo do tempo vamos ficando saturados, desvitalizados, com a sensação de que ouvimos as mesmas exortações por anos seguidos. Portanto, como ponto de partida, vamos analisar o que queremos dizer com a palavra coragem.

A coragem a que nos referimos não é a dos praticantes de esportes radicais, que exigem grande ousadia e cuja recompensa são doses de adrenalina e de endorfina; nem mesmo a coragem que se manifesta em atos heroicos em situações críticas de guerras, grandes perigos e outras tragédias.

Que coragem é essa então? A palavra coragem vem do latim *coraticum*, cuja raiz cor significa coração: trata-se, pois, da bravura que vem de um coração forte. Para os antigos, o coração representava a mente e a alma da pessoa; para eles, a alma estava ligada ao coração. Assim como o coração dá vida ao corpo, a mente dá vida à nossa existência. O sufixo latino *aticum* foi substituído pelo sufixo português *agem*, que indica ação. Nesse caso, coragem significa literalmente a ação do coração, ou a ação que vem do coração. Sendo um impulso, para que a ação do coração se transforme em fluxo constante algo precisa mudar. Após perceber com clareza a situação em que se encontra, é preciso passar com urgência da teoria para a prática, para a efetiva ação. Essa atitude propicia ao aluno descobrir como manter seu sistema constantemente energizado pela força que emana do coração.

Outro aspecto importante para a realização prática do processo interior é o empenho na busca da verdade: um dos requisitos fundamentais para os que se aproximam da escola é que sejam pesquisadores da verdade. Ser um pesquisador é essencial a um aluno. Pesquisar significa examinar profundamente, buscar a coerência de tudo o que se aprende, vê, percebe e faz, relacionando tudo isso com o caminho que se quer seguir, e fazer um plano de ação. Ser um pesquisador requer sempre um ato de coragem, pois ele não pode ter medo de errar. Mas há um mistério: o aluno está acostumado a estudar, fazer provas, reconhecer o certo em contraposição ao errado; isto é, bons alunos são treinados para temer os erros. Porém o verdadeiro pesquisador não pode ter medo de errar, pois o erro faz parte do aprendizado e da evolução: o método científico mais reconhecido em todos os ramos é o de tentativa e erro.

Consideremos os pesquisadores de áreas como química, física, medicina, geologia ou outras. Eles buscam incansavelmente chegar a um resultado por meio de tentativas e erros, muita disciplina e persistência. É claro que esse método não é utilizado de forma aleatória, pois os resultados dos experimentos são analisados de forma bem precisa, conforme cada ramo científico. O desenvolvimento de vacinas, por exemplo, segue um protocolo bem rígido para sua aprovação final pelos órgãos de controle. Todas essas características também valem para o aluno de uma escola espiritual, que deve ser um pesquisador da verdade e de si mesmo; ele deve ter a coragem de experimentar.

É certo que o aluno sincero reconhece a escola em seu coração, e tem a coragem para fazer mudanças básicas em sua vida, buscando purificar seu corpo e sua alma. Porém muitos alunos ficam anos presos em dilemas e não agem; paralisados diante de questões como: "Será que o que brota em minha consciência é produto do meu eu ou da minha centelha?" Eles nunca descobrirão se não agirem; os dilemas não serão desvendados nas reflexões internas ou nas conversas com outros alunos, mas somente na prática diária. É preciso agir para receber a reação, e a partir da reação recebida perceber a essência mais profunda das coisas.

Todo aluno que se sente acolhido no campo da escola percebe que algo mudou nele, mas frequentemente essas mudanças não se tornam uma posse em seu estado de sangue e não o levam a um novo comportamento de vida. Porém, à medida que a intimidade com esse campo acolhedor se amplia, o aluno sente que é preciso avançar. E essa pressão para avançar se materializa quando o aluno se coloca em prontidão para mudar a si mesmo. Tudo pelo que o aluno passa na vida, todas as experiências vividas, seus erros e acertos são acolhidos em seu laboratório alquímico interior e transmutados em força de transformação. Assim como um cientista, o aluno precisa ter clareza de como usar o método de trabalho das escolas de mistérios; em particular, o método de autoiniciação proposto pela Escola Espiritual da Rosacruz Áurea denominado de gnosis quíntupla.

A gnosis quíntupla é um método pelo qual o aluno, como pesquisador de si mesmo, utiliza cada etapa de forma implacável. Essas etapas são cinco: autoconhecimento e discernimento, anseio de libertação, autorrendição, nova atitude de vida, realização da verdadeira vida. Apesar da aparente simplicidade, a riqueza da gnosis quíntupla está na forma como ela se manifesta na vida do aluno. Ela não é realizada de forma linear, como a sequência de degraus de uma escada; ao contrário, a forma de trabalho se dá em espirais, em que o aluno revive todos esses aspectos diversas vezes, em espirais cada vez mais elevadas. Porém, se a gnosis quíntupla for vivenciada de forma superficial, ela pode se revelar como círculos repetitivos, o que acaba gerando saturação, acomodação, ou mesmo desistência em continuar. E a chave para a libertação dos círculos repetitivos é a coragem para agir, sem medo de errar, com incansável perseverança, em total confiança em sua luz interna. Se cair, é preciso levantar-se e continuar caminhando, até alcançar a meta. Não se pode estagnar; estagnar é retroceder, enraizar-se mais ainda na terra. Examinemos mais de perto os cinco elementos da fórmula da gnosis quíntupla:

Autoconhecimento e discernimento: autoconhecimento significa responder, na prática da vida, às perguntas: quem sou? De onde vim? Trata-se de conhecer profundamente o próprio ser, com suas limitações, condicionamentos, ilusões; conhecer tudo o que leva à manifestação egocêntrica da consciência. O autoconhecimento leva ao profundo desmascaramento e à desilusão consigo mesmo. O discernimento, por sua vez, está associado à resposta de duas outras perguntas: qual a finalidade da minha vida? Para onde devo ir? Responder a essas duas questões, na prática de nossa vida, é a base de todo o ensinamento de uma escola espiritual. A finalidade da vida humana é seguir o plano de desenvolvimento do Logos, o plano de criação do Universo. A base desse desenvolvimento é a conexão de nossa consciência com a centelha do espírito. A humanidade está no 4º estágio de seu desenvolvimento sétuplo, e precisa seguir para as etapas seguintes, de forma a transcender a condição humana mortal e egocêntrica de animal pensante. Trata-se de ascender a estados de consciência cada vez mais elevados, até alcançar a manifestação plena do espírito. As escolas espirituais estruturam seu processo para a realização desse plano de desenvolvimento, para que seus alunos possam percorrer um caminho seguro para sua completa realização.

Anseio de libertação: em decorrência do autoconhecimento e do discernimento, surge no aluno o anseio de se libertar de tudo que o aprisiona, de ultrapassar essa vida cíclica e sem sentido, e de colaborar com a centelha do espírito. Nasce o anseio por uma vida superior, o anseio por se unificar ao Todo.

Autorrendição: após as fases anteriores, nasce no aluno o desejo de se render ao divino em seu ser. Daí decorre a grande necessidade de purificar todo o sistema quádruplo e desconstruir a estrutura egocêntrica da sua consciência. Autorrendição é o anseio de estar a serviço de nosso Deus interior, em nosso próprio templo microcósmico. É o "amar a Deus sobre todas as coisas".

Nova atitude de vida: todo o ser do aluno se ajusta para receber as forças do espírito sétuplo e viver em conformidade com esse novo estado vibratório. Demolido o egocentrismo, a alma se liberta de toda a separatividade e vive na perfeita unidade com o Todo; são demolidas todas as barreiras que nos separam do

Amor; é viver o "amar o próximo como a si mesmo". Se em cada ser humano existe uma centelha imortal, quão próximo é cada ser humano de nós mesmos! E se o espírito existe em tudo e em todos, precisamos zelar por tudo o que vive e existe; é a manifestação plena do amor.

Realização: transfiguração é o renascimento total do novo ser, de todos os seus veículos; é a reconstrução da triunidade espírito-alma-corpo; é a vitória e a libertação definitivas; é transpor as limitações do mundo do espaço e tempo e adentrar os portais da eternidade.

Esse é o caminho de inestimável beleza que se estende diante de nós, um caminho que nos traz grandes desafios e que exige muita determinação, dedicação e coragem. Mas ao longo desse processo somos agraciados com momentos mágicos em que o Absoluto nos toca profundamente. Nesses momentos sentimos a força do anseio primordial e somos preenchidos de profunda esperança de que algo imortal possa realmente viver em nós. E assim nos vemos avançando na jornada rumo à unificação com o todo.

A maravilha desse caminho é que nunca estamos sós. Todo o grupo de alunos e alunas, qual uma orquestra, procura trabalhar em grande sintonia. Toda a força da corrente universal de fraternidades está à nossa disposição para esse trabalho.

Que possamos, com firme determinação, avançar para uma vida absolutamente nova.

A FORÇA DA TRANSFORMAÇÃO

O capítulo anterior tratou da força interior necessária para avançar no processo de renascimento; este trata de como a força divina atua sobre nós. Jan van Rijckenborgh assim descreve a relação entre o ser humano e o Logos:

> Começamos com um exemplo muito simples. Vamos imaginar um pedaço de madeira que, sabidamente, é mais leve do que a água. Por alguma causa não natural ele é mantido no fundo de um lago. Mas, em determinado momento, a causa não natural é retirada e, então, o pedaço de madeira volta de imediato à superfície da água. Em outras palavras, cessando uma condição não natural, o equilíbrio natural é restabelecido.[39]

Aqui ele se refere à situação do ser humano que está submerso em sua estrutura egoica e que, uma vez despertado e renascido pela autoentrega, pode ter contato com o Todo. Já foi dito que a nossa tarefa não é buscar o amor, mas simplesmente achar as barreiras que construímos dentro de nós e que impedem o amor de fluir. Hermes deixou registrado na Tabula Smaragdina: "É verdade! É certo! É a verdade plena! O que está em cima é como o que está embaixo e o que está embaixo é como o que está em cima, para que os milagres do Uno se realizem".[40]

Certamente vocês já sentiram a presença de uma conexão profunda com tudo e todos. E certamente já tiveram a oportunidade de perceber que tudo, absolutamente tudo, é espiritual. Dito de outra maneira, perceberam que nada pode viver separado do Todo. O que nos separa do Todo somos nós mesmos, com nossas carências, com a necessidade de sermos reconhecidos, com a

---

39. Rijckenborg, J. van. *Os mistérios gnósticos da Pistis Sophia,* cap. 18.
40. Trismegisto H. apud Rijckenborgh, J. van. *A gnosis original egípcia,* tomo I, cap. 2.

nossa vulnerabilidade ao que nos dizem. E tudo isso nos causa dor, e a dor nos separa. Mesmo assim insistimos na dor de nos mantermos separados; insistimos em nossas carências, na necessidade de sermos compreendidos, em sermos vulneráveis.

E assim seguimos, fugindo ou atacando, e renunciando ao maior de todos os dons humanos: a paz da plenitude, de sermos habitante do Todo, restringindo-nos à parte que cabe ao eu. A paz é atingida quando se é um ser completo; na completude não nos separamos de nada nem de ninguém. Quando dividimos o mundo entre o meu (sentimento, desejo, ideias, conforto, lazer etc.) e o que é não-meu, nós nos apequenamos, pois o não-meu é muito maior que o meu. E ao dividirmos e nos apequenarmos, criamos a dualidade, a separatividade, e a sua consequência natural: o conflito. O egocentrismo apequena a visão da alma, cega a personalidade, escraviza a individualidade. Por mais que o campo da escola atue na personalidade e na individualidade, sem a mudança fundamental – o rompimento com o egocentrismo – nada muda. O aluno que com sua individualidade e com sua personalidade reconhece a escola, mas não rompe com o egocentrismo, mantém uma visão separatista, e crê, por exemplo, que o que pertence ao campo da escola é divino, enquanto o que está fora dele não é, e pode ter o sentimento de que, só por ser aluno, ele ganha uma espontânea espiritualidade que não há neste mundo mortal e ilusório.

Essas e qualquer outra divisão são causadas pela trave no olho, que tudo divide, que não permite ver que tudo é espiritual. Enquanto a trave permanecer no olho, o aluno precisa de apoio, precisa perceber que está cego: só então notará que precisa retirar a trave do olho. E isso ninguém pode fazer por ele, só ele mesmo.

 O campo da escola é um grande aliado na batalha rumo ao

autodesmascaramento. Mas o avanço é lento, cheio de idas e vindas, porque mesmo reconhecendo a necessidade de vencer o ego, no fundo o aluno reconhece essa necessidade apenas teoricamente. E essa abordagem teórica é apenas uma proteção, não havendo o desejo profundo de abandonar a si mesmo.

Como um Narciso apaixonado pela sua imagem, o aluno mantém suas dores, suas memórias, suas justificativas, para de tempos em tempos reencontrá-las, como um colecionador de selos antigos. Porém, é preciso esvaziar-se, ou melhor, permitir que o espaço vazio cresça nele. E o caminho do esvaziar-se passa por descobrir seus pontos fracos, isto é, tudo aquilo que o aflige.

É preciso, também, se esvaziar dos seus pontos fortes, de tudo o que o enaltece. Enquanto ele não abandonar o que já não existe (o passado) e o que não faz mais sentido (o egocentrismo), será derrotado na batalha de vencer a si mesmo. E se essa batalha não for vencida, os anos passam e o aluno permanece andando em círculos ao redor do campo da escola, deleitando-se com belas e profundas histórias e teorias, justificando o próprio comportamento com base no comportamento dos demais e tentando espiritualizar o eu, sem adentrar na Casa *Sancti Spiritus*, no campo de luz e na vida dos libertos. Portanto, vencer o egocentrismo é a tarefa central, a única necessária!

E essa nunca foi uma tarefa impossível. A força para romper a inércia dos hábitos egocêntricos não surge espontaneamente, sem esforço. Mas é preciso compreender que a força para manter ativo o egocentrismo é muito maior do que força necessária para se abrir a conexão com o Todo. A força para manter o ego é equivalente à força necessária para manter um pedaço de madeira no fundo de um lago, durante anos. A força para soltar a madeira é infinitamente menor; é a força do vazio, da permissão de um espaço vazio em nosso ser. E o vazio é o temido fim do eu, porém, não é a morte do indivíduo nem da personalidade. O que nos impede de deixar o egocentrismo que percebemos ser um hábito aprisionador? Por que, qual cão maltratado por dono violento, voltamos sempre de novo, cabisbaixos, para nossos hábitos?

Estamos aprisionados a uma série de condicionamentos em todos os níveis: mental, emocional, social, familiar etc. Isso nos tira a vitalidade, nos torna conformistas, nos faz pensar que não se pode mudar, que a vida é assim mesmo... A falta de coragem para mudar é a base do instinto de autoconservação; nos sentimos sós, em perigo, precisando nos proteger e nos agarramos a tudo. Mas o exemplo da madeira no fundo do lago mostra quão difícil e pesado é manter essa situação.

O chamado da centelha divina ecoa em nós: "Liberte-se, você é imortal, por que se contenta com a transitoriedade? Por que tanto esforço para ficar submerso em situação tão incômoda?" A liberdade nos chama! Rompamos os grilhões do egocentrismo e da separatividade. Um indivíduo sem egocentrismo é livre; sem as traves do egocentrismo nos olhos, é um forte; com sua personalidade livre do egocentrismo é, ele mesmo, uma usina de transformação. Ele não gasta mais uma quantidade enorme de energia para se manter artificialmente fora do todo, como uma madeira no fundo do lago. Ele se desdobra em várias atividades e todas elas são uma via alegre de abertura para todos com quem tem contato. Ele entrega toda a sua energia, pois a tem disponível para manter abertas suas fronteiras em busca da conexão com o Todo.

E um milagre acontece: como ele não se submete ao próprio ego nem ao ego dos demais, a vida começa a se descortinar de forma surpreendente. Ele já não vê mais as fronteiras artificiais com os outros países, com outros povos e línguas; não reconhece mais a separação do ser humano com a natureza. Nenhum reino natural lhe escapa; sua conexão é com todos os reinos naturais, animais, plantas, com tudo e com todos os seres humanos! Então a vida se abre para ele, pois ele é parte da vida. O espaço aberto em seu interior foi preenchido pela vida mesma. E, surpreendentemente, sua individualidade não é perdida, pois ela é a parte que faltava no Todo, como um grão de areia que faltava no deserto, como uma gota que faltava no oceano. Um amor por tudo e todos é a consequência desse poderoso impulso.

Sem as amarras do egocentrismo, o aluno não se perde mais nos dilemas do dualismo. E então entende que a escola de mistérios é um poderoso campo de expressão desta vida mesma, e que não há como proteger ou separar a luz. A Casa *Sancti Spiritus* se revela; um novo céu e uma nova terra se apresentam e o trabalho pelo mundo, com todos os seus reinos naturais e a humanidade, se mostra como uma urgência irresistível. O alfa, a força do despertar, e o ômega, a força do Todo, se unem no próprio ser humano.

Que cada um possa se abrir hoje mesmo, com toda a intensidade, a essa força que nos impulsiona para derrubar todas as fronteiras que nos separam da vida.

IMORTALIDADE

Desde a mais remota antiguidade, mitos e lendas falam a respeito de elixires ou objetos (como o Santo Graal) que concederiam a imortalidade, e há até relatos de pessoas que teriam atingido a imortalidade e textos com técnicas para obtê-la. Será que há algum fundo de verdade nessas histórias ou são simplesmente provas da imaginação fértil do ser humano? O que certamente elas revelam é que sempre existiu a busca pela imortalidade. Mas o que impulsiona essa busca? Talvez a explicação mais simples seja que o sofrimento ao se confrontar com o próprio fim ou o fim de pessoas amadas, leva o ser humano a imaginar uma vida que não acabe. Muitos dizem que a morte é a única certeza; ainda que a expectativa de vida venha aumentando consideravelmente nos últimos séculos, e da afirmação de alguns cientistas de que é possível atingir um prolongamento considerável da vida humana, atualmente os mais longevos não avançam muito além de 100 anos de vida; a pessoa mais velha já conhecida viveu até os 122 anos.

Ao constatar a mortalidade inevitável do corpo físico, muitos sentem necessidade de transferir a imortalidade para uma realidade espiritual, após a morte física, para uma existência no céu ou no inferno, ou em nova encarnação. No entanto, os corpos energéticos sutis, que interpenetram o corpo físico, também se desfazem completamente após a morte, deixando apenas o registro da vida daquela personalidade na lípica microcósmica, que se somará a registros de vidas anteriores. Nós, personalidades, seres humanos materiais, somos completamente mortais. A alma natural que nos impulsiona é também mortal, e não reencarnará nem viverá uma vida num céu ou num inferno eterno após a morte. As supostas vivências de céus, infernos ou coisas semelhantes não são mais que experiências transitórias de uma consciência que se apaga, pouco a pouco, até seu fim absoluto. A tentativa de prolongar artificialmente essa vida transitória só se dá à custa de muito sofrimento alheio, e com resultados duvidosos. Todos os corpos celestes, incluindo os planetas e as maiores estrelas, também morrem; o mesmo pode ser dito sobre todo o universo material que se conhece. Tais mortes tampouco se limitam à morte da estrutura física, mas se referem também à dissolução dos campos energéticos correspondentes.

Será então pura ilusão falar em imortalidade? O que os textos sagrados queriam dizer com isso? E talvez devamos nos questionar: o que queremos imortalizar? Nossas memórias? Nossas sensações? Nossos relacionamentos? Nossa consciência egocêntrica? O eu? Se o sábio grego Heráclito tinha razão, nenhum de nós se banha duas vezes no mesmo rio, porque nem o rio é o mesmo, nem o ser humano quando volta para se banhar ali. Não somos os mesmos nem de um dia para outro, imagine de uma vida para outra.

No entanto, se questionarmos a própria noção de imortalidade no tempo, poderíamos falar de outra forma de imortalidade, atemporal, fora do tempo?

> Segundo a concepção comum, o tempo é uma condição que se mede em horas, dias e anos, e a eternidade é algo como "um tempo que dura para sempre". Entretanto, isso é falso. O tempo, a essência do tempo, não é outra coisa senão "o sempre existente", correspondendo à concepção popular de eternidade. [...] A eternidade é uma experiência, um estado de ser no presente! [...] Não é verdade que vocês procuram a eternidade? Pois bem, ela está aqui, no presente. [...] Acaso disse o Senhor de toda a vida ao bom ladrão: "Amanhã estarás comigo no paraíso"? Não. Ele disse: "Hoje estarás comigo no paraíso". Por isso,

> deixem de se agarrar ao tempo, libertem-se dele, a fim de que os portões da eternidade se abram para vocês.[41]

O "sempre existente" é, portanto, a vida no tempo. É viver na tentativa contínua de uma realização futura, mas que continua sendo uma mera repetição do passado, pois sempre tentamos projetar no futuro aquilo que já conhecemos e é aparentemente mais seguro. A consciência, iludida pela identificação com seus processos mentais e emocionais, e mais particularmente com suas memórias emocionais, torna-se uma consciência centrada nessas memórias e cria para si a imagem de um eu permanente, que procura se perpetuar no futuro. Uma consciência nessa condição é fundamentalmente egocêntrica porque vive apenas para si, pois no fundo sabe que é uma realidade ilusória e impermanente, e teme seu fim mais que tudo. Nosso tempo interno, o tempo psicológico, para além do tempo dos relógios, é essa projeção do passado no futuro, a contínua busca de preservação e de preenchimento da consciência egocêntrica, tentando sempre fugir do abismo do não ser. Esse é o jogo do tempo, do "sempre existente"; é a roda sem fim, a roda da vida e da morte, que se realimenta continuamente, da qual a única saída se encontra no "agora", na realidade viva e nova de cada instante. Nesse presente vivo, em que a consciência egocêntrica só enxerga o abismo e o perigo do fim, existe a única passagem para uma vida completamente nova, além do jogo sem fim do passado (a memória) e do futuro (as projeções), além do tempo psicológico.

É certo que a consciência egocêntrica tem seu valor e importância, mas só conduz pelos caminhos do tempo até seu limite absoluto ou, em outras palavras, até que as experiências da vida

---

41. Petri, C. *A Rosacruz Áurea*, cap. XX.

proporcionem o amadurecimento que destrói as estruturas da ilusão egocêntrica. A partir daí, surgem rachaduras nessas estruturas, através das quais a luz da eternidade atemporal penetra. A consciência, purificada da ilusão egocêntrica, pode então conhecer sua natureza essencial e se tornar o espelho refletor da luz da eternidade no tempo. Por isso, é possível falar agora de nova consciência ou consciência iluminada.

A partícula de luz, denominada pela ciência como fóton, é um símbolo dessa consciência pura. Segundo a Teoria da Relatividade, quanto mais depressa um corpo se move, mais devagar o tempo passa para ele e mais sua dimensão espacial se reduz. É a dilatação do tempo e a contração do espaço. O limite absoluto seria a própria velocidade da luz, na qual o tempo se dilataria e o espaço se contrairia ao infinito. Seria impossível atingir essa velocidade, porque seria necessária uma energia infinita. Porém, para o fóton, que já está na velocidade da luz, poderíamos dizer que não há tempo ou espaço. Para a luz, o início e o fim do Universo são um único instante e todo o espaço é um único ponto. Da mesma forma, a consciência iluminada se amplia para abranger o todo do espaço-tempo.

Utilizando essa imagem, poderíamos dizer que aqueles que atingiram uma consciência "iluminada" alcançaram de fato consciência semelhante à da luz, pois no eterno agora e no aqui que abrange o todo, todas as dimensões do espaço e do tempo estão contidas e tudo é um. E a partir da manifestação dessa nova consciência, os véus que encobrem a natureza mais íntima das coisas caem pouco a pouco, revelando à consciência uma nova realidade, para além do tempo e do espaço, a verdadeira eternidade. O ser do tempo passa então a ter participação na eternidade, na imortalidade. A vida no tempo passa a ser uma vida de serviço à eternidade. E isso não é uma possibilidade a ser vivenciada após a morte do corpo físico, mas aqui e agora.

O que existe além dos limites do tempo? Uma imobilidade absoluta? Uma realidade sem vida e sem movimento? Uma absorção total no puro espírito ou no nada? Nós conhecemos as construções que erguemos no mundo do tempo. Conhecemos as civilizações que, como os seres humanos, também surgem, se desenvolvem, para num certo momento entrar em decadência e desaparecer, deixando apenas vestígios de sua glória. Conhecemos os planetas que, ao longo de bilhões de anos, surgem ao redor de estrelas, até desaparecerem junto com as estrelas que lhes deram origem. Mas existe algum movimento ou alguma construção possível fora da realidade temporal?

Nos diálogos com o físico David Bohm, o sábio indiano Jiddu Krishnamurti esclareceu o seguinte:

> O mundo pode ser encarado como sendo formado por diversas coisas que reagem umas às outras, e isso é um tipo de movimento: mas estamos dizendo que há uma espécie diferente de movimento. [...] Não há nada nele e, dessa forma, ele não pertence ao tempo. [...] Dizemos, então, que ele surge de um vazio sem centro, diferente do "eu" comum e todas as suas reações. Nesse vazio há um movimento de energia intemporal. [...] Para que compreendamos isso, porém, temos de estar livres do movimento do pensamento e do movimento do tempo. [...] A mente é capaz dessa extraordinária imobilidade, sem qualquer movimento? Quando ela está completamente imóvel, há esse outro tipo de movimento que emerge dela. [...] E esse movimento a partir da imobilidade é o movimento da criação. [...] A criação que é eternamente nova. [...] Há essa imobilidade absoluta, e nessa imobilidade ou a partir dela há um movimento, e esse movimento é eternamente novo.[42]

42. Krishnamurti, J; Bohm, D. *A eliminação do tempo psicológico*, cap.12.

Essa criação surge apenas no ponto de encontro entre tempo e eternidade, e só ela é sempre nova, só ela pode romper com a repetição sem fim dos ciclos do tempo. Essa é a nova criação e a nova criatura, que se renovam sempre, pois manifestam o espírito atemporal, no qual há a única liberdade possível.

Há cerca de 2.000 anos, o apóstolo Paulo falou a respeito dessa nova criação, na linguagem da época:

> Há corpos celestes e corpos terrestres; e uma é a glória dos celestes, e outra, a dos terrestres. [...] é necessário que este corpo corruptível se revista da incorruptibilidade, e que o corpo mortal se revista da imortalidade. E, quando este corpo corruptível se revestir de incorruptibilidade e o que é mortal se revestir de imortalidade, então se cumprirá a palavra que está escrita: "Tragada foi a morte pela vitória".[43]

Com essas palavras, Paulo falava a respeito de um dos elementos centrais do mistério iniciático cristão, que é o próprio ensinamento sobre a ressurreição, a vitória sobre a morte e sobre o tempo, como uma ciência viva. Infelizmente, com o passar dos séculos, essas palavras ficaram obscurecidas pelas interpretações teológicas, que as transformaram em algo obscuro e sem vida, que deveria ser aceito como crença, sem que nada se compreendesse a respeito.

Mas onde a linguagem sagrada se tornou letra morta, talvez possamos revivê-la acessando outras tradições de sabedoria e outras imagens, como as do mito da fênix que se ergue de suas próprias cinzas, que simboliza a vida daqueles que chegaram ao limite final do tempo, em que a própria vida se transmuta em uma fornalha que, cedo ou tarde, consome toda ilusão, toda ignorância e todo sofrimento egocêntricos. Esse ser humano pode

---

43. Bíblia. *1 Coríntios* 15: 40-54.

então vivenciar o fogo da catarse, em que as chamas se erguem, constituindo uma nova veste. Essa é a veste sem costura, um dos corpos celestes e incorruptíveis, a respeito dos quais Paulo escreveu, nascido no ponto de encontro entre tempo e eternidade. O que surge nesse ponto já não é uma construção temporal, mas um produto das núpcias alquímicas entre tempo e eternidade. Essa construção se ancora num ponto além do limite do tempo, e por isso é uma construção sempre viva, sempre nova, que espelha no tempo a luz da eternidade, do espírito imortal, atemporal, imperecível. Essa veste de penas de fogo é a veste celeste, imperecível, a veste áurea de núpcias, o corpo da eternidade, incorruptível, construído a partir da semente espiritual que trazemos no coração e acionada no instante de passagem entre tempo e eternidade, que é o eterno agora. Este é o corpo que precisa revestir os corpos corruptíveis, para propiciar a vitória sobre a morte, a vitória sobre o tempo.

Essa veste é o primeiro veículo superior do novo ser humano, mas também pode ser vista como uma quinta veste, que envolve a personalidade quádrupla. Os que a constroem revestem seus corpos mortais com a imortalidade do primeiro corpo celeste, impulsionando-os à transfiguração e à participação na eternidade atemporal. Esta é a veste dos Bodhisatvas da Compaixão, denominada Nirmanakaya no budismo, que significa corpo da aparência ou corpo da manifestação. Com ela, é possível manter um contato direto com o mundo e a humanidade e trabalhar diretamente pela sua libertação.

Nirmanakaya relaciona-se com o aspecto forma da consciência espiritual, mas trata-se de uma forma não cristalizada em conceitos ou imagens fixas, e sim como abstração pura. Ela concede à consciência a capacidade de se manter em contato com seu próprio conteúdo, mas indo além dele e percebendo-o com objetividade. Os discípulos que alcançam essa veste continuam participando do trabalho em prol da libertação do mundo e da humanidade, até chegar o momento em que uma veste ainda mais radiante possa ser tecida, quando recebem o chamado a um bem superior, a uma realização superior e a um trabalho mais abrangente e impessoal, elevando-os acima dos domínios do tempo e do espaço. A veste Nirmanakaya é construída pelo aluno que trabalha sobre si mesmo, em serviço a Deus, ao mundo e à humanidade.

Que todos nós aceitemos ser envolvidos por essa veste, e reconheçamos, com lucidez crescente e muita humildade, nosso papel no plano universal de libertação.

A MANIFESTAÇÃO DA VIDA

Como se formou, nasceu e cresceu nosso corpo? Um par de células se desenvolveu progressivamente no útero materno, o feto foi se desenvolvendo em um ritmo harmonioso, cada parte do futuro corpo foi crescendo em perfeita sincronia: as pernas não ficaram totalmente prontas antes do cérebro, muito menos os braços se formaram antes dos pulmões. Um ritmo de criação coordenou esse evento singular chamado vida humana; tudo aconteceu no momento preciso. Esse balé biológico envolvendo trilhões de células foi regido pelo corpo etérico da mãe, em conjunto com outras forças, como as planetárias.

Nascimento, desenvolvimento e morte acontecem de maneira coordenada e sincronizada para esse microuniverso chamado corpo humano. A manifestação da vida é um evento único e integrado, é uma onimanifestação. Essa manifestação segue um ritmo ou um movimento ordenado, que agrega e desagrega, um movimento único, um onimovimento. Finalmente, um conjunto de forças – muito acima de nossa capacidade de compreensão – coordena tudo isso. O corpo humano foi usado como exemplo, mas tudo isso se aplica ao nascimento dos planetas, dos sistemas solares, das galáxias, do Universo e dos multiversos.

Nessa breve introdução estão três conceitos fundamentais: a manifestação da vida universal, a onimanifestação; o movimento único que rege essa vida, o onimovimento; e a força condutora que torna tudo isso possível, o espírito universal.

A Escola Espiritual busca esclarecer seus alunos, de maneira aprofundada, o papel que cada ser humano tem a desempenhar como parte da criação universal. Se isso não ficar claro, seremos como uma célula que, por desconhecer sua integração com a totalidade do corpo humano, imagina ser um objetivo em si mesma e descompensa o funcionamento do organismo. Se não compreendermos o papel que nos cabe, corremos o risco de apequenar – como alunos – o processo de transformação que trilhamos, reduzindo-o a uma simples revolução de cunho individual.

E qual é o papel que nos cabe? Curar-nos da doença fundamental, que é decorrente da escolha de caminharmos em movimento contrário ao fluxo da criação divina citada acima. Os grandes do espírito sempre alertaram para o fato de que a cura de nossa doença fundamental – a separatividade – é a única maneira de contribuirmos para a transformação, para a cura e para a elevação da humanidade que, espiritualmente falando, também está doente. Só pode curar alguém aquele que antes se curou.

Essa visão de ser um agente transformador, curador, nos coloca diante do mistério que é o movimento da vida universal. A criação é a imagem manifestada do Criador que está oculto aos nossos olhos. Tal criação se movimenta como um todo. Hermes chama essa movimentação de "onimovimento" ou movimentação em unidade, em ligação. Ele diz que "o Universo é um corpo". Todos os corpos existentes, ainda que se diferenciem uns dos outros, formam em essência um corpo único, que é o Universo. Nele cada corpo possui um espaço que o circunda e uma força que o movimenta.

O ser humano sobre a mãe-Terra desconhece essa força motriz que está na base desse movimento universal. E por desconhecer tal força, sua vida segue um ritmo e um caminho próprios, separados da vida divina. Mas o que vem a ser esse ritmo de vida universal, o onimovimento? Imagine o Universo em estado absolutamente virgem, na condição de vazio, como está indicado no prólogo do relato da Gênese, isto é, o Universo antes da criação. Compreenda que nos referimos a processos internos, e não a processos externos tratados pela ciência. Ou seja, utilizamos a linguagem atual para elaborar um mito sobre o desenvolvimento da consciência, mas não o interpretamos literalmente, exteriormente.

Esse vazio que antecede a criação universal é aparente, pois o que parece ser vazio é um espaço cheio de substância primordial, repleto de substância raiz cósmica autônoma. Numa interpretação científica, podemos relacioná-la com a matéria do instante zero da criação. Essa substância raiz cósmica constitui a verdadeira natureza original, frequentemente designada no antiquíssimo pensamento egípcio como "a Mãe" ou "Ísis". Sobre essa natureza original atuam sete raios, os quais partem do reino imutável, sete raios do campo universal espiritual, sete raios de Deus. Eles representam a vida absoluta, o amor absoluto, a inteligência absoluta, a harmonia absoluta, a sabedoria absoluta, a dedicação absoluta e a ação libertadora absoluta.

Logo que esses sete raios tocam a natureza original, a Mãe Ísis, surge nessa natureza um movimento, uma atividade. Esse é o onimovimento, também chamado de comovimento. É assim que esses sete raios, fecundando a matéria original, revelam a natureza divina. A intenção divina, oculta à nossa consciência, se dá a conhecer por meio da matéria original, da força dos sete raios e do impulso do onimovimento. Tudo isso gera um fluxo de vida: da matéria fecundada, nascem a criação e as criaturas que, na força dos sete raios, devem retornar, em estado de glória, ao seio do Pai. Mas isso somente é possível se a criatura compreender, alinhar-se e perseverar na dinâmica dessa vida divina. É assim que ela, a criatura, realiza em si e por meio de si o plano de Deus.

Essa é uma face da moeda. A outra possibilidade é o contramovimento: a possibilidade para a divinização concedida a cada criatura contém em si a presença da liberdade absoluta. Por isso, todos temos liberdade para estar no comovimento bem como no contramovimento. Assim, na vida vemos surgir ambas as atividades, o comovimento e o contramovimento; a liberdade de entrar verdadeiramente na manifestação plena da divindade, a fim de nos tornarmos fundamental e estruturalmente filhos de Deus, e a liberdade de nos opormos a isso, como mostra nosso atual estado de vida.

Como buscadores da verdade, reconhecemos em nós mesmos a dicotomia da vida. Por um lado, sentimos o impulso pela busca espiritual, a necessidade da vida espiritual, uma pressão interna que antecede todas as nossas memórias e que conhecemos como pré-memória, como reminiscência incompreensível e inexplicável que nos movimenta a partir do mais profundo do nosso ser: esse é o efeito do comovimento em nós. Podemos desconhecê-lo, mas ele atua mesmo assim, nos chamando e instigando a nos ligarmos conscientemente à força dos sete raios do espírito. Porém, igualmente, conhecemos os efeitos de uma existência desligada de tudo isso: a separação interna e externa, a vida oscilante entre os pares de opostos que manifestamos por total desconhecimento de tudo isso. Existe maior liberdade do que essa, de poder estar no comovimento e também no contramovimento?

A vida que vem e que vai, o ciclo dos aparentemente intermináveis renascimentos são o resultado de nossa liberdade fundamental. Por um lado, temos total liberdade para escolher entre nos alinharmos ao ritmo da vida divina e o contrário, viver na separação. Mas não temos, por força da ação impulsionadora dos sete raios, nenhuma possibilidade de jogar fora as consequências de nossas escolhas. Visto por um ângulo, pode-se considerar a ação dos sete raios como uma força que não perdoa. Mas, se a entendemos como o auxílio para que não nos cristalizemos nas consequências que geramos para nós mesmos, tentando nadar contra a corrente da vida divina, percebemos essa mesma força desagregadora como um auxílio indispensável.

Ao voltarmos o olhar interior para a possibilidade de atender ao chamado contínuo do "caminhar com Deus", como diziam os cátaros na Idade Média, abrimos uma série de desenvolvimentos totalmente nova. Quando isso acontece, por mínimo que seja, os senhores do destino, os sete raios, farão atuar em nós o plano de desenvolvimento que está oculto à nossa percepção. Nossa consciência, ou nossa alma, pode acolher os sete raios de maneira totalmente outra. E o resultado será a transmutação, a transformação molecular que, na Escola, chamamos de transfiguração. Quando esse encontro com os sete raios começa a ocorrer, eles entram em contato com o núcleo espiritual humano, a centelha espiritual em nosso coração energético, e o despertam para a vida superior. Nesse coração energético está oculta uma estrutura de linhas de força, como as linhas que o ímã desenha sobre uma folha de papel com limalhas de ferro. Essa estrutura de linhas de força, esse arquétipo divino, contém a imagem do verdadeiro ser humano, imortal, divino e eterno. Essa imagem pode ser vivificada, ou seja, pode se tornar viva quando o espírito sétuplo puder tocar nossos três centros de consciência, neles se manifestar e assim nos transformar.

É assim que Osíris, o espírito, encontra Ísis, a alma que se transformou. É assim que nos curamos definitivamente. Mas para iniciar essa cura fundamental, é preciso investigar interiormente o que nos mantêm separados do ritmo da vida divina, pois, como alcançamos a margem de um rio se desperdiçamos nossas energias nadando contra a correnteza? Para muitos, a rotina diária é uma tentativa de estabelecer a vida no contrafluxo. Por isso sofremos tanto ao ver que, muitas vezes, uma conquista duramente alcançada é, em seguida, reduzida a nada ou se torna fonte de novos desejos e expectativas. Desenvolvemos uma sociedade supercomplexa e cheia de benesses, mas, a reboque, somos colocados diante de uma série imensa de consequências. Essa é a ação corretiva dos sete senhores do destino. Tão logo reconhecemos, no nível individual e pessoal, como nadar a favor da corrente da vida universal, somos também confrontados com uma série totalmente nova de consequências, agora positivas e libertadoras.

Podemos nos perguntar, de maneira sincera: como aprender a distinguir entre o que é estar no fluxo ou no contrafluxo? E o que também é fundamental: serei auxiliado em meus esforços para reverter o movimento de minha vida? A resposta da Rosacruz Áurea é: formamos, em conjunto com a força do espírito universal, um corpo vivo na Escola Espiritual, que nos abre todas as possibilidades para o irrompimento na vida no comovimento. Em nível individual, tudo o que devemos realizar no discipulado, do primeiro ao sétimo aspecto, já foi realizado pelo corpo vivo, da mesma forma que as experiências biológicas de cada uma das células que compõem nosso corpo físico somam-se e, em conjunto, lhe dão contorno. Por isso, o que julgamos difícil ou desafiador, com certeza, está disponível como experiência impessoal no grupo de alunos. Esse conjunto de experiências coletivas foi constituído seguindo o fluxo do comovimento. Para acessar essa "memória coletiva de experiências libertadoras", é preciso sintonizar a vida pessoal com a mesma faixa vibratória do corpo vivo. E isso só pode ser feito se formos paulatinamente ajustando nossa frequência à frequência dos vários estratos desse corpo vivo. Por isso, um aluno ou uma aluna já no primeiro aspecto, a partir do momento em que se liga a esse corpo vivo, tem a possibilidade de abrir a câmara de tesouro iniciático, desde que use a chave adequada. E essa chave vai abrindo a porta para a transformação, na medida em que sua consciência se volta para a força que emana da centelha do espírito.

Essa é a razão pela qual é preciso criar intimidade com a pré-memória, com esse impulso que nos tornou buscadores da verdade. Quando avançamos nesse processo, por pouco que seja, nos ligamos cada vez mais fortemente ao corpo vivo, cuja chave vibratória está em perfeita sintonia com a centelha do espírito em nós. E, assim, nessa e dessa diversidade de seres humanos nasce um corpo que reúne todos os tipos humanos que trazem em si algo em comum: a sintonia, em que grau for, com o espírito. Compreendemos que o corpo vivo não é um conjunto imaginário de seres angelicais como os que existem nas estórias. Não, ele é formado por seres humanos reais, com todas as questões a serem resolvidas, mas com toda a potencialidade para trilhar o caminho espiritual, seja como indivíduo, seja como grupo. E o esforço desses alunos e alunas é sustentado por todos que, já tendo trilhado esse caminho, irromperam no comovimento universal. Essa herança da libertação está disponível para todos nós. Para receber essa herança é preciso dar o primeiro passo, que é reconhecer o chamado que brota de nosso coração espiritual. Com essa base, tudo é possível, em todos os degraus subsequentes. É assim que abrimos, uma a uma, as sete portas do templo iniciático da Escola Espiritual da Rosacruz Áurea, essa contemporânea fraternidade gnóstica.

No passado nos denominávamos "jovem fraternidade gnóstica". Esse corpo hoje está tão maduro, tão preenchido por almas que aprenderam a abrir em si mesmas essas sete portas, que o termo "jovem" se refere a uma escola contemporânea, cuja tônica é sua permanente renovação; em meio ao desafio dos tempos atuais, aprendemos a dar os passos necessários para que o ser humano do século XXI possa tornar verdade e realidade o caminho que leva à supranatureza, nos níveis individual e coletivo. É assim que nos transformamos fundamentalmente, e temos à nossa disposição a força real para também impulsionar a humanidade para a verdadeira autocura.

Esperamos que muitos possam estar verdadeiramente engajados nesse processo alquímico, não só em benefício próprio, mas também para o bem do mundo e da humanidade.

O DESPERTAR DO SER HUMANO AUTOCONSCIENTE

O capítulo anterior tratou do estado original da substância raiz cósmica e da atuação do espírito sétuplo que traz tudo à vida: o que se manifesta no Universo é uma imagem do absoluto que permanece oculto, apesar de impulsionar todo o Universo revelado.

O homem autoconsciente também surgiu no Universo da manifestação por meio de um processo de desenvolvimento que abriu espaços de "vir a ser" a partir da conexão do espírito com a substância raiz. Inicialmente surgiu uma condição de consciência chamada de mineral, equivalente a um estado de inconsciência. Ao estado de consciência mineral seguiu-se o do vegetal, um estado de consciência que ainda dorme e que agora cresce, e possui um estado de vida como o de um sono sem sonhos. O passo seguinte é o estado de consciência denominado de animal, que equivale ao estado de consciência de sonho vívido, que ainda dorme, mas que já respira e produz imagens a partir dessa respiração. E, por último, o estado de consciência humano, a autoconsciência.

O processo de nascimento e morte, tal como conhecemos, é análogo ao processo universal do despertar do homem autoconsciente no plano universal. Nossa personalidade inicia seu desenvolvimento pelo encontro de dois gametas que são incompletos do ponto de vista da quantidade de cromossomos que possuem. Cada um desses gametas, que são células especiais, possui apenas a metade dos cromossomos presentes nas células do organismo, isto é, 23. A fusão dos dois gametas tem potencial para formar o embrião, com o número completo de cromossomos, 46. O embrião, por sua vez, tem o potencial para formar um novo indivíduo.

Ao nascer, todos os órgãos do corpo estão em funcionamento e se inicia a estruturação do corpo etérico. Esse corpo etérico vitaliza o aspecto físico, fortalece seus órgãos e propicia seu crescimento, além de possibilitar o desenvolvimento de novas funções na manifestação física. O corpo etérico também é o elemento de acoplamento, de conexão com os outros dois corpos mais sutis, o astral e o mental. Assim como o corpo físico, o corpo etérico recebe, em parte, grande colaboração dos pais para sua formação e estruturação, bem como também do passado do microcosmo, com a diferença de que, na eventual falta dos pais, o corpo etérico recebe a colaboração de quem tiver acolhido a criança. E se fosse possível a uma criança sobreviver isolada de quaisquer pessoas, o desenvolvimento do seu corpo etérico seria sustentado pelo corpo etérico do planeta.

Os outros dois corpos mais sutis da personalidade, o astral e o mental, apesar de ainda sofrerem influência do meio onde o ser humano vive e das pessoas com as quais convive, têm caráter absolutamente individual e são desenvolvidos preponderantemente pelo passado do microcosmo. Este é construído pelas sucessivas personalidades que nele viveram e deixaram todas as suas experiências gravadas em seu espaço de manifestação, como pontos energéticos de memória que perduram de uma vida para outra.

De certa forma, podemos dizer que, à medida que os corpos físico e etérico se estruturam, os aspectos astral e mental vão se instalando neles. Aos 28 anos, aproximadamente, tudo está pronto: o corpo físico, o vital, o astral e o mental. A partir desse ponto, o ser humano ganha sua total individualidade, particularidade e independência.

Mas, como tudo isso ocorre? Vimos que inicialmente há apenas um grupo de cromossomos, formando um embrião que equivale ao estado de consciência mineral. A partir do momento em que o embrião produz um novo ser, pode-se dizer que este novo ser vive em um estado de consciência vegetal, um sono no interior da mãe. Aproximadamente 12 semanas depois, o bebê ganha um estado de consciência que pode ser chamado de consciência de sonho. Então, processos muito profundos e complexos se ligam a ele. Ao nascer, o bebê começa a expressar sua própria consciência, e seguem-se as fases de amadurecimento da autoconsciência que vai até mais ou menos os 28 anos. Nos dias atuais, com a aceleração da manifestação da consciência, tais fases podem se realizar em uma idade muito mais tenra.

A partir desse ponto, o processo universal do vir a ser do homem autoconsciente abre novas possibilidades para o microcosmo. Ao se tornar autoconsciente, e tendo acumulado suficiente experiência, ele tem a possibilidade de levar adiante o seu próprio desenvolvimento como alma divina, escolhendo manter-se no comovimento universal.

Mas não devemos esquecer que é possível também manter-se no contramovimento. A vida atual em nosso planeta mostra que ainda não realizamos esse desabrochar no comovimento. Isso nos afeta como indivíduos, como humanidade e, consequentemente, como Sistema Solar.

O processo de nascimento e morte que conhecemos é, na verdade, um auxílio para o desenvolvimento da autoconsciência e para impulsionar nossa reconexão com o comovimento. Nós, que no longo fluxo de transformação escolhemos aplicar nossas possibilidades de forma egocêntrica, escolhendo o contramovimento, vivemos um drama: paramos nosso desenvolvimento quando nos tornamos adultos e independentes, e desconhecemos totalmente as etapas possíveis de transformação superior. A lembrança dessa vida superior está quase apagada no microcosmo e não tem espaço para se manifestar objetivamente na consciência; a lembrança se faz de maneira intuitiva, por meio do que conhecemos como pré-memória ou reminiscência, como algo anterior ao desenvolvimento da memória.

É com base nessa pré-memória que podemos dar os passos iniciais no retorno ao comovimento. Para que essa reconexão seja possível, é preciso realizar uma etapa de intensa preparação, para depois realizar mais três fases de desenvolvimento, como se fôssemos desenvolver mais 3 corpos que são: a nova alma, a alma-espírito e o corpo da transfiguração ou a veste ígnea do espírito. A realização dessas três fases leva o homem à imortalidade fora do tempo, à reconexão com o comovimento. Realizando tudo isso podemos nos manifestar como microcosmo renascido e retomar o desenvolvimento originalmente previsto para o microcosmo: e esse processo requer intensa preparação.

Enquanto essa escolha não é realizada, permanecemos no contramovimento e não avançamos no desenvolvimento da nossa destinação original. Por isso, manifesta-se o ciclo reencarnatório repetitivo, que visa manter aberta a possibilidade de retorno. A insistência no contramovimento e o processo repetitivo de nascimento e morte acumulam pontos magnéticos de memória que formam os nossos corpos sutis, de maneira equivalente à formação de registros cromossômicos no corpo físico. É como se, assim como no corpo físico, fosse formada para os corpos sutis uma espécie de "processo de registro cromossômico". E é esse conjunto de registros que se instala no jovem ser humano e o impulsiona a repetir tudo numa vida que deveria ser, realmente, nova.

Costumamos chamar as circunstâncias do nosso nascimento e de nossa vida de destino e sorte, ou em termos orientais, de carma. Distinguimos, de um lado, as tendências, características e manifestações que julgamos positivas e boas e que podem nos trazer benefícios para a saúde; até mesmo consideramos as realizações como recompensas recebidas por uma eventual aprovação junto à divindade. Por outro lado, empurramos o que classificamos como tendências negativas e indesejáveis para um nível subconsciente, ou buscamos terapias e práticas que possam equilibrar nossas tensões e nos dar a impressão de que estamos livres delas. Costumamos interpretar os acontecimentos indesejáveis de nossa vida como destino gravado no passado e que temos de cumprir inevitavelmente, independentemente do nosso posicionamento, escolhas ou intervenção da consciência.

Mas o destino se manifesta em nossa vida de forma minuciosamente gradual, a cada direção dos nossos pensamentos, sentimentos e reações. Por meio do corpo etérico, o destino – isto é, os registros dos corpos astral e mental – se conecta e influencia cada órgão, cada célula do organismo. Essa influência ocorre em grande medida – mesmo quase totalmente – de forma subconsciente ou inconsciente. E, então, não percebemos que as ocorrências e situações de nossa vida – o destino registrado no passado – são docilmente aceitas por nós. É assim que manifestamos tudo o que foi registrado por meio de inúmeras vidas repetitivas. Esse processo mantém viva essa herança do passado.

Vivemos como se nós mesmos, nosso ser, fosse esse conjunto de pensamentos, de sentimentos, emoções e reações, e procuramos afirmar essas tendências na busca de identificação e autoafirmação. E assim nos definimos a partir do lugar onde nascemos, do grupo social a que pertencemos, da formação acadêmica que desenvolvemos ou de sua ausência, da profissão que praticamos etc. Em nossa condição atual isso é natural e, até certo ponto, necessário, mas se torna também o muro de nossa prisão quando voltamos todas as nossas atividades ao atendimento desses impulsos no nível horizontal da vida. Produzimos intenso isolamento, e o pouco que conseguimos nos aproximar das pessoas se dá dentro de pequenos grupos separados e classificados de acordo com os diversos critérios de rotulação que desenvolvemos.

Assim vamos nos distanciando cada vez mais de nós mesmos, da nossa essência que deve unir-se à universalidade. É evidente que esse comportamento de vida, tanto individual como coletivo, agrava a situação geral da humanidade, impulsionando-a a níveis cada vez mais dramáticos de enfermidades, violência, privações que são experimentadas nos aspectos externo e interno. Esse é o contramovimento turbilhonante que arrasta a humanidade como se não houvesse outra possibilidade a não ser aceitar e entregar-se passivamente a ele.

Porém, surgem muitas pessoas que no meio desse furacão buscam um pouco de repouso. Observando mais atentamente a si mesmas, elas conseguem afastar-se um pouco da problemática cotidiana e ver tudo em uma perspectiva mais ampla. Esse afastamento aprofunda sua consciência, e elas passam a viver tudo muito mais intensamente: por um lado, isso pode trazer ainda mais sofrimento; por outro, uma experiência muito rica que se torna a base de sua busca espiritual. Muitos seres humanos percebem intuitivamente essa situação e buscam uma saída.

Eles estão cansados, esgotados de tantos esforços sem nenhum resultado efetivo.

A fraternidade da vida vem em seu auxílio em todos os níveis e, por meio das escolas espirituais, dirige-se a esses buscadores amadurecidos pela experiência. Inicialmente, eles são colocados diante do ensinamento universal, que, no caso de nossa Escola, manifesta-se por diversos meios: palestras, publicações nas mídias sociais, literatura e institutos culturais. O buscador pode também participar de atividades que o colocam em contato direto com o corpo vivo e então se decidir.

A intensa preparação começa quando ele toma conhecimento de que nasceu do absoluto e que é sua imagem e, portanto, é formado de substância raiz primordial na qual atua uma centelha do espírito, pois está em manifestação. Surge um movimento novo que vai abrir espaço de reflexão na consciência. Esta, por sua vez, começa a desobedecer aos impulsos inconscientes que se manifestavam, ocupando espaço nas células. Dois registros de naturezas diferentes não podem ocupar simultaneamente o mesmo espaço de consciência. Por isso, esse espaço de liberdade momentânea, que se manifesta livre da influência do velho corpo astral e do volátil corpo mental, é como um lampejo novo concedido pela centelha do espírito. Esse lampejo, quando alimentado, aumenta sua frequência no aluno: ele deve chegar a um ponto em que se torna uma luz que passa a brilhar constantemente na consciência, sem interrupção. Isso amplia o espaço de liberdade interior da consciência.

Essa intensa preparação é realizada pelo aluno que se liga ao corpo vivo da Escola Espiritual, que nos precedeu nessa realização e manifesta, em si mesmo, todas as fases desse processo. Pode-se dizer que o aluno preparou uma nova base física pela presença da força da centelha em seu sangue, e que também preparou uma nova base etérica por meio de sua ligação consciente e permanente com a centelha do espírito.

Até aqui o corpo vivo da escola funcionou para ele como pais amorosos que lhe deram uma nova base física e um novo ânimo, influenciando a estrutura energética etérica. Então, nessa condição muito especial, o aluno pode iniciar as novas três fases de desenvolvimento, pois escapou das ilusões do egocentrismo e agora percebe sua conexão com a onimanifestação. O corpo vivo contém, além da força que emana dos alunos e alunas que dele fazem parte, a herança do trabalho das fraternidades de todos os tempos e, portanto, possui um imenso tesouro de força de amor. Essa herança quer se conectar com o ser do aluno que realizou a intensa fase de preparação e conceder-lhe a possibilidade de construir em si mesmo a nova alma, a alma-espírito e o corpo da transfiguração.

Tudo isso é uma realidade presente, que vem como a amorosa mão estendida da fraternidade da vida a todos os seres que buscam realizar sua destinação divina universal.

Nosso mais íntimo e sincero desejo é que possamos fazer uso correto e intenso dessas maravilhosas possibilidades e, assim, deixando a corrente do contramovimento entrar no fluxo da vida divina.

O templo é um foco de trabalho de nossa escola; em todos os templos é realizado um trabalho dedicado à força universal, e esse trabalho em conjunto faz parte do corpo vivo da Escola Espiritual da Rosacruz Áurea. Assim, há uma rede desses focos de trabalho no Brasil e em muitos países do continente americano, da Europa, da África, e em muitos lugares do planeta.

Dois elementos caracterizam a construção de um foco gnóstico: cada núcleo está conectado de forma eletromagnética à fraternidade universal. O grupo de alunos, e cada um em particular, constrói uma célula do corpo vivo. Assim, um núcleo pode progredir em força e luz, desde que todos construam o templo interior.

Aqui deve-se enfatizar o papel do templo exterior: Jan van Rijckenborgh sempre insistiu que a materialização e a manifestação da gnosis é essencial no trabalho de uma escola de mistérios, uma escola iniciática. Ele escreveu que "a realidade da consciência cria a realidade da vida; a consciência é projetada, ela se revela no interior, mas também no exterior".44 Isso significa que devemos – quando há bastante força de alma – manifestar essa consciência na matéria, na dura realidade da vida comum. Se a força de alma não for suficiente, então, por mais belas que sejam as instalações e a filosofia, elas serão inúteis. Mas quando essa força está presente, ela pressiona para se manifestar exteriormente. A realidade da consciência se torna a realidade da vida, e uma manifestação concreta é revelada no espaço e no tempo.

Nesse processo sutil de encarnação de uma ideia coletiva, há um aspecto que desempenha papel especial: é o princípio da

44. Rijckenborgh, J van. *A gnose em sua atual manifestação*, cap. I-1.

flexibilidade. A flexibilidade é, por muitas razões, um requisito essencial para a vida espiritual moderna. Ser flexível significa que se pode abandonar o antigo a qualquer momento; é ser como a água, que se adapta conforme as exigências das circunstâncias. A água viva, a força-luz divina, flui por toda a natureza, em todo o Universo, e devemos estar sempre atentos a essa corrente de água viva e prontos para abrir-lhe novos caminhos, sem restringi-la. Com o tempo, todos os diques cedem à força da água. Assim também a água viva penetrará um dia em todos os cantos escuros da terra.

O ciclo da vida - nascimento, crescimento e declínio - é a expressão dessa flexibilidade, por trás da qual flui a força suave e irresistível da água que provém da corrente divina. Flexibilidade é muito mais do que apenas conduzir-se a um objetivo; é preciso uma adaptação aos eventos, uma renúncia às teorias que nos são preciosas – sem nunca perder de vista o objetivo final. Essa flexibilidade fortalece a fé, aguça o discernimento e fornece uma visão clara das coisas que antes pareciam confusas.

Para viabilizar esse trabalho mágico e espiritual do grupo e de cada um de nós, as oficinas de trabalho devem atender a uma série de exigências. Uma grande calma deve reinar no templo, calma que reflete o silêncio interior que os alunos descobriram em si mesmos e que vivenciam em seu cotidiano. Um bom momento de silêncio, antes e depois dos serviços, também é importante.

O templo deve refletir um alto nível de pureza, ordem e dignidade, o que só é possível graças à orientação de cada aluno e de sua vida pontuada por atos puros e conscientes.

Em nossa Escola Espiritual, os templos podem ser vistos em três aspectos: para dentro, para fora e em sua estrutura. Em seu aspecto para fora, seu aspecto exterior, o templo representa um local de encontro, um lugar de reflexão, onde esquecemos nossas diferenças pessoais e de opinião, nossos conflitos, e formamos um corpo único. É um ponto de encontro para verdadeiros buscadores, aqueles que estão acometidos pela inquietação fundamental, que os faz buscar uma saída para sua vida. Por isso, é necessário que seja um lugar aberto, acolhedor e caloroso. Nosso coração estará amplamente aberto se nos lembrarmos da compaixão infinita com que a gnosis nos acolheu e nos guiou durante os primeiros passos hesitantes no caminho, e que ainda hoje nos guia e nos apoia. No templo, os alunos dão alimento ao buscador e encontram consolo e força para cumprir as demandas da vida. Assim, como disse Catharose de Petri, o templo "não é simplesmente um lugar de reunião, mas é um lar mantido pela fraternidade universal, um vácuo no meio desta natureza da morte".

Em seu aspecto para dentro, seu aspecto interior, mesmo estando no espaço e no tempo, o templo é um lugar fora do espaço e do tempo. Ele está no mundo, mas não é mais deste mundo. É assim que o templo se torna um lugar carregado de forças, que possibilita a todos os que querem libertar sua alma a se conectarem com essas forças. Nele recebemos os quatro alimentos sagrados, os quatro novos éteres, para a renovação e o crescimento da nova alma. Essa ancoragem da eternidade no espaço e no tempo abre perspectivas surpreendentes, abre outras dimensões em nossa existência, nas quais não pertencemos a nós mesmos, mas ao absoluto, a Deus.

Existe ainda um terceiro aspecto, o aspecto estrutural: nenhum núcleo ou centro de conferência da nossa Escola existe apenas para si mesmo. Ele faz parte de um sistema de focos de força, é uma célula de um corpo vivo que se estende pelo mundo, nele respira e atua. Catharose de Petri disse sobre isso: "O campo de força da Escola é, no sentido mais amplo, um foco da Corrente Universal de Fraternidades; dessa forma o Templo é um foco em que a Fraternidade trabalha em sentido absoluto". O templo é um ponto de luz no firmamento de uma nova lípica coletiva, uma dentre as muitas ilhas de luz que estão maravilhosamente conectadas entre si. Nossos centros de conferências são os grandes focos do sistema, em torno dos quais os núcleos locais são organizados como satélites. Tornando-se focos fortes nessa rede de luz, os núcleos podem realizar sua tarefa: "pescadores de homens no mar da vida". Os núcleos, sustentados e inspirados pelo mais alto, pela totalidade do corpo vivo, podem alcançar o mais baixo. Essa é a tarefa essencial deles.

Todos nós, alunos e alunas, formamos juntos uma célula do grande corpo da escola espiritual que se manifesta em três dimensões: para fora, é a porta que se abre para o buscador e o leva ao caminho da libertação; para dentro, é o lugar onde a força gnóstica atua e se multiplica pela vivência interior dos alunos; e estruturalmente é uma parte do firmamento supraterrestre da esfera da fraternidade da luz. Somos chamados a uma tarefa de grande responsabilidade, que requer incansável dedicação e a apreciação cuidadosa do que é necessário e do que é possível.

Desde o início dos tempos, foi necessário difundir o ensinamento da libertação, despertar nos outros uma ressonância, uma reminiscência, e criar as condições – ou seja, o campo de força – que permitem que essas pessoas percorram o caminho conosco. Pedimos que façam tudo o que for útil para alcançar esse objetivo e deixem de lado tudo o que pode prejudicá-lo.

E aqui chegamos ao que é possível e devemos prestar atenção. Tentem não querer fazer demais, porque o equilíbrio pode se quebrar. Podemos encontrar o segredo do possível na sabedoria de Buda que, enquanto ouvia a música de um tocador de harpa, disse: "O som harmonioso só é possível quando as cordas estão bem tensionadas". Se as cordas estiverem muito frouxas, não produzem som; se estiverem esticadas demais, elas se rompem. O som harmonioso só é possível com a tensão adequada. Buda chamou essa tensão na medida justa de "o caminho do meio".

O caminho do meio que devemos encontrar em nosso templo é conseguir fazer vibrar cada vez mais as delicadas cordas de luz neste mundo, para construir canais que possam coletar a água viva assim liberada, sem pressa, sem inflexível teimosia, mas com a firmeza do espírito e o coração aberto ao amor. Temos atrás de nós, para nos apoiar, mais do que apenas uma organização, temos a fraternidade da luz. A verdadeira escola, que está por trás de tudo o que foi erguido em nome da gnosis, é a fraternidade da vida, que congrega os esforços de todos os verdadeiros iniciados. Se a fraternidade da vida não estivesse por trás de nosso trabalho e sempre presente no meio do templo, não teria sentido chamá-lo de Templo da Rosacruz.

Dediquemos nosso trabalho a essa grande comunidade da luz. Continuemos a demolir o antigo templo e a construir o novo, dando lugar ao divino "outro" em nosso ser. Espera-se de nós mais do que apenas cuidar desses locais. Esta é uma atividade importante, sem dúvida, mas o essencial é o dedicar-se à transformação interna. Conseguimos isso por meio da vivência prática, do nosso modo de vida flexível e da realização de tudo o que nos é pedido em nossos serviços e conferências.

Não permitamos que as forças de transformação sejam corroídas pela ferrugem. Construamos todos juntos, na força e na luz da água viva, e nunca nos entreguemos à preguiça ou à negligência. Porque só quem constrói pode esperar ajuda. Todos os esforços da Escola Espiritual visam nos mostrar o caminho que leva ao cume da montanha e colocar à nossa disposição a força para percorrer esse caminho. Porém, nós mesmos devemos trilhá-lo: eventualmente tropeçamos e caímos, mas precisamos sempre de novo nos levantar e continuar. É uma grande graça saber que estamos cercados por outras pessoas que têm o mesmo objetivo e ter a certeza de que podemos haurir, todos juntos, da mesma fonte de força abundante. Nenhum ensinamento refinado e nenhuma magnífica instituição exterior pode substituir essa construção interior. Quando falta esse trabalho interior, o aspecto exterior torna-se insípido e nossa vida de aluno se torna uma casca oca. Verdadeiramente, essa força precisa se tornar ativa em nós. Catharose de Petri diz: "Quando o Trabalho no Núcleo se desenvolve harmoniosamente, a Força pode ser liberada. E, quando a própria vontade se dedica a esse Trabalho em harmonia com a Vontade de Deus, o amor pelos semelhantes certamente triunfará".[45]

Façamos dos templos da nossa Escola um ponto de encontro e de referência espiritual para os buscadores. Porque há milhares de buscadores que aspiram à luz! Que nosso trabalho se desenvolva em grande harmonia, em uma verdadeira comunidade de almas, uma comunidade formada por almas que buscam verdadeiramente o espírito e trabalham em unidade para se elevar a esse espírito. Então, graças a nós, a luz será capaz de se espalhar pelo mundo. Graças a nós, a luz iluminará a escuridão do mundo e a humanidade poderá se elevar no caminho para a eternidade.

---

 45. Petri, C. *Cartas*, cap. 20.

RENASCIMENTO

Uma das questões mais importantes para um aluno que trilha o caminho da transformação interior é: poderei de fato realizar tudo aquilo que a Escola propõe? Conseguirei, realmente, alcançar essa meta tão singular, o renascimento na eternidade? Essa questão não é nova, mas recorrente. O Novo Testamento apresenta essa mesma dúvida por meio das palavras de Nicodemos: "Como alguém pode nascer, sendo velho? É claro que não pode entrar pela segunda vez no ventre de sua mãe e renascer!" A resposta atemporal, válida ontem e hoje, é a mesma: "Ninguém pode entrar no reino de Deus se não nascer da água e do Espírito".[46]

Platão fala a mesma coisa, quando indica a necessidade de acessar o mundo das ideias. Buda fala da libertação do sofrimento. Cristo, Platão, Buda e muitos outros, assim como a Rosacruz Áurea, apontam para a mesma necessidade: a transformação estrutural da vida humana. Assim, nascer de novo ou renascimento é um tema universal que toca todo ser humano que coloca os pés no caminho espiritual e que, a partir do seu íntimo, percebe a necessidade de renovação, de transformação e da transcendência. "O que é nascido da carne é carne, e o que é nascido do Espírito é espírito".[47]

Todos os processos internos aos quais um buscador e um aluno se dedicam, todos os seus esforços, todas as suas dificuldades, toda a sua perseverança e desafios se justificam apenas após ele, ou ela, perceberem, de início apenas intuitivamente, que o renascimento do próprio ser é uma necessidade incontornável.

46. Bíblia. *João* 3:4-5.
47. Bíblia. *João* 3:6.

Mas como é possível renascer, como é possível um renascimento? Mesmo os homens mais bem preparados têm e sempre tiveram muita dificuldade de compreender o renascimento.

Um buscador ou um aluno não quer se colocar acima de qualquer outro ser humano e não busca o renascimento simplesmente para possuir a resposta que os homens de destaque não possuem. Ele busca o renascimento por uma necessidade inadiável, pelo amadurecimento de sua consciência provindo da abertura que deu à pré-memória, isto é, à voz da centelha do espírito no microcosmo.

A centelha do espírito é como uma semente de Deus, imortal, eterna, que em cada ser autoconsciente busca tocar sua consciência, porque precisa nascer. Nascer de novo ou renascer só tem sentido quando o buscador ou o aluno parte desse estado de consciência que é fustigado pela centelha do espírito. Essa voz interior fala nos seres humanos cuja consciência busca aquilo que ela não define, não conhece, mas que sabe ouvir, perceber e reagir em seu interior.

E aqui não importam as condições exteriores desse ser humano e em qual posição ele se encontra dentro das inúmeras escalas que criamos para conferir a nós mesmos e a todos alguma distinção ou classificação. Do ponto de vista da experiência e da possibilidade do renascimento, muitos seres humanos já estão maduros para essa compreensão e, portanto, possuem essa distinção que nos torna iguais em possibilidade e responsabilidade em relação ao renascimento individual e coletivo.

O nome Nicodemos significa "vencer sobre a multidão" ou também "o que vence com o povo", o que demonstra que devemos nos elevar individualmente acima do nível geral de compreensão, o que também possibilita a elevação de todos.

Analisando o passado, verifica-se que há uma mistura entre o mito e a visão histórica material. Do ponto de vista do mito, todo o seu potencial é trazido para o tempo presente; do ponto de vista histórico material, o mito se cristaliza num tempo passado e se espera, às vezes já sem nenhuma esperança, que a história se repita. O mito atua em qualquer tempo, é sempre novo e, quando aplicado, produz efeito na vida, que pode até ser registrado como fato histórico aqui e ali. Mas o importante é aplicar o mito sempre como realidade presente, para produzir efeitos sobre a vida atual. Por exemplo, refletindo sobre as palavras de Jesus a Nicodemos, se conclui que, do ponto de vista científico natural, ninguém pode voltar ao ventre de sua mãe e renascer. Porém, quando ouvimos essas palavras, elas não apenas penetram em nossos ouvidos, mas também tocam nossa alma, em uma instância interior que desconhecemos e de uma forma que dificilmente poderíamos descrever com clareza.

Podemos também compreender assim o mito do Natal, como descrito no Evangelho de Mateus, em que há um novo nascimento, com vários personagens e um cenário: um casal, um anjo, a criança, uma estrela, três reis e uma gruta com animais. No início de tudo, deve haver um coração puro, virgem, sem máculas.

Mas quem tem um coração puro? Todo ser humano amadurecido pela experiência e no qual fala a reminiscência de sua origem divina, abre o seu coração para a luz do espírito e aceita esse fato como uma verdade, apesar de saber que isso não será bem recebido pela sabedoria comum. Esse impulso não ficará restrito ao coração pois, de fato, toca a sua estrutura energética que, por sua vez, toca o sangue em todos os seus aspectos e circula por todo o corpo, inclusive pelas estruturas do cérebro.

Portanto, no aspecto sutil, essa abertura do coração trabalha em estreita ligação – concomitante e de forma instantânea – com a compreensão e, juntos, o anseio do coração e a compreensão se elevam, se unem em uma nova possibilidade.

Uma concepção do renascimento assim se consolida no ser humano. E o novo nascimento, a partir de agora, torna-se inevitável, mas se concretizará em seu devido tempo, desde que o "casal" – o coração e a cabeça – se mantenha em ligação com a luz. "O que é nascido da carne é carne, e o que é nascido do Espírito é espírito". Então o "novo" nasce, porém num local aparentemente impróprio para sua origem, na manjedoura onde se alimentam os animais, simbolizando o nível astral do subconsciente, vibratoriamente inferior ao nível de consciência do recém-nascido.

Agora o novo nasceu e, em muitas ocasiões, estão presentes tanto as exigências do mito quanto as da vida imediata. Por isso, surgem situações em que decisões importantes são necessárias. Os três aspectos da consciência, seus veículos, pensamentos, sentimentos e reações, como os três reis magos, precisam reconhecer o novo. Precisam reconhecer que seus movimentos agem como "magos" criadores, pois são geradores e portadores de forças.

O novo que nasceu é filho do espírito, e a magia original desses três reis sacerdotes já pode ser utilizada. A partir do novo nascimento, tudo precisa renascer. Isso requer a oferenda completa do seu ser, dos seus três reis, seu coração, sua compreensão e sua nova ação.

Ao longo desse caminho, entram em cena muitos outros personagens, pois o nascimento e o desenvolvimento da nova alma implicam em intensa luta interior. Ela não surge sem mais nem menos, gratuitamente: é preciso conquistá-la mesmo diante das oposições em nosso ser. Muitas vezes projetamos essas oposições internas fora de nós, colocando-nos na posição de vítimas, quando na verdade elas surgem porque, por falta de fé e compreensão, voltamo-nos para o velho "eu" e esperamos por sua elevação.

A exigência é que a velha consciência egocêntrica diminua e a nova consciência cresça. Porém, tal diminuição não é uma espera passiva, mas fruto da compreensão e da vitalidade, nascidas da certeza da fé apoiada na experiência e na percepção interior da luz que tocou a consciência.

Em determinado momento a notícia do novo chega ao trono de Herodes, simbolicamente o núcleo de resistência da consciência-eu no aluno, que, por sua própria natureza, procura eliminar do sangue qualquer influência que possa ameaçar o seu reinado. O candidato aos mistérios empreende então uma fuga, pois não pode vencer o seu velho estado astral, que expulsa do sistema toda a força que ele atrai e recebe em sua senda. Então ele deve proteger inteligentemente seu santuário do coração, purificando-o e libertando-o dos impulsos e desejos astrais naturais.

Portanto, a fuga para o Egito representa o afastar-se das reações, pensamentos e sentimentos automáticos, com uma consciente observação de seus movimentos. Desse modo ele aprofunda a compreensão de sua própria submissão a esses automatismos, que formam os muros do seu aprisionamento. Mas agora ele toma como base o amor ao princípio divino no coração, que é o elemento real de purificação e de uma compreensão mais elevada. Nessa purificação e compreensão somos colocados diante da grande lei do caminho interior, a de amar a Deus e ao próximo como a si mesmo, reconhecendo o princípio divino em si e em todos.

Assim, ao novo nascimento se segue uma nova vida; ao Natal se segue um ano novo.

Nascida a nova alma, ela deve se tornar dirigente de todos os processos que, por fim, permitem subjugar todas as resistências interiores. Agora o crescimento já é possível, com uma nova alma desperta e atuante. Toda a sua vida é regida por essa "nova alma", a nova consciência renascida que vive e pulsa no coração, a quem ele se coloca a serviço.

A nova alma empreende sua caminhada por todo o ser do aluno e vai transformando suas antigas estruturas. Na linguagem do ensinamento universal, tais transformações são indicadas pela realização de milagres de cura. A cura do medo do perecimento e das privações do corpo físico, pela compreensão interior de sua limitação e transitoriedade. A cura da cegueira que impede a visão da profundidade e da amplitude do processo de renascimento. A cura da inércia que paralisa e atrasa o progresso na senda.

O ser humano que colaborou, que serviu à nova alma, à nova consciência em si, com todas as suas forças e que testemunhou a transformação produzida em seu ser, compreende que precisa ainda dar mais um passo. Ele compreende que a nova consciência precisa cobrir-se com uma nova veste, os novos veículos sutis transfigurados pelo próprio espírito. Compreende que sem que o espírito habite permanentemente, com as vestes sutis da alma, tudo volta a perecer. Do renascimento da consciência é preciso agora prosseguir para a confecção de sua nova veste ígnea, que somente pode ser tecida pelo espírito. Assim, o aluno realiza, em si, o tríplice mistério do renascimento na eternidade. Essa é a transfiguração, a confecção da veste ígnea do espírito, a veste dos renascidos, dos duas vezes nascidos, que é o objetivo mais elevado da Escola Espiritual Contemporânea.

Uma antiga fórmula Rosacruz nos remete à atualidade viva deste tríplice mistério: de Deus nascemos, mediante a centelha espiritual encerrada no coração, que nos toca e nos desperta para uma nova vida; em Jesus declinamos, vencendo na força da nova consciência todas as resistências de nosso estado de consciência egocêntrico; pelo Espírito Santo renascemos, tecendo na força do espírito a veste ígnea da nova alma-espírito.

Que esse tríplice milagre do Renascimento, do Prosseguimento e da Realização aconteça para todos nós!

FORMA, FÓRMULA, FOGO

Há dois importantes fundamentos do ensinamento universal. O primeiro nos fala dos três grandes planos da manifestação universal: o mundo do espírito, o mundo da alma e o mundo da matéria. O segundo indica a existência de um trabalho libertador universal, que visa transformar o ser humano tríplice, por meio de três campos que se manifestam nas escolas de sabedoria, indicados como: o átrio, ou o exterior; o santo, ou o interior; e o santo dos santos, ou o mais profundo do ser.

O mundo do espírito é a morada do pensamento divino, de onde surgem todas as sementes da consciência universal, as incontáveis centelhas do espírito: essa é a origem da centelha do espírito que habita o imo de nosso ser. O mundo da alma é a morada das essências da vida, de onde surgem todas as linhas de força que permitem a manifestação da consciência: essa é a origem da alma humana e de suas vestes sutis. O mundo da matéria é a morada da manifestação da vida, onde surgem todas as formas utilizadas pela consciência em seu caminho de aprendizado: essa é a origem do corpo material e da vida como a conhecemos.

O ser humano é a semente do pensamento divino, e esta, como centelha do espírito, precisa atravessar esses três mundos, sendo plantada profundamente no solo da matéria, para daí despertar de seu sono profundo, elevando-se até a Luz das Luzes, da qual um dia emanou. Esse é o caminho de todas as sementes do espírito, que trilham a senda do arco descendente rumo ao ponto mais denso da natureza material. Podemos conceber esse arco descendente na manifestação da vida como a conhecemos em nosso cosmo, onde a inteligência inata do logos, presente em cada partícula, desdobra-se em um longo processo evolutivo, desde os reinos mineral e vegetal ao animal e, finalmente, o humano. Nesse longo caminho, essa centelha atravessa quatro diferentes estágios de consciência: a total inconsciência, a consciência de um sono sem sonhos, a consciência de um sonho vívido e a autoconsciência.

Ao cabo desse imensamente longo processo, a centelha do espírito é acolhida por uma alma natural e envolta em suas vestes carnais, até que desperte em autoconsciência, para então travar a grande batalha interior contra seu opositor, a projeção de sua própria sombra no mundo da matéria. Dessa luta, o homem-espírito deve emergir como um vencedor, resgatando sua origem divina e criando o arco ascendente da nova alma-espírito, que transmuta e reúne os três mundos da manifestação universal. Esse caminho é trilhado por toda centelha que arde na alma anelante de cada buscador da verdade. Esse é o longo caminho que nos trouxe até às portas da Escola Espiritual, e nos reúne como aspirantes ao processo da autoiniciação.

E, na Escola Espiritual, se encontra a imagem manifestada das escolas de sabedoria de todos os templos, a saber, o arquétipo de um campo de forças tríplice, que possui a tarefa de auxiliar os alunos e alunas a atravessarem a grande batalha interior já descrita. O corpo vivo da Escola Espiritual está estruturado com base nesse arquétipo tríplice, pois, como em um grande laboratório alquímico, nele se deve atravessar as três fases seguintes do processo da manifestação universal do ser, fases que não podem surgir como mera consequência do processo evolutivo comum. Em realidade, cada um de nós deve realizar essas três fases, que constroem o verdadeiro e novo arco evolutivo, formado pelas três etapas seguintes que a centelha divina deve trilhar até sua integração perfeita à vida universal. Essas etapas são: o nascimento de uma nova consciência, também denominada de nova alma; o surgimento de uma consciência espiritual, também chamada de alma-espírito; e a manifestação de um novo ser, ao qual nos referimos como o novo ser humano.

A manifestação dessas três etapas do desenvolvimento futuro da humanidade somente se torna real se cada ser humano as construir em si mesmo. A construção dessas três etapas é comparada a uma grande batalha interior, que precisa ser travada ao longo da jornada pelos três mundos: no mundo material, conquistando a vitória sobre tudo o que reside em nosso exterior; no mundo da alma, atingindo a vitória sobre tudo o que jaz em nosso interior; e no mundo do espírito, vencendo a resistência fundamental no mais profundo do ser.

Vejamos agora, mais de perto, no que consiste essa batalha interior tríplice, em cada uma de suas fases, durante as quais, como alunos e alunas da Escola Espiritual, recebemos todo o amoroso auxílio de seu tríplice campo de forças. Para começar, é importante compreender que existem três grandes ideias nucleares que sustentam a manifestação desses grandes espaços universais do mundo da matéria, da alma e do espírito. A linguagem simbólica do passado referia-se a tais ideias nucleares como "regentes" ou "senhores", que representam os diferentes estágios de encarnação da mais pura força de ideação universal, o espírito, nesses espaços universais de manifestação. O regente do mundo da matéria é a forma; o regente do mundo da alma é a fórmula; o regente do mundo do espírito é o fogo. Forma, fórmula e fogo: eis as três ideias nucleares que sustentam toda a manifestação do mundo da matéria, da alma e do espírito. E a essência da batalha que precisamos travar em cada um deles é: vencer a forma, decifrar a fórmula, e conquistar o fogo.

Iniciando pelo mundo material, cujo regente é a forma, nosso grande obstáculo é vivermos imersos na grande ilusão de que percebemos a realidade de maneira objetiva. Vemos, ouvimos, tocamos, inalamos, provamos, e assim nos convencemos que conhecemos a essência da matéria, da maneira mais íntima e direta possível. Porém a realidade é bem outra. Em nosso agitado dia a dia vivemos mergulhados em ilusão tão grande, imensa e profunda, que mal nos damos conta de que, na verdade, não interagimos com nada nem com ninguém de maneira pura, neutra e objetiva. Vivemos tão imersos em nossos pensamentos, na convulsão de nossas emoções e desejos, e no automatismo de nossos hábitos, que não percebemos que, de fato, não vemos, não ouvimos e não sentimos as pessoas ou as situações que nos circundam de maneira real e objetiva. É como se existisse uma membrana invisível entre nós e o mundo material, que nos envolve e impede que entremos em contato real com ele. É como se vivêssemos dentro do traje de um astronauta, totalmente isolados do meio que nos circunda. Assim, por mais paradoxal que possa soar, apesar de vivermos e sermos seres dessa natureza material, na grande maioria das ocasiões vivemos apartados deste mundo, isolados no mundo ilusório de nossa consciência-eu. Por essa razão, vivemos na forma, mas não a conhecemos. Vivemos na matéria, mas não somos conscientes dela. Vivemos na carne, mas atravessamos a vida no transe de um sonho.

Eis porque precisamos nos tornar conscientes da realidade objetiva que nos circunda, o que somente pode ocorrer quando observamos o mundo e a nós mesmos a partir do mais profundo silêncio. Pois, no silêncio, podemos ver as pessoas e as situações de maneira objetiva, e não mais através da membrana invisível de nossa subjetividade. Somente assim podemos satisfazer o critério do mundo da forma, e prosseguir em nosso caminho.

A segunda grande batalha deve ser travada no mundo da alma, o mundo da fórmula. A natureza do combate muda completamente, pois o mundo da alma é o mundo das forças e das essências que plasmam e movem o mundo da matéria. O mundo da alma se encontra em nosso interior e não no exterior. E aqui reside um segredo: muitas vezes, queremos passar rapidamente pelos aspectos que consideramos mais fáceis, para então tratar de assuntos mais "profundos" e "desafiadores". Sem perceber, queremos deixar de lado as questões materiais mais grosseiras, para mergulharmos na beleza e na sutileza de temas que julgamos "espirituais". Porém, o mestre da forma, o regente do mundo material, não se deixa enganar facilmente por tais estratagemas. Muitas vezes pensamos que já o deixamos de lado, ocupados em compreender as forças e as essências que movem as pessoas e as situações, acreditando já termos avançado, munidos de uma percepção sutilizada e prontos para "mistérios mais sutis". No entanto, todas as vezes que nos ocupamos em compreender o que move "os outros", em realidade tratamos tão somente de nossas próprias projeções a seu respeito, e não nos movemos um milímetro sequer do mundo da forma em direção ao mundo da alma.

Por isso, muitas vezes, estagnamos em questões e problemas repetitivos na vida e na senda. A razão disso é que, nessas questões, nosso apego a tais projeções e ilusões é tão forte, que nem sequer percebemos a realidade exterior de maneira objetiva. E, em vez de ingressar no mundo da alma, permanecemos em nossas projeções autocriadas, abrindo-nos a todo tipo de sugestões negativas das esferas etéricas e astrais desta natureza. Ingressar no mundo da alma, o verdadeiro mundo da alma, é algo completamente diferente disso. Somente se ingressa no mundo da alma quando se adentra "nosso próprio mundo interior", e "nele" se percebe as forças e as essências que nos colocam em movimento na interação com nossos semelhantes, mantendo o giro da roda do carma. No mundo da alma, devemos discernir, claramente, as forças que circulam em nossa própria alma, as essências que dela emanam, as quais movem e dão sentido à nossa vida. Nossa visão interior torna-se límpida como o espelho de um lago sereno. Vemos o mundo interior através do espelho de nossa alma, e assim, compreendemos a realidade interiormente. E a compreensão interior da alma nos preenche de uma serena e profunda paz: desvendamos a essência das coisas, a fórmula que gera a forma, e levantamos o véu do templo, ingressando no santuário no mais profundo de nosso ser.

Em humildade e silêncio, compreensão e gratidão, aproximamo-nos do fogo, da flama do espírito que arde no imo de nosso ser. Ingressamos no terceiro mundo, o mundo do espírito, a morada e o santuário do fogo, os graus interiores do corpo vivo. Lá, o fogo nos ensina a arte da alquimia, que transforma a fórmula e recria a forma. Atravessamos a terceira e última grande prova, a prova da transformação, no santuário mais interior, no terceiro templo, o mundo interior do espírito, a morada do fogo. O fogo tem a capacidade de transformar as forças e as essências que formulam o mundo da alma, e assim redimir o mundo da forma, transmutando a matéria.

Tornemo-nos mestres da pedra, livres construtores!

IGNORÂNCIA, APRENDIZADO, SABEDORIA

Nas palavras de *A voz do silêncio*[48] encontramos as três chaves que apontam como podemos vencer a grande batalha interior citada no capítulo anterior, e assim atravessar os três mundos: o mundo material, o mundo da alma e o mundo do espírito. Na linguagem poética, mas tão direta de *A voz do silêncio*, esses três grandes campos da manifestação universal são indicados como três grandes salas, que o *lanu*, o candidato aos mistérios, deve atravessar, vencendo sucessivas provas: o nome da primeira sala é Ignorância, o da segunda sala é Aprendizagem, e o da terceira sala é Sabedoria. Essas três salas correspondem, respectivamente, ao mundo da matéria, cujo regente é a forma; ao mundo da alma, cujo regente é a fórmula; e ao mundo do espírito, cujo regente é o fogo.

Como aspirantes aos mistérios, na sala da Ignorância somos alertados para que "não tomemos os fogos da luxúria que ali ardem pela luz do sol da vida". Na sala da Aprendizagem recebemos a advertência para que nossa alma "não se entonteça pelo seu brilho ilusório, e ali se demore, enredando-se na sua luz enganadora". E, finalmente, nos é dito com toda a clareza: "se passando pela sala da Sabedoria queres chegar ao vale da felicidade, fecha, discípulo, os teus sentidos à grande e cruel heresia da separação, que te afasta dos outros". Se mergulharmos na essência dessas três advertências, descobrimos que elas descrevem, exatamente, "como" podemos atravessar tais espaços, aplicando três preciosas chaves na experiência concreta de nossa vida diária.

Comecemos pela sala da Ignorância. Ao lermos a advertência, vemos nosso estado de consciência e de vida predominante

48. Blavatsky, H. P. *A voz do silêncio*, fragmento I.

no mundo material. Trabalhando um pouco as palavras, chegaríamos a algo mais ou menos assim: vivemos entontecidos pelos fogos da luxúria, tomando-os pela luz do sol da vida. Aqui, "fogos da luxúria" não indicam nenhuma atitude moralmente reprovável, mas a maneira como nossos órgãos dos sentidos normalmente funcionam.

Os órgãos dos sentidos não são neutros em sua percepção, mas são matizados por nosso estado de consciência. Assim, vemos, mas não enxergamos, ouvimos, mas não escutamos, tocamos, mas não sentimos de fato. A chave para isso nos é dada em *A voz do silêncio*, ao indicar que em nossos órgãos de percepção já arde um fogo, pois a palavra luxúria indica um desejo poderoso e incontrolável, portanto um fogo de natureza astral. O fogo que arde em nossos órgãos dos sentidos é o fogo astral de nossos desejos. E o fato de já estarem preenchidos de um fogo, impede que realmente funcionem como órgãos de percepção pura, neutra e objetiva. Na realidade, eles se tornam órgãos de projeção e captura, e não de percepção; inconscientemente projetamos nossos desejos para o exterior, a partir de nossos órgãos dos sentidos, procurando encontrar apenas nossa própria imagem refletida nos outros e no mundo. É como se tivéssemos uma imagem mental já construída em nosso interior, que se projeta em toda a parte e deseja apenas encontrar seu reflexo, retroalimentando-se e perpetuando-se em um ciclo fechado.

Sendo assim, nossos olhos, e todos os nossos outros órgãos dos sentidos, utilizam seu aspecto positivo, irradiador, para projetarem a imagem do fogo astral que neles arde, enquanto mantêm seu aspecto negativo, receptor, voltado para capturar o seu reflexo em algo ou alguém. Por isso o ensinamento universal afirma que "têm olhos, mas não veem, têm ouvidos, mas não ouvem".

É assim que nos tornamos embriagados pelo fogo astral de nossos próprios desejos, "tomando-os pela luz do sol da vida", acreditando que suas projeções e reflexos são a própria realidade. Porém, da realidade mesma, a realidade objetiva do mundo material, não temos conhecimento, pois vemos apenas nossas próprias projeções e seus reflexos, sem enxergarmos a realidade que se encontra diante de nosso nariz.

Esse é o drama humano em que nos encontramos mergulhados, o drama da Ignorância fundamental de bilhões de seres humanos, absolutamente convencidos de que veem, ouvem e percebem a realidade objetiva, quando na verdade vivem isolados uns dos outros, em suas bolhas de projeções e reflexos. É por isso que *A voz do silêncio* chama este mundo de Sala da Ignorância.

E qual é a raiz dessa ignorância? Será que ela pode ser mitigada com algum tipo de conhecimento? Sim, existe um tipo de conhecimento que pode eliminá-la, porém ele somente pode ser adquirido interiormente: trata-se do autoconhecimento, o conhecimento de primeira mão de si mesmo. Esse conhecimento de si mesmo dá a humildade de reconhecer, de dentro para fora, o fato de que, em verdade, não conhecemos nada nem ninguém. Reconhecer o fato de que nossas arrogantes certezas são vazias, que nossas convicções sobre como os outros são ou deixam de ser, ou de por que as coisas funcionam de uma maneira e não de outra no mundo, não passam de ilusões autocriadas, eternamente reforçadas a cada piscar de olhos, pois somente vemos o que queremos ver, somente ouvimos o que nos convêm ouvir.

Quanta dor, quanto sofrimento, quanta perda de nosso pouco e precioso tempo de vida...

Pensemos nos grandes embates de nossa existência, e constatemos por nós mesmos como é inútil essa luta entrincheirada pela defesa pueril de nossas projeções e reflexos. Enquanto isso não mudar na essência de nossas experiências, não sairemos da Sala da Ignorância, não deixaremos o mundo da forma, simplesmente por ainda não termos aprendido sua lição, uma lição simples, mas poderosa. Seu nome é Aceitação. Sim, a aceitação do mundo e das pessoas como são, e não como gostaríamos que fossem. Algo que talvez soe até banal de tão óbvio, mas que contém a essência da libertação do mundo da forma. Pois ao aceitar, de fato, a realidade como ela é, ao parar de lutar para que ela seja o que desejamos, silenciamos diante das pessoas, da vida e de todas as situações, e assim tornamo-nos capazes de as perceber como de fato são, sem luta, fuga ou resistência.

Somente o silêncio do autoconhecimento é capaz de apagar o fogo astral dos sentidos. Mas se perseverarmos, naquele que em nós dá "a força", então amadurecemos e crescemos interiormente e, em cada experiência conquistamos um pequeno, mas seguro, novo espaço de liberdade interna. Assim, teremos aprendido a lição fundamental da Sala da Ignorância, e o regente do mundo material levantará, de bom grado, o véu da forma, revelando a Fórmula que se encontra por trás dela.

Ingressamos assim, no mundo da alma, na segunda sala, a sala da Aprendizagem. E aqui ressoa a segunda advertência de *A voz do silêncio*: "que sua alma não se entonteça pelo seu brilho ilusório, e ali se demore, enredando-se na sua luz enganadora".

Assim como vivemos presos na bolha de nossas projeções e reflexos no mundo material, podemos facilmente cair na mesma armadilha nos mundos sutis. Nesse sentido, devemos entender o ensinamento que a Escola Espiritual nos traz a respeito dos campos sutis desta natureza, que não passam de uma esfera que reflete nossas projeções individuais e coletivas. Essas esferas não são o mundo da alma, a metade pura e desconhecida do mundo, mas um mero reflexo do turbilhão do mundo material caótico que criamos. Se nos recusarmos a aprender a lição da Aceitação, a lição ensinada pelo autoconhecimento que silencia os fogos astrais que ardem em nossos órgãos de percepção, jamais conseguiremos ingressar no verdadeiro mundo da alma, na verdadeira esfera etérica pura e silenciosa do mundo interior da consciência renascida. Ao contrário, permaneceremos estonteados pelo brilho ilusório dos torvelinhos astrais e etéricos de nossas esferas sutis autocriadas, demorando-nos ali vidas a fio, enredados em sua luz enganadora.

Tantas vezes falamos do carma, especulando a seu respeito, utilizando conceitos tão complexos e abstratos, como se fosse uma ideia ou um fenômeno externo a nós. Porém, nada é menos verdadeiro, pois toda tensão e luta não resolvidas no mundo material geram uma projeção nos campos sutis que, por meio de infinitos reflexos, perpetuam a si mesmas. Assim, a luta entre dois indivíduos torna-se a luta entre duas tribos, depois entre dois povos, e finalmente entre toda a humanidade. No final, todos lutam, mas não sabem por quê.

Da mesma forma funcionam as rodas do carma coletivo e individual. Pensemos nos conflitos gerados em nossa vida, que permanecem sem solução. Quantos deles já não fazem mais sentido? Uma inimizade, um mal-entendido, uma palavra mais áspera em circunstâncias das quais já nem mais nos lembramos, e eis-nos em uma renhida disputa, aberta ou silenciosa, com nossos oponentes. Porém, somos como pugilistas solitários que esmurram a própria imagem no espelho, pois nesse plano de coisas, assim como não percebemos a realidade objetiva dos fatos, também não entendemos o mundo interior de nossos semelhantes, reagindo e interagindo apenas com as projeções que fazemos a seu respeito, e com mais nada ou ninguém.

Essa é a solidão fundamental da consciência-eu, uma solidão que somente pode ser vencida de dentro para fora, quando a consciência realmente ingressa em seu mundo interior, guiada pela luz do autoconhecimento, e assim consegue enxergar a si mesma. Levantando o véu da forma, ela desvenda a fórmula de sua alma. Ela desvenda as forças que a mantém em movimento, em seu fluxo contínuo; ela descobre as rodas do carma girando dentro dela mesma, como as engrenagens de um relógio que controlam a repetição de suas experiências e conflitos sem solução. Ela percebe como ela mesma se agrilhoa a cada nova vivência repetitiva, assim como as almas que sobrevoam exaustas as ondas encapeladas do mar bravio da vida, sendo tragadas, cheias de espanto, pelo próximo torvelinho astral que elas mesmas geraram. Dessa forma, aprendemos a lição fundamental da segunda sala, a da Aprendizagem, o espaço interior do mundo da alma. Trata-se da lição da Compreensão que nos liberta da grande ilusão, que nos permite trabalhar no mundo da matéria a partir da liberdade interior do mundo da alma. Agora, não somente já não lutamos, mas também compreendemos. E a compreensão interior da alma nos preenche de uma serena e profunda paz, a paz que ultrapassa todo o entendimento. A lição da segunda sala foi aprendida, e o regente do mundo da alma levanta o fino véu da fórmula e, pela primeira vez, vislumbramos o fogo.

Aqui, na terceira sala, a da Sabedoria, o mundo do Espírito, que jaz no mais profundo do ser, precisamos passar pela última e maior das provas, assim descrita em *A voz do silêncio*: "Se queres chegar ao vale da felicidade, fecha, discípulo, os teus sentidos à grande e cruel heresia da separação, que te afasta dos outros". E o nome da grande e cruel heresia da separação, que nos afasta de todos é: "eu". Esse "eu" não é a alma, esse "eu" não é a pura consciência, mas sim a sombra que a separa do Todo em si. E separando-a do Todo em si, ele a separa de tudo e de todos. Aqui, no silêncio do mais profundo ser, a alma compreende e dá o passo decisivo. Ela mergulha no espelho que projeta sua imagem, aparentemente perdendo-se nele. Ela mergulha "no outro", mergulha "em si mesma", mergulha no Fogo do Espírito.

Porém, ó milagre, ela não se perde, mas ressurge, completa, plena e íntegra, no outro lado da margem de si mesma. Lá onde não há mais sombras, mas apenas a luz. Ela venceu a última grande prova, venceu a grande e cruel heresia da separação. E aprendeu a grande lição da sala da Sabedoria, o mundo do espírito no mais profundo do ser, a lição da Transformação. Pois ao libertar-se do "eu", ela transformou-se no "outro". Ela e "o outro" tornaram-se Um. A alma, o eterno peregrino, finalmente chegou ao Lar!

Que levemos em nossos corações essas três lições da Alma: Aceitação, Compreensão, Transformação! Que tenhamos a coragem de aplicá-las em cada instante de nossa vida, em cada alento, em cada batida do coração.

Que a força, a luz e o amor da Fraternidade da Vida nos acompanhem, nos guiem e nos guardem em todos os nossos caminhos!

O ESTADO DA CONSCIÊNCIA EGOCÊNTRICA

No mundo em que vivemos, a única certeza é a total incerteza. Desde as condições desafiadoras das vidas pessoais, aos embates entre segmentos da sociedade, países e blocos de nações, tudo é constantemente preenchido pela incerteza. Ela provém não apenas da complexidade inerente à vida, que cresce à medida que o tempo passa, mas também porque hoje tudo está instantaneamente interconectado, acelerando, intensificando e retroalimentando os processos de causa e efeito e de ação e reação. Isso é válido desde os eventos extremos do clima, como nevascas em um canto do globo e terríveis enchentes em outro, às ondas de informação e desinformação que circulam várias vezes por todo o mundo em um único dia. Isso também é válido para a pandemia do Coronavírus, que recentemente assolou a humanidade, tomando o mundo inteiro de um golpe. Esse foi apenas mais um exemplo de nosso estado de consciência egocêntrico, levado às últimas consequências. Ao permitir que os países mais favorecidos protegessem suas populações, quase abandonando as nações mais pobres à sua própria desdita, agimos como os passageiros de um transatlântico naufragando, que tampam rapidamente os furos de sua cabine, enquanto a água continua a entrar por todas as partes. E, desta vez, a colheita cármica veio rapidamente, como um tsunami mundial.

A complexidade, a velocidade e a conexão entre tudo e todos geram ondas contínuas de impactos instantâneos e, por essa razão, a incerteza cresce e se consolida como única constante em todos os aspectos da vida no campo de existência que criamos. A esse respeito, o ensinamento universal muitas vezes comparou nosso campo de existência a um deserto, não necessariamente por sua desolação ou aridez, mas principalmente por sua desconcertante incerteza. Num deserto podemos nos perder facilmente: como não há vegetação, nem povoados, nem mesmo acidentes de relevo, o infinito mar de dunas é a única paisagem que se estende diante dos olhos dos que tentam atravessá-lo. Mas esse "mar" de dunas não é estável, como é uma cadeia escarpada de montanhas ou as plácidas curvas de montes ou planícies. Em poucos minutos o forte vento que sopra sobre as dunas encarrega-se de mudá-las de lugar, alterando seu desenho e apagando todos os rastros, até torná-las irreconhecíveis. Assim, muitos se perdem no deserto, e nele vagam a esmo durante muito tempo.

Por essa razão, o ensinamento universal compara nossa existência a um deserto, que é ao mesmo tempo sempre o mesmo e sempre novo e imprevisível, no qual perdemos as referências e permanecemos aprisionados sem encontrar a saída. Como um peregrino no deserto, que somente consegue atingir seu objetivo se possuir um conjunto de referências fora da incerteza de suas areias, nós, como peregrinos da senda interior, somente atravessamos o deserto deste campo de existência se utilizamos um fundamento sólido e estável que nos permita prosseguir, atravessando as incertezas e oscilações de nosso atual estado de consciência. O peregrino sabe que se perderá, que tropeçará e cairá, mas ele prossegue, caindo e levantando, perdendo-se e reencontrando-se, pois suas referências se encontram além das dunas eternamente cambiantes. Ele segue o curso do Sol, se orienta pela luz e pela posição das estrelas e, acima de tudo, caminha unido a seu grupo.

Na senda interior precisamos aprender a reconhecer esse sol interior, e a caminhar seguindo o seu curso. Precisamos, cada vez mais, desvendar nosso mundo interior e mapear as diferentes luzes que brilham em nosso céu microcósmico, para ler a rota de nossa alma e desvendar nosso próprio caminho. Devemos ter a humildade e a lealdade de caminharmos em grupo, utilizando o auxílio impessoal do campo de força, luz e vida da Escola Espiritual, que nos acolhe como participantes desta grande travessia interior. Acima de tudo, é preciso desenvolver a característica mais marcante de qualquer peregrino, sem a qual ele jamais atingirá seu objetivo: a capacidade de, ao cair, levantar sempre de novo. Na certeza de que as incertezas do deserto sempre irão nos pregar uma peça e nos fazer cair, temos que desenvolver a capacidade de encontrar força para levantar e prosseguir. Isso é a capacidade de resiliência; na vida comum, resiliência é a característica que certos materiais possuem de retornarem à sua forma original depois de sofrerem uma determinada deformação. Na psicologia e no estudo dos grupos e organizações, a resiliência é compreendida como a faculdade de atravessar um forte período de estresse, evitando o colapso e retornando ao equilíbrio anterior. Na linguagem da Escola Espiritual, resiliência é entendida como a capacidade de manter nossa atitude ancorada em um novo estado de consciência, permitindo atravessar todas as adversidades da vida e da senda sem retroceder.

Jan van Rijckenborgh comparou essa nova atitude de vida à resiliência, afirmando que os alunos e alunas devem atingir um ponto em seu discipulado em que essa atitude resiliente se torne sua segunda natureza, permitindo-lhes prosseguir no caminho interior independentemente das circunstâncias exteriores que tenham que enfrentar. Nisso se vê o sentido profundo e ao mesmo tempo muito prático do conceito da palavra endura, muitas vezes revestido de uma aura mística e distante da realidade.

Em alguns idiomas, a palavra endura indica uma ação, como no inglês *to endure*, que significa atravessar uma crise, um problema ou um obstáculo mantendo uma atitude resiliente, sem perder-se nos torvelinhos exteriores dos problemas, mantendo-se interiormente íntegro e sempre retornando ao próprio centro de gravidade. A endura não é uma atitude negativa, em que deixamos de agir, tentando vencer o "eu" tolhendo seu raio de ação; como atitude de vida resiliente, endura é agir claramente, em total consonância com as circunstâncias exteriores, porém, guiado pelos princípios da senda interior da alma.

Como atingir tal atitude de vida resiliente? Como encontrar essa força invencível, que é capaz de sempre nos reerguer a cada golpe e contragolpe que nos atingem na vida e na senda? Os iniciados do passado comparavam a posse de tal atitude ao forjar de uma espada, uma espada formada por fogo, luz e força, a espada do espírito. Essa espada precisava ser forjada pelo próprio cavaleiro, pelo aspirante ao nobre caminho, concedendo-lhe a têmpera necessária. E a têmpera de sua lâmina, que deveria torná-la ao mesmo tempo dura e maleável, portanto, resiliente, somente poderia ser atingida pela combinação de três ações constantes: aquecê-la no fogo de uma fornalha ardente, golpeá-la constantemente com um pesado martelo, e resfriá-la em águas frescas e límpidas.

Esse elevado e tão nobre símbolo pode ser comparado ao forjar da nova consciência, que deve se erguer em nós qual a espada de um novo fogo serpentino. Para forjar a nova consciência, cuja característica é uma nova atitude de vida resiliente, também precisamos realizar três ações constantes: mergulhar o âmago da alma na fornalha do fogo do espírito no coração; permitir que esse fogo golpeie a consciência, nela despertando o autoconhecimento; e colocar o autoconhecimento imediatamente em prática, mediante o contato com a realidade de nossa vida.

Assim, a espada da nova consciência vai sendo forjada, mediante fogo, luz e força: utilizando o fogo do espírito no coração, a luz da nova compreensão na cabeça, e uma nova força de ação na vida real e concreta! Esse é o segredo da nova atitude de vida resiliente, pois essa tríplice ação contínua permite que se instaure em nós um novo ciclo virtuoso e positivo. Trata-se de uma nova maneira de agir na vida, em que nossas ações e reações não mais se explicam pela dinâmica exterior de nossos problemas e das adversidades da vida, mas sim por uma nova e poderosa força interior que move nossa alma. Essa força nos liga ao fogo invisível do espírito no âmago de nossa alma; transforma-se na luz visível de uma nova compreensão em nossa consciência; e manifesta-se como uma nova atitude, poderosa e resiliente, que permeia nossa vida.

Como peregrinos da senda interior, nos ligamos ao sol do espírito que se ergue em nosso ser. Mediante essa ligação, aprendemos a desvendar o céu de nosso mundo interior e a prosseguir. E mediante essa ligação e essa nova compreensão, encontramos a força que sempre nos reergue durante a travessia do deserto da vida, mantendo-nos firmes e sempre seguindo avante. Em sua primeira carta aos Coríntios, Paulo fala dessa imensa força, a força de uma nova atitude de vida resiliente, de uma nova maneira de viver, que permite que se realize em nós a vitória da luz. Uma força imensa que, primeiro se denomina fé, depois cresce e se torna esperança, e amadurece até se consolidar na força invencível do amor. Sim, a força invencível do amor!

De um amor que nasce quando desperta a semente do espírito e a ela nos ligamos no âmago do coração; de um amor que cresce tornando-se uma compreensão luminosa e irradiante, que nos enche de ânimo, entendimento e coragem, como uma cintilante esperança; de um amor que amadurece e manifesta em nossa vida todos os dons do espírito, nos concedendo sua força invencível. Um amor que é a mais perfeita resiliência divina, a mais perfeita capacidade de resistir sem nada forçar, de tudo realizar sem nada ferir, e de vencer sem jamais lutar. Um amor que tudo sofre, tudo crê, tudo espera, tudo suporta; que tudo vence e que jamais acaba. Essa é a força que sempre nos reergue, no eterno cair e levantar da senda; que vence a dor, a dúvida, o desespero e o desalento; que nos dá a vitória, quando vencemos a nós mesmos.

São os nossos mais sinceros votos de que essa força, a fonte da nova atitude de vida, a fonte da verdadeira resiliência espiritual, possa muito em breve manifestar-se em cada um de nós!

A VERDADEIRA AUTONOMIA INTERIOR

A luz da centelha ilumina nossa consciência e nos auxilia na conquista da liberdade interior, que é a condição para perceber de forma mais clara nossa realidade pessoal e a do mundo. Quando essa percepção brota, todo medo e aflição começam a desaparecer.[49]

Que fatores dificultam a conquista da liberdade interior? O fator central é a forma como nos relacionamos com o tempo. Toda a nossa vida é organizada em função do tempo: sempre planejamos nossos dias, nossas semanas, pensando que temos bastante tempo pela frente. Porém, vivemos em tempos de tamanhas incertezas que temos a sensação de que o tempo está nos atropelando, de que estamos sendo levados, de que estamos sempre deixando algo passar, como se os acontecimentos fossem carros velozes nos ultrapassando.

É preciso aceitar que entramos em um período de completa imprevisibilidade, e isso nem sempre foi assim. Há pouco tempo era possível planejar os próximos 5 ou 10 anos, e a programação traçada geralmente funcionava. Hoje sabemos como isso é muito mais complicado e difícil. Essa sensação de incerteza pode produzir saudosismo, o que reforça um dos maiores apegos humanos: o apego ao passado, às memórias.

Já ouvimos e concordamos muitas vezes sobre a necessidade de viver o presente, viver a vida a cada instante. Isso soa tão verdadeiro e real, mas quando de volta à rotina, o tempo nos atropela novamente e aquela mensagem, que parecia tão importante, some como fumaça. Somos impulsionados, mas não

49. Ver cap. 28.

conseguimos reagir ao impulso que nos tocou. Será que isso será sempre assim?

Não, isso não deve continuar assim! Para tanto, é preciso transformar a reflexão em ação; é preciso detectar o que nos prende ao passado, e não estamos nos referindo apenas a um passado mais longínquo, mas o da semana passada ou até de ontem, seja o que for que impede de nos concentrar no hoje. Refletir sobre nossas experiências passadas e aprender com elas é muito importante, mas não é a isso que estamos nos referindo. Um dos mecanismos mais aprisionadores ao passado são as situações em que nos permitimos estagnar em determinada experiência, remoendo algo que já passou, repetindo diálogos mentais, seja por saudade de sensações prazerosas que desejamos perpetuar, ou de situações mal resolvidas das quais não conseguimos nos desapegar.

A Escola fala sistematicamente de duas ferramentas poderosas que nos permitem conquistar a liberdade: o autoconhecimento e a autorrendição. Essas duas ferramentas, embora apresentadas de forma separadas, são como dois lados de uma única ferramenta. Reconhecemos a nós mesmos? Quando percebemos a prisão construída por nosso comportamento repetitivo, esse é o autoconhecimento nos desmascarando! Então largue! Sim, solte a barra de ferro da prisão autoconstruída, se desapegue, se liberte! Essa é a autorrendição.

Percebem como a relação com o tempo é uma questão interior? Por exemplo, quando temos uma experiência muito profunda e significativa, não importa a duração do tempo: é a intensidade da experiência que determina se ela fica ou não gravada em nós. A intensidade é determinada pela nossa percepção, e não pelo tempo.

O real autoconhecimento surge quando percebemos que a força motriz do nosso aprisionamento está ligada ao tempo – passado e futuro. Em primeiro lugar, é preciso investigar em nós mesmos por que vivemos tanto no passado e no futuro. Essa situação de alienação do presente alimenta nossos medos, gera preocupações, que por sua vez geram constante ansiedade. É o medo por nosso conforto material, medo no âmbito de nossa vida e de nossos entes queridos, medo de não corresponder às expectativas dos outros; a lista é quase sem fim... Por mais que nos preocupemos com alguma coisa, a preocupação em si não leva à solução do problema: ela só nos paralisa e nos impede de ver o problema como ele realmente é. Quando deixamos de valorizar o momento presente, perdemos a chance de perceber o que realmente está acontecendo. Somos obrigados a retornar ao mesmo problema até mudar a perspectiva para perceber o que aquela situação quer nos dizer. Enquanto deixamos nossa mente vaguear pelo passado ou especular sobre o futuro, os automatismos nos dominam. E enquanto somos reféns desses comportamentos repetitivos, nos negamos a possibilidade de conexão com nosso ser mais interior.

Em nossa Escola Espiritual, os alunos são frequentemente lembrados de que somos parte de um microcosmo imortal e que existe um plano de desenvolvimento para que nosso princípio espiritual alcance sua plena manifestação. Esse núcleo divino da vida original, que habita em nosso ser mais íntimo, é o ponto de contato que temos com a eternidade enquanto ainda estamos subordinados ao tempo. Quando, por meio de nossa orientação e profunda dedicação ao processo de autoiniciação, nossa consciência consegue conectar-se com o princípio espiritual, com a centelha do espírito, uma maravilhosa energia de outra natureza passa a circular em nossa consciência. Assim, quando conseguimos prestar real atenção ao momento presente, o processo descrito ganha força e passamos a vivê-lo conscientemente, como se o tempo parasse, como se nosso relógio interno parasse.

Viver o presente é estar consciente do que falamos, do que sentimos, de como agimos. Sem isso não existe autopercepção, nem autoconhecimento e tampouco há transformação da consciência. É essa lucidez que nos proporciona liberdade e autonomia interior, que resultam em verdadeira segurança e quietude. Conseguindo materializar esses momentos, vemos que conseguimos, literalmente, interromper os automatismos nos pensamentos, nos sentimentos e em nossas ações. Com esse esforço consciente e dedicado podemos perceber o significado de tudo, e tudo ganha um valor diferente. Quando nos tornamos livres interiormente, mesmo que por um instante, podemos aplicar essa liberdade externamente, em nosso dia a dia. Nossa vida continuará a seguir adiante, os problemas seguirão seu curso, mas não somos mais paralisados por eles; eles não são mais os protagonistas da nossa vida, não lhes damos mais espaço nem nosso precioso tempo e energia. Dessa maneira, alcançamos um equilíbrio mínimo entre nossos pensamentos, nossa emotividade e nossas atitudes, que resultam em mudança real em nossa vida.

Como Catharose de Petri esclarece:

> Atualmente, o microcosmo mantém-se ligado a seu sistema espaço-temporal. Todavia, quando o espírito, a alma e a personalidade transfigurada estiverem outra vez unidos, será concedido ao microcosmo entrar outra vez no estado divino da ubiquidade, da onipresença. Enquanto isso não acontece, ele permanece rompido e danificado. Por isso o chamado ressoa sem cessar para todos, a fim de que se cumpra a grandiosa obra de salvação na e através da poderosa força da natureza original. Portanto, em primeiro lugar, a grande e santa força-luz da natureza original

deve irradiar em todo o vosso corpo. A atitude de vida agora exigida é a que leva à iluminação. [...] Como consequência, deveis conduzir todo vosso estado de vida, toda vossa atitude de vida, de acordo com essas exigências. Então, no momento psicológico apropriado, a grande luz penetrará em vosso microcosmo e a contemplareis. [...] Para isso é necessário colocar o sentir, pensar e querer sob a força de irradiação do alento sagrado, a fim de que a alma possa despertar para a vida no corpo vital e possa religar-se ao Espírito Sétuplo. O Cristo interior tomará a direção do homem-João; e aí, onde o eu, por mais dedicado que seja, não consegue ter bom êxito, a alma será capaz de suprimir todas as dificuldades existenciais da personalidade e a conduzirá à grande vitória.[50]

50. Petri, C. *O verbo vivente*, cap. 2.

O SENTIDO ORIGINAL DA IOGA

A essência do discipulado da Rosacruz Áurea é realizar a conexão consciente do ser com o espírito universal, culminando com a unificação completa de ambos por meio da fusão da alma renascida com o mundo da perfeição.

Para aprofundar essa questão, vamos examinar as similaridades do sentido original da ioga com a gnosis quíntupla.

> Os sete aspectos da Vontade e da Ioga, como candelabros acesos nas sete cavidades cerebrais, devem ser neutralizados e apagados, segundo a natureza. A cabeça da velha e perversa serpente [...] tem de ser esmagada, a fim de que a divina Ioga, a Sabedoria Divina, possa adentrar, e a Vontade Divina, como Sumo Sacerdote, possa reger o sistema espinal, conduzindo-o à transfiguração.[51]

> Ao se orientar totalmente ao Tao, os interesses do aluno, suas necessidades de vida, toda a sua atividade mental e seus desejos mudarão fundamentalmente. Essa transformação também terá um efeito profundo sobre a condição do seu corpo; sua natureza inferior estará sob a autoridade de seu Eu real renovado. [...] admitamos que vocês estejam se aproximando da origem das coisas, portanto do Tao, e que, consequentemente, a alma cresça em vocês. E que sua atitude de vida se harmonize com ela nos menores detalhes, que toda a sua existência comece a se abrir para o Espírito e que, por conseguinte, seu raio de ação e seu estado de consciência se expandam e os conduzam, dia após dia, cada vez mais adiante no caminho. Compreendam que, então, sua atividade mental, seu estado mental e seu intelecto sofrerão modificações profundas e radicais. Em dado momento, vocês começam a pensar de maneira completamente diferente dos outros seres humanos. Coisas que são de grande interesse para todos os demais não fazem mais o menor sentido para vocês. Já não podem se interessar por elas. Talvez já tenham experimentado isso. [...] A seguir, seu progresso no ca-

51. Rijckenborgh, J. van; Petri, C. *A fraternidade de Shamballa*, cap. 10.

> minho aparece e sua vida de desejos também muda totalmente e toma um sentido inverso. [...] Seus desejos se modificam de maneira tão fundamental que, também nesse sentido, vocês se tornam não-terrenos. Essa modificação refere-se não somente à sua orientação interior e à progressão de seu estado de alma, como também tem uma grande influência sobre seu estado de ser físico. Suas necessidades físicas vitais se transformarão completamente. [...] O mesmo processo ocorre no tocante ao corpo etérico e à esfera etérica e, finalmente, vocês abrem caminho através de todos os domínios das esferas etéricas dialéticas e é isso que faz nascer a unidade de vosso eu tríplice: espírito, alma e corpo. Este é o princípio fundamental da magia gnóstica: libertar-se pessoalmente das esferas etéricas da natureza comum. Como isso pode acontecer? Orientando-se exclusivamente para o Tao, com todas as consequências decorrentes, após o que seus interesses e suas necessidades vitais mudam fundamentalmente. [...] Estareis, então, prontos para praticar – se nos for permitido expressar-nos à moda antiga – a Ioga mais elevada que Deus concedeu a seus filhos.[52]

As palavras acima mostram que o caminho espiritual hoje praticado na Rosacruz Áurea também pode ser denominado de Ioga, palavra aqui compreendida como Sabedoria Divina. E que os alunos da Escola são encorajados a praticar a Ioga mais elevada que é concedida continuamente à humanidade. No entanto, nos livros da Escola se encontra forte rejeição a certas práticas ligadas à ioga; mais especificamente, eles rejeitam a distorção generalizada da ioga e as práticas que já não se adequam ao tipo humano atual. A ioga, sendo um método antigo de libertação do ciclo de encarnações, experimentou muitas distorções e mutilações em sua longa história, assim como ocorreu com o cristianismo, o budismo e outras tradições religiosas. Contudo, na Rosacruz Áurea, que é uma escola contemporânea dos mistérios

52. Rijckenborgh, J. van; Petri, C. *A gnosis chinesa*, cap. 32-I.

iniciáticos cristãos, encontramos elementos em comum com a ioga original, cujo conhecimento pode ser útil em nosso próprio caminho de libertação. O termo "ioga" atualmente é muito difundido, por existirem muitas escolas e grupos praticando o que recebeu esse rótulo, por isso, para muitos buscadores da verdade que conhecem essas práticas, é importante aprofundar o assunto.

Na obra *O mistério da vida e da morte*, Jan van Rijckenborgh mostra os elementos comuns entre os caminhos de libertação da Rosacruz Áurea e do Budismo[53]. Também há referências importantes na literatura da Escola aos *Upanishads*, ao *Bhagavad Gita* e a trechos dos escritos de Shânkara, bem como da gnosis chinesa e do hermetismo, o que mostra que a Rosacruz Áurea reconhece o ensinamento universal em suas diversas manifestações.

Com relação à ioga, ela é reconhecida como uma das seis escolas brâmanes clássicas que apontam o caminho para a libertação dos laços da mortalidade. É um caminho prático, que anda de mãos dadas com outra escola mais focada na filosofia, a escola *Sânkhya*, que toma como base o conhecimento superior, a Gnosis. A escola *Sânkhya* se propõe a empreender um caminho de libertação do sofrimento por meio do conhecimento superior; e a ioga o realiza no caminho da ação, da prática.

A palavra ioga vem do sânscrito, tendo dois significados: "conectar-se" e "subjugar". Então ioga é conexão e subjugação. Os *Upanishads* e o *Bhagavad Gita* afirmam que a conexão a ser estabelecida é entre *Atman* e *Brahman*. *Atman* é a centelha do espírito que reside no coração humano, com base na qual a nova alma pode nascer e crescer. *Brahman*, o espírito universal, é o Absoluto Onipresente, o que os antigos cristãos gnósticos também chamaram de pleroma. O verso 82 do livro *Rosa Mystica*

53. Rijckenborgh, J. van. *O mistério da vida e da morte,* cap. 3.

traz o seguinte a respeito do chamado interior a essa conexão: "Voltai, voltai, ó errantes raios do fogo! Vinde à fonte da plenitude eterna!"

O outro significado de ioga, a subjugação, refere-se aos vários elementos da natureza humana, tanto físicos como psicológicos, que devem ser subjugados. A ioga tem como objetivo, portanto, conter os sentidos e a mente, porque eles ligam o homem ao mundo do espaço e do tempo.

Estes e outros termos precisam ser compreendidos de forma correta. Por exemplo, "subjugação", "contenção" ou "disciplina" podem ser compreendidos como atitude forçada, fanatismo ou obstinação, o que não corresponde ao sentido original. Pelo contrário, trata-se de realização sem violência, espontânea, que nasce de uma compreensão interior.

Há várias subdivisões na ioga, das quais destacam-se a *Jnana* ioga ou a senda do conhecimento, a *Bhakti* ioga ou a senda do amor, a *Hatha* ioga ou a senda da disciplina, a *Karma* ioga ou a senda da ação, e a *Raja* ioga ou a senda real.

Nas iogas do conhecimento, do amor e da ação se encontram as três esferas da atividade humana: conhecimento, sentimento e ação, abrangendo a cabeça, o coração e as mãos. Seguindo essas sendas, o aluno traz uma cabeça em que nasce um novo pensamento, e um coração purificado e harmonizado em que fala a voz da centelha do espírito. Essa renovação do coração e da cabeça se transmite ao santuário da vida, e ali se expressa em ato puro, em ação libertadora. E qual é o resultado desses caminhos da ioga? É a superação do egocentrismo.

A primeira gnosis, segundo a fórmula da gnosis quíntupla, é a do discernimento, do novo pensamento, a *Jnana* ioga; é começar a sondar as causas da existência, o que, em última análise, leva ao autoconhecimento, à compreensão de que nós nos fechamos nas paredes de uma prisão criada por nós mesmos, por meio de nossos pensamentos, nossos sentimentos e nossas ações.

Aquele que se conhece, mesmo que minimamente, abre o seu sistema para as forças de auxílio do espírito. Despertado pelo chamado da centelha do espírito, um profundo anseio de libertação da alma flui de seu coração. Ele anseia pela libertação – esta é a segunda gnosis, a *Bhakti* ioga, a ioga do amor, o novo sentimento.

Esse aluno está pronto então para sacrificar tudo, pagar o preço para alcançar essa libertação. Esse preço é seu egocentrismo. Então há também autorrendição, autossacrifício, direcionamento interior, disciplina de corpo e de alma – a terceira gnosis, a *Hatha* ioga, a nova vontade.

E a soma dos insights adquiridos, do desejo de libertação e da autorrendição resulta numa atitude de vida completamente nova, livre do egoísmo – que é a quarta gnosis, a *Karma* ioga, a nova ação. Ação é justamente o significado da palavra sânscrita *karma*. Realizar um ato, viver, atuar no sentido da *Karma* ioga é a realização cármica que dissolve os débitos cármicos. *Karma* ioga, portanto, é alcançar a libertação por meio da ação que dissolve os laços cármicos existentes, sem impor novos laços. Esse é o fazer por meio do "não fazer", o *Wu-wei*, como é conhecido na gnosis chinesa. A *Karma* ioga, a nova atitude de vida, não se manifesta por si só, mas toma como base um novo pensamento, um novo desejo e uma nova vontade. Por isso, pode-se denominá-la de "quarta gnosis" na fórmula da gnosis quíntupla.

No *Bhagavad Gita* lemos que uma pessoa que realiza um novo caminho de vida não utiliza mais a palavra "meu" e, portanto, está livre de querer qualquer coisa de maneira egocêntrica. Além disso, ela é igualmente amigável com todos, ou seja, não mais divide as pessoas em amigos e inimigos. Ela olha para tudo com a mesma visão objetiva e lúcida. Ela é impulsionada pelo anseio fundamental de deixar de lado todas as amarras egocêntricas. Ela não se deixa levar por nenhum dos encantos do mundo, o que significa que seus sentidos se afastam naturalmente deles.

As sendas ou subdivisões da ioga apresentadas aqui se interpenetram e se entrelaçam em um todo inseparável. Por exemplo, a quarta senda, a *Karma* ioga, a nova atitude de vida, é inseparável da primeira senda, a *Jnana* ioga, que é discernimento e autoconhecimento, pois agindo de maneira verdadeiramente libertadora, o indivíduo mostra que sabe o que é. O conhecimento interior tem grande poder. O fogo do conhecimento queima laços cármicos. E o auge desse conhecimento é conhecer a essência de si mesmo, que é *Atman*.

Tudo isso acontece pelo discernimento, por insights. Como vemos a nós mesmos sob essa luz? Qual é a realidade de nossos pensamentos, emoções e ações, aqui e agora? Adquirir autoconhecimento é um processo com diferentes fases. Dependendo de quão profunda (ou superficial) é a percepção interior, tanto mais forte (ou mais fraco) é o desejo de libertação, e tão mais forte (ou mais fraca) é a vontade de entregar o velho eu. Como resultado, a nova atitude de vida será clara e eficaz, ou ainda não.

A *Bhakti* ioga, a segunda senda, é a senda do Amor, mas de um amor combinado com sabedoria, ou amor derivado da sabedoria. Ou seja, *Bhakti* é vivenciado por alguém que entrou em contato com *Atman*, seu ser mais íntimo, e entregou-se a ele. Mas, na verdade, ele está presente desde o início do caminho, desde o estágio em que o coração se comoveu pela primeira vez, pois *Bhakti* é anelo, é anseio de libertação. Esse processo é coroado pela experiência da unidade com o Supremo, tornando-se parte de seu Ser. *Bhakti* se torna então o amor que coroa o caminho; e esta é também a entrada no novo campo da vida, a quinta gnosis, a *Raja* ioga.

No livro *Rosa mystica*, o verso 143 define esse amor supremo como aquele que "não é atributo, nem aspecto, nem anseio, porém uma totalidade!". E o verso 75 diz que

> Quem voltar sua alma continuamente à Gnosis, bate com seu bordão na rocha dos obstáculos e abre as fontes dos eternos mistérios. Quem abrir o coração à Luz insondável adorna-se com o manto do Amor imperecível. Quem sintonizar seu pensamento com o conselho de Deus, que está em segredo, recebe o ser da Sabedoria. Quem, com sua vontade renovada, cumprir a vontade de Deus ingressa na Ordem de Melquisedeque. Quem, dessa maneira, partir para a ação entra no novo campo de vida.

Que por meio dessa realização mágica gnóstica, possamos honrar, servir e cumprir a quíntupla gnosis universal!

RAJA IOGA

O capítulo anterior tratou das fases da senda interior, relacionando-as com a tradição da ioga clássica: a *Jnana* ioga ou senda do conhecimento, a *Bhakti* ioga ou senda do amor, a *Hatha* ioga ou senda da disciplina e a *Karma* ioga ou senda da ação. Este capítulo aprofunda aspectos da *Raja* ioga.

O nome *Raja* pode ser compreendido de duas maneiras: um dos seus significados é "rei", e a *Raja* ioga é a ioga "real", a mais elevada; *Raj* significa "reinar", caso em que essa ioga se refere também a dominar, subjugar ou reinar sobre nossas esferas física e mental.

Por um lado, a *Raja* ioga é o somatório dos caminhos da cabeça, do coração e das mãos; por outro, acrescenta outros aspectos, pois trata em detalhes sobre o que deve ocorrer na mente humana em processo de transformação. Normalmente a mente humana é difusa, dirigida a muitos objetivos e objetos diferentes; é relutante em seus esforços ou contaminada, sobrecarregada com muitas experiências. Por isso ela não é capaz de conhecer a realidade em sua essência, nem de descobrir sua verdadeira identidade e implementar o postulado "Homem, conheça a si mesmo". Como indica a ioga original, para alcançar esse objetivo é necessário que a personalidade realize o caminho de purificação da mente: só a partir dessa realização há uma nova consciência ou uma consciência superior.

Para evitar uma compreensão errônea a respeito dessas questões, é importante lembrar dos dois antigos sistemas de libertação: o da divisão da personalidade, que consistia na separação do veículo material e seu duplo etérico dos dois veículos mais sutis, a fim de ingressar com estes, com a consciência de vigília, nos domínios sutis da realidade; e o da cultura ou cultivo da personalidade, que consistia na purificação do corpo e da consciência comum, para elevá-los a uma condição espiritual.[54] Rijckenborgh afirma que

> Os dois antigos sistemas esotéricos impediram o declínio vertiginoso dos ocidentais, ligando-os, por uns tempos, ao passado, a fim de que escapassem a uma irremediável cristalização e às suas consequências. Entretanto, devemos compreender claramente que os antigos sistemas esotéricos, como métodos de iniciação, como forças libertadoras, são ineficazes estruturalmente para os ocidentais. [...] Nosso mundo e a quádrupla personalidade humana estão, sob a influência de extraordinária força cósmica, submetidos à contínua mudança. A humanidade, considerando o estado atual de seu sistema de veículos, dirige-se rapidamente ao encontro de grave crise. [...] Para os milhares de pesquisadores esotéricos, [...] a divisão da personalidade conduzirá, corporal e espiritualmente, a estados altamente indesejáveis. E para esses mesmos milhares de pesquisadores também já não é válida, daqui por diante, a cultura da personalidade. Atualmente, esse método, do mesmo modo, deve ser rejeitado como estruturalmente prejudicial.[55]

Para a humanidade atual, esses dois sistemas precisam ser substituídos pelo terceiro sistema, o processo alquímico de transmutação da personalidade, com base numa mudança fundamental da consciência.

Em vista disso, será que vale a pena continuarmos a refletir sobre a *Raja* ioga, que no passado esteve ligada ao sistema da divisão da personalidade? Nossa resposta é "sim", tanto para alertar para os perigos de imitações facilmente acessíveis, como para atualizar a essência desse ensinamento, relacionando esse caminho clássico com o caminho da Rosacruz Áurea. O método

---

54. Rijckenborgh, J. van. *O mistério iniciático cristão*, cap. 1.

55. Rijckenborgh, J. van. *O mistério iniciático cristão*, cap. 2 e 3.

de iniciação se modificou, mas não a essência do ensinamento de libertação, que é universal e perene. É por isso que se pode acessar atualmente os antigos textos de sabedoria e perceber que, por trás das palavras dos antigos sábios, brilha a mesma luz e a mesma verdade universal que hoje se tenta transformar em prática de vida. É dessa forma que esses ensinamentos devem ser acessados: procurando sua essência, e não as formas desgastadas.

Com relação à *Raja* ioga, seu objetivo central é conhecer a verdadeira identidade do ser humano, conduzindo à união com o espírito, que é o pré-requisito para a transfiguração estrutural, e está em absoluta sintonia com o objetivo da Rosacruz Áurea. Para compreender isso de forma adequada, vamos introduzir alguns conceitos.

Em alguns textos de sabedoria hindu, como os *Ioga Sutras*, a esfera mental individual, em sua totalidade, a mente, é denominada de *Citta*. Ela é o instrumento do qual pode surgir a nova consciência. *Citta*, a mente, é compreendida como a forma mais sutil de matéria, e por isso está na fronteira, na interface, entre espírito e matéria. Quando *Citta* é purificada, pode-se alcançar o conhecimento do espírito e da realidade por trás dos fenômenos. Trata-se de uma libertação e de uma transcendência da condição humana comum, que é alcançada pela descoberta da verdadeira identidade do ser humano, isto é, *Atman*, o espírito, também denominado nos textos citados de *Purusha*. Os *Ioga Sutras* enfatizam que o espírito, ou *Purusha*, é consciente, enquanto a matéria, ou *Prakrti*, incluindo seu aspecto mais elevado, a mente, *Citta*, é inconsciente. O conhecimento a respeito de qualquer realidade só é possível pela cooperação entre espírito e matéria: ou seja, o espírito reflete-se na mente e a torna consciente, capaz de conhecer, de discernir, de saber. Na Escola também aprendemos que essa cooperação faz surgir o elemento intermediário entre espírito e matéria, que é a alma ou consciência.

No processo de cognição, por um lado o espírito consciente é refletido na mente e, por outro, uma relação é estabelecida com o objeto a ser conhecido, por meio da atuação dos sentidos e da mente. A mente pode então ser comparada a um espelho de dois lados, no qual o sujeito que observa e reconhece (ou seja, o reflexo do espírito na mente) e a realidade observada se encontram. É graças a esse encontro que a realidade se torna conhecida. Porém, em tal situação, a pureza da mente determina o valor do conhecimento. Caso haja impurezas e flutuações, o espelho – a mente – não pode refletir o espírito de forma adequada, mas o distorce. E é justamente por meio de uma purificação fundamental do espelho da mente que pode se manifestar uma nova consciência, que em determinado momento, quando esta atinge sua pureza cristalina, passa a refletir o espírito sem distorções. O argueiro do olho foi então removido.

Vejamos agora a condição humana egocêntrica. As impressões do mundo exterior continuam a influenciar a mente. Portanto, o espírito é constantemente envolvido, por meio de seu reflexo distorcido na mente humana, no processo de conhecer todas essas impressões. Pode-se dizer, numa linguagem mística: "o espírito está aprisionado no mundo dos sentidos". Nessa condição, a mente está tão identificada com a matéria, os pensamentos e a vontade, com os sentimentos e os desejos, com as reações e ações, que não consegue ter o distanciamento interior necessário para se observar com objetividade. Além disso, a mente também carrega traços de experiências passadas e das tendências inconscientes correspondentes, que ficaram gravadas dessas experiências, e que sempre voltam a atuar, como por exemplo as experiências traumáticas. Esses traços e essas tendências influenciam a geração de novos interesses e desejos, sendo a causa do aprisionamento da mente ao mundo dos sentidos (a matéria), e, portanto, a causa fundamental da reencarnação. Por exemplo, a cada instante vivenciamos novas experiências na vida; no entanto, não as vivenciamos como sendo de fato "novas", pois a carga do passado distorce essas vivências, transformando-as em meras repetições das vivências passadas.

Para alcançar a libertação, portanto, a mente deve, em primeiro lugar, ser perfeitamente purificada das marcas de todos os objetos de conhecimento e percepção existentes; e em segundo lugar, deve deixar de se interessar por novos objetos, para evitar a criação de novas marcas. Cada nova vivência precisa ser pura e cristalina, nova, sem se deixar aprisionar nem confundir pela carga do passado contida na memória. Para que isso seja possível, precisamos conhecer a nós mesmos, percebendo, a cada instante, o que circula em nossos pensamentos, sentimentos e atividades da vontade, com clareza, lucidez e neutralidade. A mente só pode ser purificada se conhecermos em profundidade todas as impurezas que circulam em nosso ser, e não por meio de qualquer tentativa forçada de se livrar delas.

Essa percepção é possibilitada pelo espírito em nós, que é de fato "Aquele que vê", a consciência-testemunha. Quando o espírito refletido na mente purificada já não é envolvido pelo processo de percepção deste mundo, tudo o que resta é a impecável *Citta*, a nova consciência, e o verdadeiro sujeito, o espírito, *Purusha*, refletido em pureza nessa nova consciência. O espírito, então, é o sujeito absoluto a partir do qual tudo é percebido, e que não se confunde com nenhum objeto de percepção – nem exterior nem interior. Sua luz pode brilhar sem interferência em nossa mente, e já não se mistura com a realidade que ilumina. Há uma percepção pura, que não tem mais seu centro no eu, e para a qual tudo, inclusive a imagem ilusória do eu, é objeto de percepção.

Isso não está muito longe de nós. Cada um pode constatar, por exemplo, que as preocupações do mundo ao nosso redor empalidecem e até se afastam quando paramos de alimentá-las. Resta então o silêncio. O silêncio que sempre esteve presente por trás de todo o ruído, externo ou interno, a partir do qual agora atua a pura percepção neutra, sem centro, lúcida e objetiva. Tomando essa pura percepção como base, pode-se avançar até o reconhecimento da essência das coisas, o que nossos sentidos não têm condições de mostrar. Quem conhece a realidade dessa forma avançou no processo de autoconhecimento até o ponto de se descobrir e se transformar em "si mesmo", ou seja, na essência mais íntima do Ser, na qual já não há separação, mas sim a perfeita unidade do espírito, *Purusha*.

O caminho para atingir essa realização tem vários aspectos, dois dos quais serão tratados com maior profundidade em seguida: a meditação e o *pranayama*.

Com relação à meditação, já se tratou de seu verdadeiro significado: ela tem seu fundamento no "afastamento da experiência sensorial" ou na busca da liberdade interior do mundo sensível. Não significa negar ou fugir da realidade sensorial, mas permanecer em observação neutra, sem se deixar envolver, positiva ou negativamente. A meditação possibilita então o afastamento gradual da realidade dos sentidos, até que se descubra e recupere a verdadeira identidade, que é a consciência testemunha transcendente, o espírito, *Purusha*.

O *Bhagavad Gita* diz a esse respeito: "Aquele que é capaz de retrair seus sentidos dos objetos dos sentidos, como a tartaruga retrai seus membros dentro do casco, deve ser considerado como verdadeiramente estabelecido no conhecimento".[56]

Na raiz da palavra "meditação" está o verbo *meditor*, *meditari*, cujo significado original é "ir para dentro". Ligado à palavra "meditação", também está a palavra "contemplação", que por sua vez significa "ver", "observar". Trata-se aqui de uma intuição real, que é a visão interior, é ver com a alma. Como alunos da Rosacruz Áurea, não escolhemos o lugar e a hora adequados para, gradualmente, entrarmos em silêncio cada vez mais profundo, enquanto nos distanciamos do mundo exterior? No entanto, precisamos nos conscientizar que distanciar do mundo exterior não significa um isolamento mecânico, uma técnica aplicada, mas sim a libertação interna fundamental, que conduz à descoberta de si mesmo e a um conhecimento direto da realidade, não mediado pelos sentidos.

Pranayama, por sua vez, diz respeito à *prana*, que significa respiração e, num sentido mais profundo, é a força de vida divina onipresente na atmosfera. O *prana* é assimilado por meio da inalação e processado de acordo com o estado interior da pessoa e de sua atitude de vida. Jan van Rijckenborgh dedicou muita atenção à questão da respiração em seus escritos; suas explicações deixam claro que, no que se refere ao caminho espiritual, nenhuma técnica ou exercício de respiração pode auxiliar o ser humano na atualidade. Deve-se atuar, pelo contrário, a partir da conexão com a centelha do espírito, diretamente na própria

56. *Bhagavad Gita,* cap. 2–58.

consciência, preparando-a e purificando-a para elevar a vibração do sistema humano, tornando-o capaz de receber o *prana* divino e processá-lo.

Em sintonia com isso, Cathrose de Petri diz:

> Quem penetra e participa do alento perfeito da vida entra em um processo de crescimento que consiste em elevar-se do algo dialético ao nada divino. Aquele que está no processo se liberta cada vez mais das barreiras, das limitações e dos fenômenos do mundo espaço-tempo da forma e, finalmente, já não encontra nenhuma oposição. [...] Quem respira no alento perfeito e percorre o caminho das rosas conduzirá sua natureza à união original com a Gnosis.[57]

Portanto, enquanto vivemos no silêncio do templo e respiramos as suas forças, enquanto ligamos o nosso coração e nossa cabeça ao puro campo astral da gnosis, praticamos o pranayama em seu sentido mais puro e original. Quando nos dirigimos ao templo interior, em casa ou onde quer que estejamos, e nos ligamos à centelha do espírito, praticamos igualmente o pranayama. Em relação a isso, também podemos ler nos escritos atribuídos a Shânkara: "A verdadeira respiração é perceber que 'Eu sou o *Atman*, o espírito'". A inspiração adequada do prana divino ocorre quando a mente se alimenta constantemente desta compreensão; e a exalação, quando a mente se livra de todas as suas ilusões.

As seguintes palavras de Rijckenborgh resumem a questão:

> A Ioga universal da Gnosis original é a Ioga que a Escola Espiritual pratica. Aqueles que a conhecem, sabem que cada aluno é colocado diante da necessidade de alcançar o objetivo único: tornar-se uno, identificar-se com a vida original. [...] Mas o que é o quinto método, a *Raja* Ioga? [...] Cada passo dado pelo aluno nos quatro caminhos [as quatro Iogas citadas no capítulo anterior], representa ao mesmo tempo um passo no quinto,

57. Petri, C. *Transfiguração,* cap. 7.

> que é o caminho da verdadeira libertação, ou seja, o caminho da identificação com a Gnosis [com o espírito, *Purusha*]. Ao longo desse quinto caminho e mediante ele, o aluno torna-se uno com a realidade divina e ingressa no eterno presente, sem forma, infinito.

Que esse objetivo sublime se torne uma realidade em nossa vida.

A DOUTRINA DO ESPÍRITO

Uma escola, qualquer que seja sua natureza, tem o objetivo de apoiar e motivar um aprendizado, fornecendo as diretrizes fundamentais a serem compreendidas e aplicadas pelo aluno em seu desenvolvimento individual, para a transformação de sua vida. O aluno e a aluna, por sua vez, trazem consigo, antecipadamente, o desejo ou a necessidade de compreender e aprender a utilizar e aplicar os princípios que norteiam seu estudo e desenvolvimento. O encontro do desejo e da necessidade do aluno ou da aluna com os fundamentos da matéria e sua aplicação, altera a condição inicial dos aprendizes e tem resultados visíveis em sua condição interior e exterior, em sua consciência e em sua vida.

A palavra doutrina significa um conjunto de ensinamentos que, por serem essenciais, devem ser ensinados; ou a reunião dos preceitos básicos que compõem um sistema. Em sua raiz latina significa "ensino, arte, ciência". No grego, a palavra doutrina é *didaque*, que significa "ensino" e é próxima da palavra didática, que é a técnica de ensinar. Essas palavras transmitem a ideia, o ato de ensinar e a substância do ensino.

A Escola Espiritual da Rosacruz Áurea carrega em sua denominação a indicação do que ensina a seus alunos: a doutrina do Espírito, que religa o homem ao princípio espiritual imanente, quando ele deseja compreender o conjunto de princípios de seu ensinamento, como regras de ouro.

Tomemos os seguintes exemplos. O primeiro é o Cristianismo Gnóstico, surgido em um período no qual decifrar símbolos ou a leitura era para poucos; foi disseminado oralmente e em linguagem simbólica, por meio de parábolas com situações do cotidiano e metáforas, para ser facilmente compreendido.

Assim, para falar da onipresença de Deus foi utilizada a parábola dos peixes. Ela conta sobre os peixes de um rio que queriam saber o que era a água e que, em busca de respostas, foram até o mar. Lá encontraram um peixe sábio que lhes respondeu que eram tolos, pois viviam na água, tinham sua origem nela, se movimentavam nela. O peixe sábio que vivia no mar termina dizendo aos peixes que viviam no rio: "peixes tolos, benditos são vocês que procuram".

Dessa forma simples, o cristianismo gnóstico ensinava que Deus é o fundamento de toda a vida e que está presente em toda a manifestação; que o objetivo da vida é a busca por sua essência. Aqui estão presentes o ensinamento universal, a doutrina e a didática; ou o fundamento e o método de ensinar em direta relação com o desejo dos alunos, de forma que possam compreender o que se ensina.

O segundo exemplo é o da Rosacruz Clássica no século XVII. Um dos rosacruzes clássicos foi o tcheco Jan Amos Comensky ou Comenius, considerado o pai da didática moderna. Ele defendia a alfabetização universal, que até hoje é um desafio em muitas sociedades. Até o século XVI, para ter acesso aos livros que continham o ensinamento universal, era preciso conhecer o grego, o latim ou o hebraico. Foi no âmbito da reforma de Lutero que a Bíblia, por exemplo, foi editada em língua alemã. Naquela época, o cristianismo ensinado oralmente já não era o original gnóstico. Ele precisava ser resgatado e tornar-se acessível, mas, para tanto, era necessária a alfabetização para que o buscador pudesse se conduzir por si mesmo. Comenius é o autor, dentre outras obras, de *A didática magna* e *O único necessário*. Neste último livro ele aponta que

> [...] as causas das perpétuas divagações humanas, suas incessantes fadigas, assim como suas contínuas frustrações [...] Afirmo, pois, que a causa principal é sempre e unicamente esta: que os homens não sabem distinguir o precioso do vil, isto é, ou não procuram ou negam-se obstinadamente a distinguir o necessário do desnecessário, o útil do inútil e prejudicial. Como um rebanho, os homens não vão para onde devem ir, mas para onde todos vão. Assim, são incapazes de abandonar o que uma vez lhes agradou, seja isso algo bom ou mau.[58]

Vemos aqui a mesma essência da parábola dos peixes, dita da forma que o homem do século XVII podia compreender.

A Escola Espiritual da Rosacruz Áurea atua como elo contemporâneo da corrente de escolas gnósticas, buscando a forma mais simples possível de falar às pessoas deste tempo, para transmitir a mesma doutrina, o mesmo ensinamento, que é o ensinamento universal. Diz que a consciência de muitos seres humanos é profundamente inquietada, fustigada a uma busca incessante de algo que lhe preencha o vazio interior. E denomina essas pessoas de buscadores ou de pesquisadores. Diz que essas pessoas não podem controlar, atenuar ou acelerar essa inquietação da consciência, porque ela se origina na centelha do espírito que se relaciona diretamente com o coração, não enquanto órgão mecânico, mas como centro energético do seu sistema de vida, o microcosmo. Esses buscadores são os peixes das antigas parábolas, são os fatigados que sofrem porque não podem discernir o que seja o único necessário; são os que buscam compreender por que suas consciências são sempre inquietadas. E assim esse buscador pode se tornar um aluno ou aluna da Escola da Rosacruz Áurea e iniciar o aprendizado do conjunto de fundamentos que compõem a doutrina gnóstica.

58. Comenius. *O único necessário,* cap. II.

As atividades desenvolvidas pela Escola Espiritual não têm o objetivo de dar relevância ao conhecimento exterior dos aspectos da doutrina universal, ou de preencher os escaninhos da memória do buscador com belas ideias, às quais ele possa recorrer para se envernizar com elevados pensamentos ou apresentar com belas e profundas palavras. As palestras públicas da Escola apresentam o ensinamento universal completo, sem omitir ou acrescentar nada. Ao mesmo tempo que reconhece a importância de nosso ser natural, não faz concessões ao comportamento egocêntrico da nossa consciência natural. Dessa forma, evita rotas de fuga que nos levariam para longe dos objetivos. A Escola procura colocar o ser humano buscador diante de sua própria realidade, para que possa sondar a natureza de sua busca e avaliar, de forma autônoma, o caminho que deve tomar. Se tal ser humano se decide por seguir com a Escola, será acolhido em decisão livre, autônoma e responsável, sem que lhe sejam apresentadas quaisquer condições.

Então se inicia com ele ou ela uma série de atividades conhecidas como serviços templários, conferências de renovação e reuniões de aprofundamento. Tais atividades fornecem a possibilidade de ampliar a compreensão dos aspectos que envolvem o processo de transformação da consciência. Essa transformação é conduzida pelo próprio aluno ou aluna na medida em que se empenha espontaneamente, por necessidade e desejo interiores. O aluno ou aluna deve desenvolver, em ligação com o que lhe é oferecido, um sistema de retroalimentação de sua compreensão, de forma a produzir sua própria energia vital para prosseguir.

Mas é preciso compreender que atua sobre nós uma universalidade, que nada podemos fazer sozinhos, que não possuímos discernimento para distinguir entre o “necessário do desnecessário", como disse Comenius. É preciso que nossa maturidade nos mostre que não diferenciamos a realidade, e que vivemos em uma ilusão autocriada. O buscador é posto diante do trabalho de harmonizar os três centros de sua consciência: seus pensamentos, sentimentos e ações. Tendo como base sua centelha divina, essa tarefa é muito simples, mas requer esforço contínuo e consciente. Essa tarefa é impossível para a consciência natural bipolarizada entre o "isto sim, aquilo não" pois, dessa forma, ela cria para si mesma barreiras intransponíveis. Por isso a doutrina universal diz: "você é portador da centelha do espírito!" e, ao mesmo tempo, aponta para a total transformação da consciência.

A doutrina dos primeiros tempos do cristianismo dizia exatamente isso por meio das palavras: "O reino de Deus está em vós, mais próximo do que mãos e pés". Porém, alertava: "A carne e o sangue não podem herdar o reino de Deus".

Não se pode fatiar o conjunto de princípios e descartar o que não nos agrada ou convêm. Se assim fizermos, nos enquadramos nas palavras de Comenius: "São incapazes de abandonar o que uma vez lhes agradou, seja isso bom ou mau". A doutrina gnóstica é um corpo completo, e a força astral que ela carrega precisa ser compreendida para, então, ser aplicada pelos alunos em sua totalidade. É necessário compreender bem um aspecto determinante: todas as verdadeiras escolas espirituais, de todos os tempos, formam um único corpo universal que chamamos de Fraternidade Universal ou de Fraternidade da Vida. Através dos tempos, o trabalho dessa Fraternidade Universal é sustentado por um fogo central tríplice.

Em linguagem atual, esse fogo central tríplice é chamado de triunidade, ou de ideia, percepção e manifestação. Esses três princípios formam uma unidade: o sempre presente espírito universal; a percepção de si mesmo como centelha do espírito universal; e uma vida manifestada com todos os seus aspectos. Esses três aspectos são, em essência, um. Assim, aos alunos e alunas é preciso estar clara a necessidade interior de conhecer essa doutrina, que em seu estado original é uma força de ideação que parte da Fraternidade Universal como um chamado.

Esses são os três elementos fundamentais que compõem a Escola Espiritual, que estão presentes e irradiantes em seu corpo vivo. No âmbito individual, esses três princípios são: a centelha do espírito latente no ser humano; a percepção dessa realidade imanente em seu próprio ser e a compreensão clara do que deve ser realizado; e a efetiva manifestação de tudo isso em sua própria vida.

A Doutrina Espiritual não é um conjunto de dogmas e preceitos que devam ser seguidos como forma de conservar a si mesmo, em relativa segurança e conforto. A Doutrina Espiritual deve ser entendida como o alimento profundamente buscado pela alma, que para ela é o único necessário, o elemento que dá sentido à sua existência e ao, mesmo tempo, a conduz como aprendiz da Vida Divina para manifestar em si mesma os princípios universais.

No Universo infinito vibra uma força que é ao mesmo tempo a origem e a possibilidade de toda a manifestação, e que está presente como singularidade em cada ser. Essa mesma força vibra também no coração da Fraternidade Universal; é essa força que sustenta todas as manifestações da Fraternidade, sejam as precedentes, a Fraternidade Gnóstica Contemporânea e todas as Fraternidades que se manifestarão em um futuro que desconhecemos. Por isso, em cada uma dessas manifestações está disponível a força de realização de todas as escolas que já se manifestaram. Assim, o corpo vivo de uma verdadeira escola espiritual é a própria Fraternidade Universal manifestada.

Da mesma forma, a força de realização que é despertada no coração de cada aluno e de cada aluna, a partir da centelha do espírito, é potencializada de forma proporcional à toda força de amor dinamizada nos alunos que os precederam no caminho. Nessa disposição, é proposto que cada um se aprofunde na compreensão e na abrangência da doutrina gnóstica, em todos os aspectos dessa verdadeira salvação, e na obtenção de uma consciência capaz de compreender esse amoroso trabalho. A compreensão da doutrina, de sua presença em todos os aspectos da vida e do mundo, gera um completo envolvimento espiritual. O objetivo da escola externa, nas fases denominadas de primeiro e segundo aspectos, é propiciar que todos trabalhem em si mesmos para a consolidação desse indispensável estado de consciência e, no devido tempo, poder também servir à Fraternidade Universal.

É dessa forma que nos tornamos um peixe do mar, que agora vê e compreende a natureza da água; um ser humano que conhece e busca em primeiro lugar, em todas as situações de sua vida, o único necessário. Esse aluno e essa aluna podem avançar da fase de inquietação da consciência pela centelha do espírito para o estado de pedra viva de construção, estado de consciência que os torna células viventes do corpo da Fraternidade Universal. Esse é o grandioso objetivo que a Escola Espiritual, como local de ensino da Doutrina do Espírito, apresenta a todos os seres que buscam.

Que prossigamos, em unidade, desde o começo, até o bom fim!

A RESISTÊNCIA DA CONSCIÊNCIA-EU À TRANSFORMAÇÃO

Observando com sobriedade o panorama social, político e econômico do mundo de hoje, parece que chegamos a um ponto de ruptura. Conflito, caos institucional, instabilidade econômica e polarização política e social refletem as incoerências entre a globalização crescente e as necessidades urgentes das populações locais.

De um lado, vemos a revolução aquariana avançando a uma velocidade galopante em todos os aspectos da consciência e da vida. E, de outro, a tensão sob a qual as pessoas têm vivido, e que se manifesta na forma de nervosismo, agressividade, conflitos, e toda a sorte de violência, mostrando que grande parte da humanidade ainda resiste à necessidade dessa mudança global. Assim, estamos chegando a um limite, a partir do qual, caso não se manifeste um novo estado de consciência coletivo, seremos obrigados, como humanidade, a viver mais um ciclo de repetições de antigos problemas.

Por essa razão, incontáveis seres humanos almejam por algo verdadeiramente novo, que esteja, de fato, além dos limites dos ciclos repetitivos que criamos com nosso estado de consciência egocêntrico. Algo que possa nos elevar acima das velhas e conhecidas trilhas na política, na economia, no meio ambiente, nas relações entre os indivíduos, como um novo marco, um novo pacto, uma nova moralidade, livre do ranço de interesses mesquinhos e que possa servir de ponte entre as incoerências do presente e a visão de uma nova maneira de viver no futuro.

Ao longo da história, muitas visões idealizadas da realidade foram formuladas e reformuladas. Em muitas dessas ocasiões, a própria Fraternidade da Vida utilizou-se dessas visões utópicas para inspirar a humanidade, em momentos cruciais, quando incontáveis caminhos se encontravam abertos diante dela e uma decisão clara, mesmo de alguns poucos, poderia influir no curso dos acontecimentos mundiais. Pensemos nos Manifestos dos Rosacruzes Clássicos, na República de Platão, na Utopia de Thomas More, na Cristianópolis de Valentin Andreae e na Civitas Solis de Tommaso Campanella. Em momentos psicológicos muito precisos, todas essas visões apontam para uma vida superior, que surge de uma moral superior, de um novo estado de vida nascido de uma nova consciência, e que pode e deve inspirar os seres humanos à buscarem um caminho libertador. Precisamos reconhecer que nos encontramos em um momento psicológico único. Trata-se do ápice da resistência da consciência-eu, diante do novo paradigma da consciência-alma, o clássico dilema entre Piscis e Aquarius. Trata-se de um dilema que não se resolve pelo passar do tempo, mas somente pela transformação da consciência.

Os recentes conflitos, a radicalização social e política, e o acirramento de posições extremistas demonstram que o tecido social de países e blocos do mundo moderno está se rasgando ao meio. De um lado, o impulso para a mudança é irresistível, do outro, a resistência e o aferramento à consciência egocêntrica se torna cada vez maior. Desde o começo do século, e principalmente nos últimos anos, nos encontramos em um verdadeiro cabo de guerra, em que o passado e o futuro travam uma batalha ferrenha pela vida de cada pessoa. Dessa tensão surgem fortes movimentos em direção ao passado, que lamentavelmente recolocam a humanidade em mais um ciclo de repetições absolutamente desnecessárias; um tempo precioso é desperdiçado ao mergulharmos na reprise de momentos duros e tristes do século passado.

No diálogo *A República*, Platão fala de como a sociedade humana, incapaz de atingir o ideal da vida superior, está fadada a seguir o caminho de um longo ciclo degenerativo, que culmina em uma organização social opressiva e tirânica. Desde que essa visão foi formulada, há quase 2.400 anos, já vimos esse clássico ciclo ser trilhado por incontáveis povos, da civilização grega à romana, da Idade Média ao Renascimento, do Imperialismo à Revolução Industrial, do conturbadíssimo século XX à era da informação do século XXI. E agora, talvez sem ao menos nos darmos conta disso, somos nós que, como sociedade ocidental, aproximamo-nos novamente da borda desse penhasco.

No oitavo livro de *A República*, Platão afirma que a sociedade humana ideal deveria ser dirigida por reis-filósofos, por verdadeiros reis-sacerdotes, iniciados e livres de todo o egocentrismo. Isso aponta que apenas um verdadeiro e novo estado de consciência poderia levar a humanidade a ultrapassar os limites de suas incoerências coletivas, abrindo caminho a um novo estado de vida. Porém, como explica Platão, se tal estado de consciência e de vida não fosse atingido, a sociedade humana estaria fadada a trilhar um caminho descendente de quatro estágios. Uma descida por meio de quatro formas distintas de organização social, conhecidas respectivamente como: Timocracia, Oligarquia, Democracia e Tirania.

Esses quatro estágios representam uma curva descendente de valores morais e de qualidades de alma. Diante da impossibilidade de a humanidade se ligar ao mundo superior da nova consciência-alma, ela submerge nas profundezas dos diferentes estratos de vida da consciência-eu, até atingir um ponto mínimo, a partir do qual pode, novamente e mediante imenso esforço, recomeçar uma ascensão. No primeiro estágio se encontra uma sociedade baseada na honra e em elevados valores morais materiais, que, com o tempo, degenera. No segundo estágio uma organização social baseada na posse material e em uma cultura de aparências, desprovida de valores, que desliza, gradativamente. No terceiro, uma sociedade em que a liberdade individual e a licenciosidade são colocadas acima do bem comum. Finalmente, uma organização social que, por conta dos conflitos de interesse entre os diferentes grupos que a compõem, se fragmenta, abrindo caminho para o oportunismo, o totalitarismo e a tirania. E após chegar a esse ponto de fragmentação e destruição, tal como se tivesse caído de uma grande altura em um profundo e escuro vale, esse grupo humano precisa trilhar um árduo caminho de volta, até que esteja novamente diante da chance de um irrompimento.

Na linguagem do ensinamento universal, quando a humanidade não consegue se conectar ao quinto éter do novo corpo-alma, ela degenera com seus quatro corpos. Os valores morais e éticos do corpo mental começam sua descida aos desejos materiais e paixões do corpo astral. As correntes astrais resultantes incitam à satisfação pessoal e à licenciosidade no corpo etérico, manifestando-se no embrutecimento e domínio material do corpo físico.

Não é impressionante como essa visão de mais de dois milênios seja tão acurada para descrever os acontecimentos de nosso século? Porém, a história se repete, pois a consciência humana é previsivelmente repetitiva. Por isso, um novo modelo de vida precisa surgir agora, assim como ocorreu em momentos marcantes do passado. Um desses momentos foi o pós-guerra da metade do século XX.

Naquele momento, após décadas de preparação, o Lectorium Rosicrucianum surgia como a promessa de uma escola iniciática contemporânea, quando Jan van Rijckenborgh trabalhou arduamente para anunciar a visão do novo ser humano aquariano, uma visão que deveria manifestar-se plenamente na virada do milênio, crescendo em força exatamente no período em que vivemos agora. Essa visão inspiradora está registrada no livro *Dei Glória Intacta*, no qual o processo de iniciação do macrocosmo solar é revelado como o caminho de vida do candidato aos mistérios da iniciação moderna.[59]

Ao mesmo tempo em que essa visão grandiosa era delineada, Rijckenborgh trouxe à luz o que se pode chamar de o código superior de conduta da nova alma, que abre a porta do caminho rumo aos mistérios da iniciação moderna. Dentre outras fontes, essas leis superiores da alma estão gravadas nas clássicas palavras do Sermão do Monte.[60] Rijckenbogh dedicou várias de suas conferências a essas passagens do Evangelho, que foram publicadas no pós-guerra como dois de seus livros[61],[62]. Na linguagem direta daqueles que viram e viveram a pungente dor da Segunda Guerra, fica claro que o Sermão do Monte não é, de maneira alguma, um cânone moral para fiéis religiosos, nem uma lista de atitudes impossíveis, perseguidas de maneira mais ou menos devota. Tampouco se trata de algo a realizar mediante treino, contrição ou autocerceamento da consciência-eu, em sofrimento interminável e inominável. Desmascarando até mesmo a farsa daqueles que buscavam consolo dos horrores da guerra, Rijckenborgh deixa claro que o Sermão do Monte se destina

59. Rijckenborgh, J. van. *O mistério iniciático cristão.*
60. Bíblia. *Mateus* 5, 6 e 7.
61. Rijckenborgh, J. van. *O mistério das bem-aventuranças.*
62. Idem, *A luz do mundo.*

apenas àqueles que, de fato, escalaram o monte, que possuíam o máximo de qualidades de alma que um ser humano pode almejar e que atingiram o limite de um novo estado de consciência e de vida.

Em *A República*, de Platão, isso é representado por um ser humano que se elevou da mesquinhez da matéria, ultrapassou a falsa visão da felicidade da liberdade individual baseada na licenciosidade, sobrepujou o apego, a posse e a aparência, e chegou ao limite possível dos valores morais mais elevados. No Evangelho, esse ser humano é um Efésio, um habitante da fronteira de si mesmo, aquele que trilhou o caminho da subida do monte da consciência humana. Na linguagem do ensinamento universal, o Sermão do Monte destina-se ao ser humano que transformou a veste quádrupla de sua alma: primeiro, purificando o sangue; segundo, libertando-se das ligações do mundo etérico; terceiro, apagando os fogos de seu campo astral pessoal; e quarto, dedicando a chama da consciência no corpo mental à luz da nova alma. Trata-se, portanto, de um código de conduta, de um tratado ético para aquele em quem já despontou a nova alma, e não de um cânone de aprimoramento do eu.

Por essa razão, quando raiava a aurora de uma nova etapa de trabalho, a manifestação de uma escola de mistérios, era de importância capital que todos os seus candidatos pudessem demonstrar uma atitude e um comportamento de vida baseados em um conjunto de leis que já se encontrassem acima da moralidade e religiosidade comuns. Assim, os alunos e alunas dessa época foram colocados diante das palavras do Sermão do Monte, como os aspirantes da jovem escola de mistérios. E deveriam seguir o código de conduta da nova alma, se quisessem transformar-se em verdadeiros livres construtores de um novo tempo, construindo uma verdadeira escola de mistérios. Pois bem, décadas se passaram desde então.

Nesta época em que escrevemos este livro, no ano de 2023, de um lado, o trabalho da Escola Espiritual floresceu e, em muitos aspectos manifestou uma moderna escola de mistérios. Por outro, a humanidade se encontra novamente diante de mais uma importantíssima encruzilhada dos tempos. Por essa razão, precisamos nos colocar, nova e mutuamente, diante das clássicas palavras do Sermão do Monte, dessas clássicas condições de atitude de vida para aqueles que anseiam trilhar verdadeiramente a senda alquímica da autoiniciação. E por que isso é tão necessário? Por um motivo muito simples. Se não compreendermos, realmente, a natureza da mudança que precisa ocorrer na estrutura de nossa alma, permaneceremos na tentativa de realizar o novo ser por meio do estado de consciência do velho ser.

Se dispuséssemos de um tempo infinito, talvez pudéssemos permitir que a repetição de experiências infrutíferas nos levassem finalmente a um mínimo de maturidade e às conclusões necessárias. Porém, o tempo urge! E a humanidade é o próprio cabo de guerra, que ela insiste em puxar e tensionar em sentidos opostos, tentando, insistindo e teimando em realizar algo "novo" pela mera e nauseante repetição do que já é tão "velho". Por isso, não podemos viver nosso discipulado da mesma forma que os seres humanos inconscientes vivem a vida – insistindo no inútil e adiando o inevitável.

Além disso, o tensionamento do campo etérico astral do mundo tem um reflexo direto e imediato no corpo vivo da Escola Espiritual. Tendo consciência de que algo precisa ser mudado em nós e recebido ao mesmo tempo a força necessária para mudá-lo, cada vez que não o realizamos, criamos para nós mesmos, e para a Escola, uma situação insustentável. E as consequências disso abatem-se diretamente sobre cada um de nós e sobre todo o grupo. Portanto, é chegado o momento de abrirmos uma nova espiral superior em nosso trabalho, se quisermos nos tornar catalisadores da grande mudança mundial que precisa ocorrer. Precisamos realizar a nova vida da alma-espírito em nós mesmos. Precisamos nos transformar na própria visão do novo, que há milênios nos aguarda, como promessa.

Coloquemo-nos agora ante a clássica e imutável chave dessa mudança, da maneira mais consciente possível, mediante um novo estado de consciência e de vida, com base na real e elevada moral da nova alma, que do cume do Monte da Realização nos aguarda a todos!

O SIGNIFICADO DO SERMÃO DO MONTE

A quintessência do Sermão do Monte se encontra em sua abertura, no texto que conhecemos como as Bem-aventuranças. Tudo o que vem a seguir, descrito nos capítulos 5, 6 e 7 do Evangelho de Mateus, depende diretamente de como compreendemos e reagimos à fórmula delineada nas Bem-aventuranças.

Antes, porém, é preciso estabelecer uma base correta de trabalho, pois, hoje, quando a humanidade ocidental se coloca diante de um texto da tradição cristã, dois tipos de reações negativas impedem sua correta utilização. Por um lado, uma reação místico-religiosa, forjada ao longo de gerações pela ligação com a religião natural, que grava em nosso sangue o conhecimento interior do cristianismo por meio da superficialidade, do formalismo e dogmatismo. Com isso, toda a riqueza dessa tradição, seus mitos, personagens, narrativas, aforismos e fórmulas extremamente precisas, é coberta por um ranço religioso que impede a compreensão pura, direta e fresca do conteúdo real desse ensinamento. Quando este é o caso, o esforço que precisamos realizar é o de "limpar nossos ouvidos" e "abrir nossos olhos" para que ouçamos e vejamos o ensinamento universal, em sua roupagem da tradição cristã, além do dogmatismo religioso gravado em nosso sangue. Por outro lado, pode haver uma reação de rejeição pura e simples, que surge de maneira espontânea e quase instintiva, principalmente nas gerações mais jovens. Ao ouvirem qualquer palavra ou termo ligado à religião comum, elas literalmente desligam todos os seus sentidos, como alguém que fecha suas narinas diante do primeiro indício do odor desagradável da matéria em decomposição. Isso é justificável e compreensível, pois a religião representa uma das instituições mais antigas e questionáveis da história, inapelavelmente ligada ao formalismo moral, a crenças dogmáticas, fanatismo e extremismo. Por isso, aqueles que possuem um maior grau de autoconsciência apresentam uma rejeição às tradições religiosas e, em nosso caso, a tradição cristã desencadeia a maior rejeição.

Diante dessas reações negativas, o esforço é o de buscar a origem real e pura dessa tradição, por baixo dos conceitos das instituições religiosas, assim como os arqueólogos escavam as construções originais das grandes civilizações por baixo da camada de sedimentos que as cobrem. Aqui o esforço é o de "não endurecer o coração", mantendo-o aberto e receptivo a essa manifestação da verdade universal, aprendendo a compreendê-la e utilizá-la.

Dito isto, podemos avançar. Comecemos dizendo que o Evangelho de Mateus, no qual se encontra o Sermão do Monte, também é conhecido como o Evangelho dos Hebreus, existindo sérias controvérsias sobre o idioma original de sua escrita, se foi em grego, comum no império romano do Oriente, ou em aramaico, que os hebreus utilizavam em seus textos sagrados. É sabido que o conhecimento dos números e das ideias que eles representam, mediante palavras e fórmulas, era uma das principais tradições dos hebreus. Essa é a razão pela qual encontramos sempre uma chave numérica nos textos cristãos oriundos dessa primeira origem hebraica, que permite abrir sua dimensão mais profunda além da aparência das palavras, e que os protegem contra seu uso inadequado ao longo do tempo. Essas chaves resgatam a vida desses ensinamentos quando abrimos seus selos, revelando sua camada mais real e profunda. Utilizaremos essa chave numérica aqui, para nos aproximarmos do Sermão do Monte.

O Evangelho de Mateus possui uma chave numérica principal, codificada em seus 28 capítulos agrupados em 4 ciclos de 7 etapas nas quais, em essência, vemos um primeiro ciclo de transformação fundamental, e 3 ciclos sétuplos seguintes.[63] O Sermão do Monte encontra-se nos 3 últimos capítulos do primeiro ciclo, e alquimicamente corresponde à consolidação da mudança do estado de ânimo tríplice, que é o objetivo da mudança fundamental que antecede os três mistérios da iniciação. Por outro lado, ele também representa uma antevisão de tudo o que ocorrerá ao longo dos 3 ciclos seguintes.

Por esse motivo, o Sermão do Monte é uma parte central do Novo Testamento e, ainda que intuitivamente, nos toca de maneira profunda, pois traz a síntese da transformação da tríplice alma humana! A parte inicial do Sermão do Monte é formada por uma fórmula, a fórmula das bem-aventuranças, que representa a quintessência dessa transformação; ela possui 9 elementos, que mostra as 9 mudanças que precisam ocorrer na alma humana.

É sabido que o número 9 representa o arquétipo do ser humano perfeito, formado pela soma das 3 letras do nome de Adão – Aleph, Daleth e Mem – que representam a identidade, a consciência e a manifestação. Essa fórmula indica a transformação do arquétipo da alma humana no coração, cabeça e vida, tornando a alma bem-aventurada. As 3 primeiras bem-aventuranças referem-se ao núcleo da identidade; as 3 seguintes ao núcleo da consciência; as 3 finais ao núcleo da manifestação.

---

63. Essa é a mesma chave que Rijckenborgh utilizou no livro *Dei Gloria Intacta* para formular e apresentar a transfiguração moderna, a saber, um ciclo inicial da mudança fundamental e 3 círculos sétuplos subsequentes.

Munidos dessa clara visão interior, aproximemo-nos agora dessa fórmula. Os 3 primeiros elementos da fórmula das bem-aventuranças afirmam:

"Bem-aventurados são os pobres em espírito, os que choram e os humildes."

Essas palavras descrevem a mudança que deve ocorrer no âmago, no núcleo da identidade, em nosso coração, cabeça e vida. O coração deve tornar-se "pobre em espírito", o que significa que seu núcleo mais profundo precisa ter se libertado do fogo do egocentrismo, tornando-se pobre em relação à afirmação de si mesmo, e assim preenchido pela força e pela luz da centelha divina. Sem essa abertura, que brota no coração como um poderoso anseio pela força original, nada de real pode ser feito.

A consequência dessa mudança no núcleo da identidade no santuário do coração será a abertura do centro da hipófise no santuário da cabeça, que comanda a atividade da visão interior, representada nas bem-aventuranças pelos olhos. Por isso é dito, bem-aventurados os que "choram", ou seja, aqueles que, mediante a atividade da centelha divina em seus corações conseguiram libertar sua visão interior do egocentrismo, e voltaram a enxergar com a alma, e mediante a alma. Eles choram, ou melhor, eles permitem que seus olhos possam ver o caminho a partir de sua visão interior e, assim, ao trilharem esse caminho, encontram novamente um sentido na "vida sem sentido" da consciência-eu; por isso é dito que encontram consolo, pois foram consolados.

A terceira bem-aventurança afirma que bem-aventurados são os "humildes", pois eles herdarão a terra. Em algumas versões do Evangelho a palavra humilde também é traduzida por manso. Esses dois termos indicam uma mudança na atitude interior, em nossa predisposição, portanto uma mudança no santuário da vida, a partir da transformação do coração e da cabeça. Humildade ou mansidão apontam para uma ação desprovida de egocentrismo, que parte do centro da força criadora do plexo sacro no santuário da vida. A ação desprovida de intenção egocêntrica é o cumprimento da lei, e, por estar livre da dualidade em si mesma, começa a gerar o novo estado de vida, a "nova terra". Por isso, é dito que "os humildes, os mansos, herdarão a terra".

Com base nessa liberdade estrutural tríplice, que ocorre pela transformação do princípio da identidade no coração, na cabeça e na vida, podem manifestar-se 3 novas forças na consciência, na alma humana. Assim, as 3 bem-aventuranças seguintes dizem:

"Bem-aventurados são os que têm fome e sede de justiça, os misericordiosos e os puros de coração."

Aqui surgem as 3 mudanças que devem ocorrem no aspecto receptivo da consciência, ou seja, nas 3 portas negativas de nossa alma tríplice. Essas 3 portas receptivas são aquelas que, mediante a força dos 3 núcleos de nossa identidade, atraem tudo aquilo que está em harmonia e concordância com nosso estado de ser. Essas 3 portas receptivas nunca nos deixam mentir, pois elas funcionam além das aparências que projetamos, e trazem-nos exatamente o tipo de alimento que precisamos para sustentar nosso real estado de ser. Portanto, como decorrência natural da transformação dos 3 núcleos de nossa identidade, os 3 centros de nossa alma passam a atrair um novo tipo de alimento, com o qual preencheremos todo o nosso ser.

A primeira mudança desse fluxo energético é descrita como: " Bem-aventurados os que têm fome e sede de justiça, pois serão saciados". Fome e sede indicam aqui a circulação etérica e astral do sistema fígado-baço. Isso significa que, por decorrência da reorientação inicial dos 3 núcleos da alma, deverá seguir uma mudança do tipo de alimentos sutis que ingerimos, e que formam o combustível de nossa alma no santuário da vida. Até então, nosso sistema fígado-baço se alimentava da substância etérico-astral que vibrava em ressonância com o fogo ímpio da injustiça da consciência-eu. A partir do momento em que esse fogo é gradativamente apagado, surge a necessidade de uma nova alimentação; surge fome e sede por uma justiça real e verdadeira, por um estado de vida que brota da força da Rosa que desabrocha em nossa alma.

Mediante essa mudança de estado de ser, a atividade energética do santuário da vida é transformada. Essa mudança na qualidade dos éteres que são absorvidos no santuário da vida poderá então manter a pureza e a lucidez do coração e da cabeça, impedindo que as formas desejo-pensamento do mundo etérico-astral continuem a invadi-los e a dominá-los.

Por isso, na sequência, a fórmula das bem-aventuranças diz: "Bem-aventurados os misericordiosos, pois obterão misericórdia, e os puros de coração, pois verão a Deus". Misericórdia provém de duas raízes latinas, *miserere* e *cordis*, indicando um coração pobre e humilde, um coração livre das imagens-desejo que antes o invadiam pela circulação do sistema fígado-baço. Aqueles que possuem esse coração puro também gerarão pureza de coração em todos ao seu redor, rompendo o ciclo de retroalimentação emocional egocêntrico – por isso é dito que "os misericordiosos obterão misericórdia".

E a fórmula das bem-aventuranças prossegue, descrevendo a liberdade que surgirá na respiração do santuário da cabeça que, ao não ser mais retroalimentado pela antiga forma-pensamento, tornou seu olhar puro e imaculado, e por isso é dito "Bem-aventurados os puros de coração, pois verão a Deus". A janela da alma se abre, e os olhos, a visão interior, pode enxergar o plano, pois os olhos tornaram-se puros, e agora, simbolicamente, "podem ver a Deus"...

Assim, pela renovação dos 3 núcleos da identidade, e a purificação dos 3 núcleos da consciência, nosso campo de respiração torna-se cristalino. O espírito pode então penetrá-lo e transformá-lo, revelando 3 novas forças de criação e manifestação.

A essa transformação referem-se as 3 últimas bem-aventuranças, quando dizem:

"Bem-aventurados são os pacificadores, os perseguidos por causa da justiça, e aqueles que, por 'minha causa', são insultados, perseguidos e caluniados."

Diante dessas palavras, esforcemo-nos para não sucumbir às velhas imagens distorcidas, pois aqui se trata de algo completamente diferente. É óbvio que nossa vida sempre será cheia de desafios, incompreensões e, seguramente, de injustiças. Porém, não é disso que se fala aqui! Compreender essas palavras dessa forma seria rebaixar o Sermão da Monte às profundezas do vale do egocentrismo, utilizando-as como tábuas de salvação e um álibi conveniente para nosso eu quando ele se sentir injustiçado ou incompreendido, alegando que isso lhe ocorre porque se encontra no caminho. De maneira nenhuma! Trata-se de algo muito mais profundo e real.

As 3 bem-aventuranças finais indicam algo que permanece em segredo para o eu, até que a nova alma tenha crescido e se enobrecido para tal. Trata-se da mudança no funcionamento da lei do *Karma*, a lei da causa e efeito. Tal mudança se torna possível mediante a manifestação de uma lei superior, da lei da Justiça Divina, a lei que transforma as pedras das pendências cármicas em pedras de construção, transmutando-as mediante o fogo do espírito e a luz da nova consciência. Por isso ela surge somente no final, como o coroamento de um processo.

O fogo do espírito preenche o coração de paz, e torna justos os caminhos da consciência e da vida. E assim podemos trilhar nosso caminho em plena liberdade, e as consequências cármicas de nossas ações justas, apesar de continuarem a se manifestar no mundo exterior da forma, onde inevitavelmente projetarão suas sombras, já não se converterão mais em uma justiça vingativa e punitiva. A lei de *Karma-Nêmesis*, a lei do destino vingativo, tornou-se a lei da justiça divina, e toda a luta exterior, a perseguição e a calúnia, que são a paga de todas as ações do mundo exterior dos contrários, já não atingem aquele que trilha a senda da justiça, o caminho do meio.

Aquele que trilha a senda da justiça estará no mundo, mas já não será do mundo! Terá se tornado um intocável, um forte, um livre! Será um bem-aventurado!

O RENASCIMENTO DA ALMA, A ENTRADA DO ESPÍRITO E A TRANSFIGURAÇÃO

Com base na fórmula das bem-aventuranças, analisada em detalhes no capítulo anterior, vamos prosseguir para formar uma visão de conjunto do Sermão do Monte. Se a sua estrutura de linhas de força fica clara para o olhar interior, somos capazes de compreender níveis mais profundos de significado desse texto, descobrindo neles riquíssimo material de trabalho.

Como vimos, o Sermão do Monte representa a síntese da mudança do estado de ânimo e o delineamento dos 3 mistérios alquímicos que devem se seguir a essa primeira fase de transformação. As 9 bem-aventuranças na abertura da primeira parte representam a sua quintessência como fórmula das fórmulas, que mostram como os 3 vezes 3 aspectos da alma humana devem ser transformados. Prosseguimos agora, delineando o aspecto maior e mais abrangente do Sermão do Monte, como um compêndio de todo o processo espiritual e sua realização. Indicando uma outra chave tríplice, muito mais ampla e abrangente em seus efeitos, esse aspecto está resumido assim:

"Busquem, pois, em primeiro lugar o Reino de Deus e a sua justiça, e todas essas coisas lhes serão acrescentadas."[64]

Essa fórmula indica a existência de 3 grandes leis, que funcionam de maneira integrada e ordenada ao longo de todo o processo espiritual, e representam a síntese dos 3 mistérios da autoiniciação, a saber: o renascimento da alma, a entrada do espírito e a transfiguração. Essas 3 leis estão indicadas veladamente da seguinte forma: o Reino de Deus, sua justiça, e todas as coisas que lhes serão acrescentadas. No arquétipo da alma humana,

64. Bíblia. *Mateus* 6:33.

essas 3 leis estão relacionadas ao Pai, ao Filho e ao Espírito Santo. No Sermão do Monte essas 3 leis são delineadas respectivamente nos 3 capítulos que o compõem, e nelas se reconhece: a grande lei, a lei interior e a lei exterior.

A grande lei representa o primeiro conjunto de fórmulas que devem se tornar ativas em nós. Como vimos, elas estão sintetizadas nas 9 bem-aventuranças, e lá se encontram na ordem perfeita de sua manifestação, no processo de transformação do arquétipo nuclear da alma. A grande lei representa o toque do espírito na alma, os dons do Pai ofertados ao Filho, a união ao original que liberta da prisão nuclear e fundamental da dualidade do eu. Essa grande lei está formulada na primeira parte do Sermão do Monte, que corresponde ao capítulo 5 do Evangelho de Mateus, no qual vemos as 9 ideias basilares que compõem sua fórmula: o arquétipo do homem nônuplo – as bem-aventuranças; o novo estado de vida – o sal da terra; o novo estado de consciência – a luz do mundo; a libertação do carma – o cumprimento da lei; a libertação do fogo da ira pelo perdão – o mistério da reconciliação; a libertação do mal pela pureza de intenções – extirpar a raiz do adultério; a libertação da mentira pela única verdade – os juramentos; a libertação da injustiça pela misericórdia – a falsa justiça e a vingança; a libertação do ódio pelo verdadeiro amor ao próximo.

A partir dessa grande lei, que representa a ligação de todos os aspectos da alma à força original da mônada no microcosmo, somos capazes de vencer as 9 imitações do ser-eu, que preenchem nossa vida e representam os estados ilusórios e as contradições da dualidade da lei do mundo exterior, sombras da transitoriedade. São elas: a ilusão da religiosidade natural – a ilusão do sofrimento terreno como base para a felicidade celeste na esfera refletora;

a falta de sentido da vida – o sal insípido e sem valor; a vaidade do conhecimento – a luz escondida debaixo do alqueire; a fuga do carma – a tentativa de escapar da lei, ao deixar de cumpri-la; a hipocrisia da fé – que encobre uma vida de conflitos insolúveis; a hipocrisia moral – a aparência do bom comportamento e dos bons costumes que encobrem o fogo astral dos desejos reprimidos; a ilusão das idealizações de si mesmo – a prisão infinita dos juramentos e das boas intenções vazias de conteúdo; a hipocrisia da justiça humana – a prisão atroz pelo fogo da vingança; a ilusão do amor parcial e pessoal – a prisão do falso amor egocêntrico.

O Sermão do Monte não nos poupa do realismo contundente de nossa condição natural e de nossa vida de imitação e engano. Porém, a primeira parte do Sermão do Monte também nos oferece a fórmula radical e definitiva da libertação, que anuncia a grande lei e seu cumprimento como única possibilidade de transformação e nos afasta de toda a mistificação do comportamento religioso natural. Não porque não devamos ansiar sermos melhores, diferentes e livres, mas simplesmente porque é impossível ultrapassar o limite da consciência-eu desprovidos de um novo conjunto de forças, sustentados por uma nova e grande lei, como ligação interior da alma com o absoluto em si mesma. Somente quando a grande lei se manifesta em nós, como candidatos aos mistérios da autoiniciação, é que se pode falar do segundo conjunto de leis que passam a reger a vida interior da alma.

Como vimos, a grande lei representa o toque direto do espírito, que rompe o aprisionamento fundamental da consciência-eu e permite o surgimento de uma nova consciência alma. O segundo conjunto de leis se refere ao funcionamento da nova consciência e aos princípios que lhe permitem regular seu próprio mundo interior. Se a grande lei é a lei do Pai, a lei da vida interior da alma é a lei do Filho. Esse segundo conjunto de leis e fórmulas está na segunda parte do Sermão do Monte, no capítulo 6 do Evangelho de Mateus.

Nessa segunda parte há uma mudança na orientação e nas indicações, pois essa segunda lei, a lei da vida interior da alma, equivale a uma espiral infinita desdobrando na nova consciência uma visão cada vez mais nítida e real. Ela permite que a nova consciência vá se transformando de uma visão potencial inicial para um verdadeiro estado de vida superior, pelo palmilhar gradual da senda que vai sendo criada e trilhada pela própria alma. A segunda parte do Sermão do Monte mostra os 9 degraus do trabalho interior, que podem ser utilizados para transformar a visão da grande lei na realidade da vida superior da alma.

Esses 9 degraus, delineados em detalhes nas 9 partes do capítulo 6 do Evangelho de Mateus, são formulados como princípios que visam assegurar que a nova consciência-alma viva a partir da única realidade interior, evitando assim recair em uma atitude externa que projete novamente a sombra da imitação e da dualidade. Esses degraus são: a justiça interior; a generosidade interior; a fé interior; a autorrendição real – contida no mantra "Seja feita a Tua Vontade e não a minha"; a verdadeira temperança e equilíbrio interior; a libertação dos bens materiais; a orientação permanente como fonte da luz interior; a unidade com o único senhor interior; e a libertação da ansiedade, da preocupação e do medo.

Esses 9 degraus formam a espiral infinita da ascensão interior da alma, a ligação permanente da alma ao espírito, que lhe permite viver a partir de um terceiro conjunto de leis que se manifestam na matéria, mas que se encontram acima dela. Esse terceiro conjunto é chamado de a lei exterior, a atuação do Espírito Santo Sétuplo por meio do novo ser alma-espírito, que estabelece a base de uma vida na matéria, porém, livre da matéria, colocando em prática o axioma do cidadão dos mundos, que "vive no mundo" mas não é mais "do mundo".

Essa é a lei do Espírito Santo Sétuplo, com 7 passos indicados claramente na terceira parte do Sermão do Monte, que se encontra no capítulo 7 do Evangelho de Mateus. Ela forma o novo cânone, o novo código de conduta da vida do verdadeiro livre construtor, e demarca não somente as bases de sua nova vida, mas também as de seu trabalho libertador em prol do mundo e da humanidade. Os 7 passos dessa terceira lei, a lei do Espírito Sétuplo, são: a libertação da humanidade da lei vingativa do carma, pela interrupção dos ciclos infinitos do julgamento e autocondenação – o "não julgar"; a proteção da humanidade pela preservação do conhecimento universal original – não gerar carma ao oferecer um conhecimento superior a quem ainda não possui qualidades de alma – o "não dar o que é santo aos cães"; abrir para a humanidade a fonte do conhecimento vivente interior – o "bater para que se abra"; manter aberta para a humanidade a senda única – o "seguir a senda estreita"; nunca tomar o trabalho libertador como posse pessoal – "os falsos profetas e suas falsas obras"; construir a obra libertadora sobre o único fundamento – "a casa construída sobre o sólido fundamento"; e a autoridade interior como única base de trabalho, evitando todo dogmatismo e cristalização do ensinamento universal – jamais ensinar como "um escriba".

Essa terceira lei une o individual e o coletivo. Ela também permite unificar os 3 mundos no ser humano renascido: o mundo universal do espírito, o mundo interior da alma, e a realidade concreta da humanidade. Trata-se, portanto, de um segredo muito profundo, revelado apenas para aqueles que renasceram mediante a grande lei do Pai, e cujas almas trabalharam arduamente, elevando-se nas infinitas espirais da lei interior do Filho, e desse modo se tornaram um livre construtor mediante o Espírito Sétuplo, cumprindo a lei do Espírito e cooperando na grande obra para o mundo e para a humanidade.

Essa é uma visão extremamente ampla do Sermão do Monte, desse majestoso tríplice código de conduta, anunciado como luminosa promessa a todos os que trilham a senda, que sobem o monte do espírito, e assim se tornam dignos de recebê-lo.

Neste momento tão crucial da história, em que tantas incertezas pairam sobre a humanidade, mais do que nunca precisamos dessa visão clara e lúcida da luz que brilha do topo da Montanha do Espírito, que vai muito além de qualquer sonho idealista, de uma visão romântica ou de um enlevo místico por uma vida impossível e distante. Precisamos, sim, de uma visão superior, interior, real, grandiosa, porém realizável; uma visão que pode se transformar em realidade ao trilhar a senda única com a dedicação de toda uma vida. Porém, neste momento crucial, precisamos acima de tudo de seres humanos dispostos a trilhar esse caminho, que não mais oscilam entre a fé e o ceticismo, entre a esperança e a desesperança, entre o amor e o ódio, mas que cheios de coragem, compreensão e determinação se lançam sobre a senda, rumo ao topo da Montanha, sem se perguntar se isso é ou não possível, se estão ou não preparados, se as condições são as ideais ou não. E que, por não duvidarem, a força neles oculta se manifesta e o impossível se torna realidade!

Nesta hora mundial, precisamos de seres humanos dispostos a dar a própria vida para que a visão aquariana de uma nova era possa se manifestar neles e por meio deles. Somos esses seres humanos? Estamos dispostos a oferecer a própria vida para que a visão da alma do mundo se torne enfim realidade? Estamos dispostos a galgar o caminho interior em direção ao Monte do Espírito?

Possa nossa resposta soar como um inequívoco: sim! E que muitos desses seres humanos possam ser encontrados entre nós, para que assim possamos cumprir, humilde, mas mui conscientemente, nossa tarefa como livres construtores de um Novo Tempo!

O CAMPO ASTRAL E O SILÊNCIO

Consciência é o conjunto do que fazemos, experimentamos e que de certa maneira nos define e nos coloca em movimento. O ser humano vive de sua consciência astral, isto é, o que nos move e nos anima é definido pelo mundo astral.

E o que é o mundo astral? É o mundo das projeções: tudo o que pensamos, desejamos e sentimos é "projetado" no campo astral. Se alimentamos – individual ou coletivamente – essas projeções, elas se tornam cada vez mais fortes e, em determinado momento passam a nos controlar, quando já não existe separação entre nós e nossas projeções.

Um exemplo pode deixar isso mais claro: suponhamos que nossas roupas fossem nossas projeções e que, em determinado momento, já não conseguíssemos distinguir nós mesmos de nossas roupas, tornando impossível nos definir sem as nossas roupas. É isso o que acontece com nossas projeções astrais: estamos tão unidos a elas que já não é mais possível separar o que é projeção do que é real.

Vamos associar a importância disso com o momento atual do mundo e da humanidade. Graças à tecnologia, temos acesso ao que acontece no mundo todo de maneira quase imediata. Somos bombardeados por informações, e, sendo consumidores vorazes, nos abrimos às publicações que chegam de todos os meios de comunicação.

Se por um lado isso é fascinante, por outro, nos coloca diante de um impasse: o que é real e o que é falso? Nós não sabemos, mas mesmo assim acabamos reagindo, seja com pensamentos, ou sentimentos, ou palavras, ou ações. No auge da pandemia, por exemplo, líamos ou ouvíamos uma notícia sobre o assunto e ficávamos horas, dias, às vezes semanas, debatendo o tema como grandes especialistas. E nosso posicionamento era sempre extremista, a favor de um ponto de vista e totalmente contra outro. Discutíamos e brigávamos tentando defender nosso ponto de vista sobre algo que, na realidade, não entendíamos com profundidade. E assim colocamos o mundo astral em movimento, que é o caos desordenado de nossos pensamentos, sentimentos e desejos como coletividade, como humanidade.

E o "cardápio" é vasto para discutir: pandemia, guerra, política, economia etc. Na maioria das vezes, fazemos uma "degustação" completa, falando de tudo ao mesmo tempo, como grandes *experts* em todos esses assuntos. O resultado talvez seja bem conhecido: nos sentimos exaustos no final do dia, como se não tivéssemos mais energia, e tudo parece exigir grande esforço. Isso não tem nada a ver com o mundo cada vez mais caótico, mas com cada um de nós que contribui para que o fogo astral arda cada vez mais alto.

Qual o papel de um aluno da Rosacruz Áurea diante disso? O principal papel de uma escola espiritual fidedigna na vida de um aluno é o despertar de uma nova consciência. Que consciência é essa e por que nos referimos a ela como nova? É aquela que não é mais dominada e formada por projeções astrais, mas por um pensamento livre, por um pensamento que consegue se libertar de seu aprisionamento astral e se elevar acima de tudo isso. Por essa razão falamos de uma nova consciência, no sentido de não estar mais aprisionada ao campo astral e suas projeções e repetições.

Todas as escolas espirituais que se manifestaram em nossa era falaram sobre a importância de se libertar do mundo astral e de conseguir silenciar o caos de pensamentos, sentimentos e desejos em que normalmente estamos imersos.

Gurdjieff, um pensador do século passado, dizia que a grande maioria dos seres humanos está dormindo, agindo como máquinas ambulantes que não sabem o que fazem, porque o que acham que é o "eu" , na realidade, é um conjunto de "eus" – as projeções de que estamos tratando aqui – que povoam a mente.

O homem "desperto", que tem consciência de si, é raro. Muitos pensam que têm consciência, porém, sequer imaginam o que é consciência. Gurdjieff dizia que "consciência é um luxo". Em outras palavras, temos que despertar a verdadeira consciência por meio de uma profunda busca pelo autoconhecimento. Sempre que questionado sobre o verdadeiro Eu, ou sobre o homem verdadeiramente consciente, Gurdjieff lançava mão da alegoria oriental da carruagem. Nessa representação simbólica, a carruagem é o corpo físico; os cavalos são os sentimentos ou o corpo astral; o cocheiro é a mente ou o corpo mental; e dentro da carruagem está o passageiro, que é o Eu verdadeiro, consciente.

No indivíduo comum essas partes estão dissociadas e muitas vezes o cocheiro não consegue empregar muito bem os arreios na condução dos cavalos; por isso, estes estão sempre agitados, puxando a carruagem ora para um lado, ora para outro. O passageiro dentro da carruagem – o verdadeiro Eu consciente – não consegue dar ordens ao cocheiro sobre a direção a ser tomada, e assim a carruagem segue parcialmente descontrolada para um rumo que ninguém previu, terminando sempre na morte.

Provavelmente conseguimos nos identificar com essa imagem. Nosso corpo astral e suas projeções – os cavalos – estão sempre nos puxando de um lado para outro; nossa mente – o cocheiro

– não tem força suficiente para controlar os cavalos; e a carruagem – nosso corpo físico – sofre as consequências dessa situação. Quase sempre estamos muito ocupados e não prestamos atenção ao passageiro que está dentro de cada um de nós. Esse passageiro, o verdadeiro Eu, precisa de silêncio para ser "ouvido".

Todas as escolas espirituais sempre falaram sobre a importância do silêncio. Não se trata simplesmente da ausência de som, mas do verdadeiro silenciar do campo astral. A necessidade do ser humano de falar sem parar sobre tudo e sobre todos é um reflexo do barulho astral que não escutamos com nossos ouvidos físicos, mas que está sempre presente. Por isso não temos paz, a verdadeira paz interior que dizemos buscar. E é importante enfatizar: dizemos que a buscamos, mas em realidade vamos na direção oposta. O que estamos fazendo para alcançar esse verdadeiro silêncio? O fato de apenas nos ligarmos a uma escola espiritual, escutando e estudando seus ensinamentos não nos leva muito longe. Dizemos que buscamos o silêncio, mas falamos dos outros a todo momento; damos opiniões sobre tudo e todos, mesmo quando não nos perguntam nada; alimentamos constantemente as notícias falsas, disseminando aquilo que não temos certeza, simplesmente porque "lemos a respeito" ou "ouvimos dizer".

Um ser humano verdadeiramente consciente deve partir de outro ponto, deve ter uma atitude de vida completamente diferente disso. Muitos podem dizer que isso é indiferença ou alienação. Não é! Um exemplo muito simples pode provar essa afirmação. Quando falamos de algo, disseminando informações e alimentando discussões sobre os assuntos em pauta no mundo – economia, política, guerra etc. –, isso resolve o problema? Depois de tudo que foi dito, pensado e discutido por cada um de nós, aliviamos o sofrimento da humanidade de alguma maneira? Ajudamos para que isso se torne menos pesado? Se nossas palavras e ações não podem ajudar a aliviar o sofrimento da humanidade, o que podemos fazer?

Silenciar. Não o silêncio da indiferença, mas o silêncio de não mais alimentar o fogo astral que faz o mundo queimar no caos das projeções, mentiras e meias-verdades. O silêncio daquele que compreende que suas palavras não podem aliviar o sofrimento do mundo e da humanidade, mas que o despertar de uma nova consciência livre do campo astral pode auxiliar a transformar a sua realidade. E aquele que transforma sua realidade, pelo exemplo verdadeiro, pode ajudar a transformar tudo a sua volta. Não o silêncio da indiferença ou da neutralidade forçada, mas o silêncio de uma nova consciência que desperta para a realidade do Eu verdadeiro. Nesse estado ele compreende as palavras que são ditas a todos os que verdadeiramente buscam:

> Estas instruções são para aqueles que ignoram os perigos dos sentidos inferiores. Aquele que pretende ouvir a voz de *Nâda*, o "Som sem som", e compreendê-la, deve aprender antes a natureza de *Dharana*, o estado de completa abstração da mente. Tendo se tornado indiferente aos objetos de percepção, o aluno deve buscar o *Raja* dos sentidos, o produtor do pensamento, aquele que desperta a ilusão. A mente é a grande assassina do Real. O discípulo deve matar o assassino. Porque quando para ele mesmo a sua forma parecer irreal, como parecem irreais ao despertar as formas que ele vê em sonhos; quando ele tiver cessado de escutar os muitos, ele poderá discernir o Um – o som interno que mata os sons externos. Só então, e não antes disso, ele poderá abandonar a região de *Asat*, do falso, para vir até o reino de Sat, o verdadeiro. Antes que a Alma possa ver, a harmonia interior deve ser alcançada e os olhos físicos precisam ficar cegos para toda ilusão. Antes que a Alma possa ouvir, a imagem (o homem) deve tornar-se surda tanto para rugidos como para sussurros, tanto para o bramido dos elefantes quanto

> para o leve zumbido do vaga-lume dourado. Antes que a Alma possa compreender e lembrar, ela deve estar unida ao Orador Silencioso, assim como a forma pela qual a argila é modelada se une, primeiro, à mente do oleiro. Porque então a Alma irá escutar, e ela lembrará. E então falará, ao ouvido interno.[65]

Que todos nós possamos fazer um esforço e não mais dar ouvidos aos ruídos astrais que se manifestam no mundo de hoje, de excesso de informação sem filtro, de divulgação de notícias falsas e de um falatório sem fim. Que possamos nos tornar verdadeiros alunos da Escola Espiritual, nos esforçando para despertar a nova consciência por meio de um caminhar interior.

E como dito nas palavras atribuídas ao filósofo russo Georges Ivanovich Gurdjieff:

> Aprenda a dizer não sem se sentir culpado ou achar que magoou alguém. Querer agradar a todos é um desgaste enorme. Diferencie problemas reais de problemas imaginários e elimine-os, porque são pura perda de tempo e ocupam um espaço mental precioso para coisas mais importantes. Evite se envolver na ansiedade e tensão alheias. Espere um pouco e depois retome o diálogo, a ação. Entenda que princípios e convicções fechadas podem ser um grande peso e trava do movimento e da busca. Saiba a hora certa de sair de cena, de retirar-se do palco, de deixar a roda. Nunca perca o sentido da importância sutil de uma saída discreta. Não queira saber se falaram mal de você, nem se atormente com esse lixo mental; escute o que falaram bem, com reserva analítica, sem qualquer convencimento. A rigidez é boa na pedra, não no ser humano. A ele cabe firmeza. Entenda, de uma vez por todas, definitiva e conclusivamente: você é o que fizer de si mesmo.

65. Blavatsky, H. P., *A voz do silêncio*, versos 1 a 13.

A SANCTA DEMOCRATIO

> No Diploma de Bacstrom, um antigo documento de admissão à Fraternidade da Rosacruz, escrito em 1794, é dito: "Prometo solenemente, caso venha a tornar-me mestre, um possuidor da Pedra, nunca assistir, ajudar ou sustentar, com ouro ou prata, ou por qualquer outro meio, qualquer governo, príncipe ou soberano algum, a não ser o pagamento de impostos, e tampouco ajudar qualquer grupo ou setor de um povo a fomentar insurreições contra o governo. Deixarei os negócios públicos e os decretos ao governo de Deus, que executará os acontecimentos já preditos no Apocalipse de João e que rapidamente se aproximam. Não interferirei em negócios do Estado". Mesmo uma leitura superficial dessa declaração revela que uma pessoa de orientação humanitária ou clerical não pode estar de acordo com este programa, pois ele lhe parecerá excessivamente neutro. Entretanto, o possuidor da Pedra não é conservador nem reacionário, não pende para a direita nem para a esquerda. Coloca-se com os seus dons do espírito, representados no diploma pelo ouro, e com os da alma, representados pela prata, a serviço exclusivo do governo de Deus – o que significa que conhece a Hierarquia de Cristo e está a seu serviço na dialética. Ele não serve a nenhum esforço nascido de pensamentos dialéticos. Ele se mantém afastado de todos os acontecimentos políticos, sociais e econômicos deste mundo, e de todos os governos que personificam e simbolizam esses eventos.[66]

Os eventos de violência e destruição no coração da capital federal de nosso país que presenciamos em 8 de janeiro de 2023, devem ser motivo de profunda reflexão e análise, para cada um de nós e para toda a sociedade. Antes de mais nada, é fundamental declarar que a Escola Espiritual da Rosacruz Áurea repudia veementemente tais atos de violência e manifesta seu apoio total e irrestrito a todas as instituições constitucionais de nosso país

66. Rijckenborgh, J. van. *Filosofia elementar da Rosacruz Moderna,* cap. XXII.

e à defesa do estado democrático de direito, como base mínima para o convívio e a paz social.

Como alunos e alunas de uma Escola Espiritual, sabemos que todos os sistemas que regem a vida em sociedade são reflexo do estado de consciência do ser humano, com os mesmos limites e falhas inerentes, o que atinge também todos os sistemas de governo. Portanto, a democracia moderna possui os mesmos limites e falhas da consciência humana que a criou e assim ela se encontra muito distante de qualquer sistema ideal de governo.

Há cerca de 2.500 anos, Platão já reconhecia tal fato, afirmando que, em sua escala de modelos ideais de governo, a democracia superava apenas a tirania, que se caracterizava por ser o pior de todos os regimes possíveis. No século passado, Winston Churchill teria dito que "a democracia é o pior dos regimes políticos, mas não há nenhum sistema melhor do que ela".

E como Escola Espiritual, todas as vezes em que seu funcionamento esteve realmente ameaçado ocorreram sob a ação de regimes totalitários e ditatoriais, em que a liberdade individual e as garantias constitucionais foram suprimidas. Assim, mesmo reconhecendo as falhas dos regimes democráticos, eles são a garantia mínima para que o trabalho de uma escola espiritual possa prosseguir sem maiores obstáculos.

Essa é a razão pela qual uma escola espiritual e seus alunos e alunas sempre se mantêm distantes de qualquer posicionamento totalitário ou ditatorial, pois isso viola a essência do trabalho espiritual e libertador que é o objetivo maior de sua vida.

A partir do segundo aspecto, a Escola Espiritual estabelece uma série de condições que formam a base mínima de vida para trilhar a senda interior e realizar os elementos propostos no caminho da autoiniciação: uma alimentação ovo-lacto-vegetariana e a abstinência de álcool e de narcóticos formam alguns dos elementos centrais e mais tangíveis dessas condições para o ingresso no segundo aspecto e em todos os discipulados subsequentes.

Tais condições não se resumem a esses aspectos mais elementares, pois o que se busca é estabelecer um espaço interior mais ou menos livre a partir do qual a consciência possa trabalhar em sua própria transformação, cada vez mais baseada no impulso da centelha do espírito em seu âmago e utilizando a construção coletiva do corpo vivo da Escola Espiritual como apoio impessoal.

Esse espaço precisa ser construído não somente pela purificação do sangue, por meio da eliminação de substâncias e forças aprisionadoras, mas também pela purificação de todos os nossos veículos sutis, como base para o funcionamento mais autônomo e livre da própria consciência. Eis porque uma das condições que aceitamos ao ingressar no segundo aspecto é a de nos afastar de tudo o que se configura como fator aprisionador, não somente material e sanguíneo, mas também energético e sutil. E dentre esses fatores se encontra a política e a militância partidária.

Duas são as grandes razões espirituais para tanto. A primeira está relacionada à natureza das forças astrais às quais nos expomos quando nos engajamos na militância político-partidária. E a segunda está ligada ao que ocorre com nosso cérebro, sistema nervoso e corpos sutis quando nos abrimos aos mecanismos de polarização que atualmente infestam as redes sociais e os aplicativos de mensagens.

A militância político-partidária, como o próprio nome diz, baseia-se na identificação da consciência a um determinado lado, a uma parte, a um partido. Seja qual for essa parte, isso significa que a consciência se associa a um dos lados de um par de opostos, utilizando-se dele para definir a si mesma e a seus semelhantes. Por esse processo, a própria consciência se liga e reforça o aspecto dual da realidade, e assim se aprisiona ainda mais ao plano da vida astral comum, àquilo que os fundadores da Escola denominaram de "dialética", tanto em sua manifestação material, quanto em seus reflexos nas esferas sutis, também chamada de "esfera refletora". Portanto, na nomenclatura clássica dos fundadores da Escola Espiritual, a militância político-partidária é um fator de aprisionamento à dialética e à esfera refletora.

Essa é a primeira razão pela qual nenhum aluno ou aluna da Escola Espiritual, sobretudo aqueles que se encontram na Escola Interna e nos Graus Interiores, sobre os quais recai a responsabilidade de sustentar o corpo vivo, jamais se aproximam de qualquer tipo de militância político-partidária, pois isso traria consequências funestas a seu discipulado e a todo o grupo.

Quanto à segunda razão, trata-se de compreender o que tudo isso acarreta concretamente para nossos corpos e todo o nosso ser. Para uma pessoa alcoolizada ou sob o efeito de narcóticos, é impossível trilhar qualquer caminho de transformação da consciência, porque ela não dispõe de lucidez para se perceber e trabalhar em si mesma. Por isso a exigência de nos livrarmos das substâncias que alteram o funcionamento da consciência, como base para a realização do discipulado da Escola.

Todavia, a manipulação da consciência por grupos que atuam nas redes sociais e nos aplicativos de mensagens, pela disseminação de teorias da conspiração e de notícias falsas, as "fake news", atua como o mais poderoso dos narcóticos. São poderosos narcóticos traficados não por mecanismos sujos e violentos, mas por meio de vídeos manipulados, notícias distorcidas e todo tipo de conspiração e desinformação, que fomentam ódio e separação. Neste caso a narcose é causada pelo próprio cérebro e sistema nervoso central, que produzem as substâncias que alteram seu funcionamento, fazendo com que seus consumidores reajam como verdadeiros drogados, viciados em conteúdos tóxicos, que os forçam a buscá-los e consumi-los com maior avidez e voracidade.

Essa é a droga mais poderosa da qual um ser humano pode se tornar dependente, cujo tráfico ocorre de maneira impune, viciando uma multidão de inocentes úteis e enriquecendo um punhado de manipuladores, pela monetização de tais conteúdos falsos e odientos, que eles propositadamente produzem. Essa constatação é facilmente verificável pela observação dos vídeos mostrando as hordas de vândalos que, gritando palavras de ordem absurdas, lançaram-se sobre os prédios de Brasília, em uma sanha destruidora e alucinada.

Esses milhares que chegaram às vias de fato de tamanha destruição são apenas a ponta visível de um gigantesco iceberg que arrasta milhões de pessoas, explorando suas frustrações e ressentimentos, narcotizando-as com um bombardeio de conteúdos falsos e de ódio, levando-as a uma crescente alienação e desequilíbrio mental.

Pouco adianta se abster de álcool e de entorpecentes e se deixar invadir pela ação de um narcótico ainda mais poderoso como a desinformação, um narcótico que vicia mais que a pior das drogas, e que destrói a vida humana de maneira ainda mais rápida e degradante.

Isso é simplesmente intolerável para uma aluna ou um aluno da Escola Espiritual, principalmente para aqueles que, a partir do segundo aspecto, se comprometem diante de seu tribunal interior a libertar-se de todos os grilhões que podem impedir a libertação de sua alma. A Escola Espiritual jamais nos força a nada. Em seu amor impessoal e imensa compaixão, ela nos oferece o imprescindível auxílio impessoal para que trilhemos nossa senda interior, confiando que faremos tudo o que estiver ao nosso alcance, e que tenhamos a honestidade interior de seguir suas orientações.

Portanto, a Escola Espiritual confia em que cada um de nós mantenha uma conduta condizente com a realização do discipulado, e que nos afastemos de tudo o que possa se tornar empecilho; ou então que decidamos recomeçá-lo a partir do primeiro aspecto, caso entendamos que não podemos ou não queremos abandonar tais empecilhos.

Assim como grande parcela da população de nosso país foi impactada por essa grande onda de desinformação que assola as redes sociais e os grupos de mensagem, é possível que alunos e alunas da Escola Espiritual também tenham sido atingidos e impactados por esse fenômeno. Por isso, a todos que porventura tenham sido capturados por tal situação, é reforçado o apelo para que reconheçam a gravidade desse problema, e abandonem imediatamente tais práticas, que vão desde um engajamento real até o aparentemente inocente compartilhamento de vídeos, mensagens e conteúdos falsos ou agressivos, seja nas redes sociais, em grupos de mensagens ou qualquer outro meio. E, caso sua consciência opte por manter-se ligada a tais práticas, a atitude correta é seu pedido de retorno ao primeiro aspecto, em que tais exigências ainda não são uma condição.

Estamos seguros de que todos compreendem e acolhem de coração estas palavras, que podem soar contundentes, mas que são absolutamente necessárias. Estamos seguros de que todo aquele que sinceramente anseia pela Luz, e que a ela abre seu coração, sempre encontrará a força e o auxílio vertidos copiosamente pela Fraternidade da Vida sobre o corpo vivo da Escola Espiritual e todos que a ela se ligam. Na força dessa ligação, todos sempre são sustentados em seus esforços sinceros no caminho interior, e na necessidade imperiosa e diária de vencer a si mesmo, ultrapassando os limites da consciência egocêntrica, rumo à verdadeira liberdade.

Essa verdadeira liberdade, o estado de ser da nova alma liberta, foi designada por Jan van Rijckenborgh e Catharose de Petri de *Sancta Democratio*, a Santa Democracia do estado superior da vida da alma. Esse é o estado de consciência e de vida que aguarda todos aqueles que se elevam acima dos limites do eu e ingressam nos radiosos horizontes da nova vida.

Que essa nova vida da alma esteja mui próxima de cada um de nós!

REFERÊNCIAS BIBLIOGRÁFICAS

BÍBLIA SAGRADA, nova versão internacional. Santo André, São Paulo: Geográfica Editora, 2018.

BLAVATSKY, Helena P. *A voz do silêncio*. São Paulo: Ed. Pensamento, 2010.

COMENIUS, J.A. *O único necessário*. Jarinu, São Paulo: Pentagrama Publicações, 2015.

ECKHARTSHAUSEN, Karl von. *Algumas palavras do mais profundo do ser e da perfectibilidade do gênero humano*. Disponível em: https://pentagrama.org.br/wp-content/uploads/2019/08/algumas-palavras-mais-profundo-ser.pdf

Evangelho segundo Felipe. Disponível em: https://docs.google.com/viewer?a=v&pid=sites&srcid=ZGVmYXVsdGRvbWFpbnxrcmlweXRvbmlhbm9qYXJ2aXN8Z3g6NzExYjZiMzdmNDE3NDJkZQ

HARARI, Yuval Noah. Sapiens – *Uma breve história da humanidade.* Companhia das Letras, 2021.

KRISHNAMURTI, J.; BOHM, David. *A eliminação do tempo psicológico: diálogos entre J. Krishnamurti e David Bohm*. Ed. Cultrix, 1989.

O Bhagavad-Gita como ele é. Em tradução da Sociedade Internacional para a Consciência de Krishna, s/d.

O livro secreto de João. O Evangelho apócrifo de João, Série Cristal 4. Jarinu, São Paulo: Editora Rosacruz, 2006.

Os sete raios do espírito e a transformação da vida humana. Série Renovação 1, Lectorium Rosicrucianum, Jarinu, São Paulo: Pentagrama Publicações, 2018.

PETRI, Catharose de. *A Rosacruz Áurea*. Lectorium Rosicrucianum, Série das Rosas, 1991.

__________. *Transfiguração*. Jarinu, São Paulo: Ed. Rosacruz, 2003.

__________. *O verbo vivente*. Jarinu, São Paulo: Rosacruz, 2006.

__________. *Sete vozes falam*. Ed. Pentagrama, Série das Rosas, 2019.

__________. *Cartas*. Fundación Rosacruz, 2021.

__________; RIJCKENBORGH, Jan van. Rosa mystica: *Raios de luz da magia gnóstica*. Lectorium Rosicrucianum, 1999.

Revista Pentagrama. Lectorium Rosicrucianum, Jarinu, São Paulo: Pentagrama Publicações.

RIJCKENBORGH, J. van. *A arquignosis egípcia*, tomo III, São Paulo: Lectorium Rosicrucianum, 1989.

__________. *A arquignosis egípcia*, tomo IV. São Paulo: Rosacruz Áurea,1991.

__________. *O mistério iniciático cristão* – Dei Gloria Intacta. Jarinu, São Paulo: Rosacruz, 2003.

__________. *Filosofia elementar da Rosacruz Moderna*. Jarinu, São Paulo: Rosacruz, 2003.

__________. *A gnosis original egípcia*, tomo I, Jarinu, São Paulo: Ed. Rosacruz, 2006.

__________. *Não há espaço vazio*, Jarinu, São Paulo: Ed. Rosacruz, 2006.

__________. *A gnose em sua atual manifestação*. Jarinu, São Paulo: Ed. Rosacruz, 2007.

__________. *O mistério das bem-aventuranças*. Jarinu, São Paulo: Ed. Rosacruz, 2007.

__________. O *nuctemeron de Apolônio de Tiana*. Jarinu, São Paulo: Ed. Rosacruz, 2011.

__________. *A luz do mundo*. Jarinu, São Paulo: Ed. Rosacruz, 2012.

__________. *O novo homem*. Jarinu, São Paulo: Pentagrama Publicações, 2016.

__________. *O mistério da vida e da morte*. Jarinu, São Paulo: Pentagrama Publicações, 2017.

__________. *Os mistérios gnósticos da Pistis Sophia*, Jarinu, São Paulo: Ed. Lectorium Rosicrucianum, 2018.

__________; PETRI, Catharose de. *A fraternidade de Shamballa*. Jarinu, São Paulo: Rosacruz, 2007.

__________; PETRI, Catharose de. *A gnosis chinesa: comentários sobre o Tao Te King de Lao Tsé*. Jarinu, São Paulo: Ed. Rosacruz, 2010.

WHITMAN, Walt. *Canção de mim mesmo*. Disponível em: https://poesiaspoemaseversos.com.br/walt-whitman-cancao-de-mim-mesmo/

WHYTE, David. *River flow: new & selected poems* 1984-2007. Ed. Many Rivers Press, 2007, disponível em: https://nl.wikipedia.org/wiki/David_Whyte. Acessado em: 11/04/2023.

Impressão e Acabamento:
EXPRESSÃO & ARTE
EDITORA E GRÁFICA
www.graficaexpressaoearte.com.br